《太极大家》系列

梅墨生 主编

大道显隐

李经梧太极人生

梅墨生 编著

第四版

当代中国出版社
Contemporary China Publishing House

图书在版编目(CIP)数据

大道显隐：李经梧太极人生 / 梅墨生编著 .
4 版 . -- 北京：当代中国出版社，2024. 11. -- ISBN
978-7-5154-1404-1

Ⅰ. K825.47

中国国家版本馆 CIP 数据核字第 2024XE2064 号

出 版 人　蔡继辉
责任编辑　周显亮　柯琳娟
责任校对　贾云华　康　莹
印刷监制　刘艳平
封面设计　古　手　鲁　娟
出版发行　当代中国出版社
地　　址　北京市地安门西大街旌勇里 8 号
网　　址　http://www.ddzg.net
邮政编码　100009
编 辑 部　（010）66572180
市 场 部　（010）66572281　66572157
印　　刷　中国电影出版社印刷厂
开　　本　710 毫米 × 1000 毫米　1/16
印　　张　17.5 印张　2 插页　249 千字
版　　次　2024 年 11 月第 4 版
印　　次　2024 年 11 月第 1 次印刷
定　　价　88.00 元

李经梧（摄于20世纪90年代初）

李经梧小传

李经梧（1912—1997），著名武术家、内功养生家、太极拳大师。山东掖县（今莱州市）过西村人，为吴式太极拳、陈式太极拳正宗传人。早年师从刘子源习秘宗拳，后毕生修炼太极拳，先后师从赵铁庵、陈发科、杨禹廷、王子英、胡耀贞诸巨擘，精通吴、陈式太极拳械，兼采孙式、杨式拳劲法，融会贯通，自成一家。20 世纪 40 年代即已蜚声武林，为“太极五虎上将”之一，担任北京太庙太极拳研究会理事、推手组长。新中国成立后，积极参与编定推广国家竞赛套路，参加了国家体委组织的“二十四式简化太极拳”和“八十八式太极拳”的编定推广工作，为中国第一部简化《太极拳》科教片的演示者。50 年代后期淡出武林，移居北戴河，成为“北戴河太极拳”的开拓者，强调内功和太极拳术相融合，创陈、吴式太极拳的“李架”风格。1984 年武汉首届国际太极拳（剑）观摩大会名列“太极十三名家”之一。

李经梧毕生献身太极拳事业，传功育人，从学者数万人。他德艺双馨，内外双修，内功深厚，推手精湛，无武界之陋习，有大家之宗风，是 20 世纪杰出的太极拳代表人物之一。

賀墨生先生編書揚武

文武之道
太極之魂

徐才
丙戌年冬

賀李經梧太極拳功學術文集出版

弘揚太極文化
振奮民族精神

楊振鐸
二〇〇五年冬

紀念李經梧先生

內外兼修

吳彬

紀念李經梧先生逝世十周年

德藝雙馨

丙戌年
張耀庭題

德高功深

經梧師兄紀念文集出版

二〇〇六年八月 冯志强題

道資

心亨題

纪念经梧師兄逝世十周年

德藝雙馨

一代宗師

弟

李秉義敬獻

丙戌年秋

李经梧先生纪念活动

内外兼修

香港杨式太极拳总会 马伟焕 敬书

一代宗师李经梧先生

中国武术的楷模

北京孙氏太极拳研究会孙永田

二〇〇六年九月

纪念李经梧先生

教範可欽

丙戌閏七月

吴文翰

養性以經年
抱德以終身

書奉李經梧先生太極拳研究會存
歲次丙戌冬臘月於妙華山房 [illegible]

德藝育桃李
偉績載春秋

紀念李經梧先生逝世十周年
丙戌年春 孫[illegible]

纪念太极一代大师李经梧师伯

百年诞辰

巨匠之門

二零零柒年伍月 高壮飞敬题

紀念師伯

李經梧先生

精技為眾一生辛勞

君子風範晚輩楷模 當學

師伯揚君子技 避小人術 團结

太極拳界 遠離行幫習氣

内蒙古吳式太極拳研究会

会長 [illegible] 於丙戌之秋

懷念 李經梧先生

太極大家
武林楷模

丙戌秋 全亮敬

目录

序言　做“太极全人”

爱武、练武、研武的美术家梅墨生先生，把他精心编纂的《大道显隐——李经梧太极人生》文稿送来要我作序。这套文稿让我喜出望外，爱不释手。梅先生那种热衷于太极文化的精神深深打动了我。不由得联想到明末清初那位博通经史子集和佛道之学，又善诗文书画，精于医学，擅长武术的山西名士傅青主来。他以博学之才、精武之技讲学授武，并创编类似于太极拳的“傅拳”惠及后人。我想处在盛世的人民中国也是需要执着追求武术健身、武术养性、武术修身的文人墨客一起来共襄弘扬中华武术的盛举啊！这里我向梅先生表示敬意。

读了《大道显隐——李经梧太极人生》文稿，我被诸位方家、弟子的文思笔路所感动，提高了对李经梧先师拳艺和人品的认识。我领悟李经梧是位深谙太极思想，深研太极拳艺，深修太极道德的太极拳家。庄子曾把“工乎天而俍乎人”称为“全人”，旧时把有完美人品的人称为“全人”。修炼太极拳半个多世纪的李经梧，其拳艺和人品可以称作“太极全人”吧！20 世纪 30 年代末，他来到北京迷上了太极拳，后被誉为北平太极拳“五虎将”之一，为传授太极拳尽了力。新中国成立后，在制定简化太极拳时，他排除纷扰，一马当先承担以身试拳的光荣任务，拍摄了第一部简化太极拳的科教片。今年在纪念简化太极拳推广 50 周年时，不能不让人怀念李经梧先师的功绩。后来他转身到北戴河气功疗养院传授太极拳，一干近 40 年，从学者数万人，传授弟子 80 余人，造就了太极拳的师资队伍。他的高尚师品、师德广为人们赞美。

李经梧胸怀豁达、广采众长的为师之道也让人敬重不已。他广泛弘扬不同门派各具特色的拳艺，又打破秘不外传的传统陋习，把“太极内功”公之于众，为社会享用。这种开放的思路、广阔的视野和容纳百川的气魄，是与那种封闭自守、故步自封、排除他门的恶习坏风格格不入的。

李经梧高尚的武德风范更把他推向“太极全人”的高端。他教授弟子既要讲究口德，又要讲究手德。他不说别人的不是，不伤他人的肢体，弘扬了太极拳天人合一、以德待人的高尚风范。他的拳艺很精，对太极拳的抽丝劲、螺旋劲、缠丝劲的体会深邃，具有“牵动四两拨千斤”的扎实功夫。但是他从来不自吹自擂，更不以此伤人。他与人推手较技时都是以礼相待，用招有度，人们叹其拳技高超，更赞其武德高尚。

王宗岳在《太极拳论》中说：“由招熟而渐悟懂劲，由懂劲而阶及神明。”李经梧的武术造诣使人认识到太极拳确是神明之拳。要发扬太极拳的神明，使它普及于全国，推广于世界，那真是功莫大焉。简化太极拳推广 50 年的今天，世界上已有亿万人群习练它，享受它。邓小平“太极拳好”的不朽题词深入影响于世界；国际武术联合会把每年 5 月定为“国际太极拳月”，正逐渐成为世界太极拳爱好者约定俗成的节期。衷心祝愿太极拳这个充满中国古典哲学和丰厚文化内涵的拳艺加速弘扬于全世界，把神明的太极智慧献给人类。顺祝太极拳的爱好者都向“太极全人”努力！是为序。

徐才①

① 徐才，时任中华全国体育总会顾问、中国东方文化研究会顾问、亚洲武术联合会名誉主席。

独有凤凰池上客

——大道无言

自述①

■ 李经梧

余祖籍山东掖县。十四岁至哈尔滨谋生。因居处简陋，难御风寒，至罹风湿症。延医无效，转而习武与疾病抗争，遂与武术结缘，至今已六十五年矣。

余十七岁在哈尔滨拜刘子源先生为师，习秘宗拳，十度寒暑，晨昏不辍，顽疾逐渐痊愈。武技亦有小成。

后闻人云太极拳至为精妙，余心向往之。然苦无师授。后有幸辗转入京，才得遂夙愿。余廿七岁拜赵铁庵先生为师习吴式太极拳。赵师乃吴式太极拳传人王茂斋、吴鉴泉两位大师之亲传弟子。蒙赵师悉心传余拳技与推手，又以《太极拳秘笈》②相授，遂决定余一生从武之路。

三十年代，北京太庙（现劳动人民文化宫）设有太极独有凤凰池上客拳研究会，余曾任该研究会理事。每晨到太庙练拳，又得到拳师杨禹廷先生的指点传授。杨先生拳架工整，推手手法细腻；为人正直诚恳。余敬慕杨禹廷先生之拳技与武德，于赵师谢世后又拜在杨禹廷先生门下。在太极推手方面，又得到了以推手见长的王茂斋大师之子王子英师叔的悉心指点。在老师和师叔的教导下，使余打下了较为深厚的太极拳基础。

四十年代初，余闻陈式太极拳十七代传人陈发科先生在北京传艺，余仰慕陈式拳的"缠丝劲"，再拜陈发科先生为师，习陈式太极

① 原载《李经梧传陈吴太极拳集》，河北大学出版社 1993 年版，略有删节。

② 原文如此，查原书名为《太极拳秘宗》。

30 年代的王茂斋

20 年代的吴鉴泉

拳和陈式推手。余除按时去陈师处习拳外，还每周二次专接陈师来敝舍授艺（旧称“教馆”），甚得陈师厚爱。口传心授，历十数载，直至一九五七年陈师仙逝而止。

五十年代，国家体委提倡太极拳运动，普及太极拳，并以杨式为基础整理出“八十八式”太极拳和“廿四式”简化太极拳。余在参与推广工作中，遂又学到了杨式拳的手法和劲路。国家体委以余之拳架，特邀拍摄了全国第一部《太极拳》科教片。

六十年代初，余又与友人交流互学，研习了孙式太极拳的手法和劲路。

对于陈、杨、吴、孙四家太极拳，余悉心揣摩了各自的劲路，受益匪浅。有的习武者认为学拳以精于一家为善，这也许有一定道理。然而在本人来说，吴式的粘随柔化之功、陈式的缠抖刚发之力、杨式的舒放洒脱之势、孙式的灵活紧凑之巧，余均博而采之。尝有友人观余之行拳和推手，谓余：身架工整、柔韧、雄浑而潇洒；听劲至灵，应变之速，已臻应物自然之境界。此或过誉之辞，若谓得其一二，则全赖四家拳技之共同滋养也。

余本原从他业，武术乃业余爱好。新中国成立后，由于国家对武术之重视，余遂成为武术专业人员。一九五六年余在北京市和全国性两次太极拳赛事中夺魁之后，受到国家体委的重视，先后安排余在

30 年代的赵铁庵

70 年代的杨禹廷

50 年代的王子英

铁道部、铁道学院、中国科学院、卫生部、市体校等单位任太极拳教练。并曾出任过北京市武术运动会总裁判和全国武术裁判。为普及太极拳，培养师资和运动员作了一定贡献。

一九五八年，受国家体委委托，由余和李剑华、李天骥、唐豪、顾留馨、陈照奎等同志共同编写《陈式太极拳》一书。其中“陈式太极拳”传统一路动作说明，由余和李剑华同志执笔，陈照奎拍插图照。完稿后因某些原因未能及时出版，此稿由顾留馨同志带走，在后来出版的《陈式太极拳》一书中被采用。

在五十年代，河北省北戴河气功疗养院住院者均为县团级以上干部。为把太极拳用于医疗保健事业，秦皇岛市委决定调余到北戴河气功疗养院任教。余到任后，除教授住院疗养员学拳外，并办培训班数期，为全国各地培养了一大批普及太极拳的师资和骨干，从余学拳者逾万人。

一九六〇年，由余口述，余的学生张天戈执笔整理了余的《太极内功》。初作为教学用内部资料，后于一九八六年由人民卫生出版社出版而公之于世。一九六四年余写出论文《对太极拳缠丝劲等问题的体会》发表于一九六四年十月廿一日《体育报》。

中共十一届三中全会以后，百花齐放、百废待兴。尊重知识、尊重人才的风气日盛。太极拳运动在一度沉寂之后又得到了恢复和发展。过去从余学过太极拳的一些有成就之士，以及慕名带艺求师者，

50年代的陈发科

20年代的孙禄堂

60年代的胡耀贞

纷纷投帖拜师，余只好俯就。数年中，余在全国各地之入室弟子已达七十余人，其中不乏出类拔萃者。余退休后，常有学生来家问难求教，欣然与之切磋，兴趣盎然，绝无退休后的孤寂之感。此亦因习武得来晚年之乐趣。

八十二岁叟李经梧
一九九二年孟夏于北戴河

太极拳的要领、要求和特点①

■ 李经梧

这里简单地讲一讲太极拳的要领、要求和特点。

要　领

第一，立顶。头不前俯后仰、左偏右斜，轻松地竖立起来，不要

① 原载《气功》1983年第4期。

用力。习称“顶头悬”，意为好像悬在半空一样。很多拳种也讲究头要直，但要求用力。这不是说别的拳种不好，而是用力对血压高的患者的血压有影响。

第二，松肩。不能理解为耸肩，更不应该误解为往下坠肩。而是肩背放松，不用力。

第三，垂肘。肘关节要有重意。因为打起拳来姿势很复杂，有很多动作不注意就会成为横肘。例如现在普及的二十四式或八十八式，其中有很多的抱球姿势，练习时如变垂肘为横肘，那么气便壅于胸部，一趟拳没打下来就呼呼直喘。太极拳要求虚其胸，实其腹。胸部始终不受气的影响，觉得很轻松。垂肘与松肩是有连带关系的，如果这方面合乎要领，太极拳不管打几趟，周身汗出，但不气喘；否则就难免气喘吁吁了。

第四，含胸。不挺胸就是含胸，很自然地把躯干竖立起来，但不要往里缩胸。

第五，拔背。背指脊椎。用顶头悬把脊椎骨提起来，“上下一道线，全凭两手转”，腰部躯干是直的。太极拳是以腰为轴心来带动四肢进行活动的，因此这个轴绝不能弯。如挺胸或缩胸，则脊椎便不能直。

第六，气沉丹田。丹田指小腹。在立顶、松肩、垂肘、含胸、拔背的基础上，全身都要自然地放松，并自然地呼吸，这样才能气沉丹田。这里讲的气不是呼吸之气，练太极拳、形意拳、八卦掌都讲究练浩然正气，讲的就是这个“正气”，或叫“内气”。《拳论秘本》上有句话：“不使气流行于气”，指的也就是这个“正气”。锻炼出来的气不能同呼吸之气一块流通。练太极拳讲“始而意动”，因为太极拳讲究练“意”不练力；“继而内动”，就是紧接着里边的“气”动；“后而外动”，最后才表现外边的动作。

要　求

第一，姿势正确。需要有名师指导和纠正。

第二，意识集中。每一个动作都要意识想着、意识领着来完成。

第三，动作协调。这离开腰是做不到的。必以腰为轴心，腰一动

20 世纪 80 年代初李经梧摄于北戴河大海边

周身都动，“一动无不动，一静无不静”，动中有静，静中有动。腰不动而四肢动，就不会出协调的动作。

第四，节奏分明。每一个动作的中间过程和完成姿势，要做到节奏分明。有人说，打太极拳好像行云流水一样，但不能离开节奏分明这一前提，同时还要注意掌握每两个式子之间似断非断，即式断意不断的关系。

第五，虚实分清。这一点很重要，初练表现在两条腿上的虚实变换。实际上这个虚实不光是在腿上，因为“处处皆有一个虚实”，什么时候都有虚实，两人一搭上手都是以虚化实，以柔克刚。初学一定要掌握好两条腿上的虚实变换，身体的重心是在前腿还是后腿，务须清清楚楚，不能不前不后。“太极者，无极而生，阴阳之母也。”所以只要一动就分虚实，要求非常严格。

第六，连贯圆活。太极拳的姿势由开始到收式，都是前后连贯的。每一个动作的运行路线都呈圆形，不是大圆、小圆就是椭圆、半圆。例如向前按掌，上肢由于松肩垂肘，因而呈弧形，拉也拉不直。活，就是灵活，特别是肩、肘、腕、指关节都要放松，不能僵劲。再配合动作的圆弧形，就能灵活。

第七，上下相随。指手足有呼应关系。例如搂膝拗步左手往上立掌时，随即把右脚提起来向前弓腿、左手向前按，手按好了，弓步也同时完成了。这样做，脑子需要高度集中在动作上，所以杂念容易排除。

第八，轻灵沉着。练太极拳由轻灵开始，久而久之，练出内劲，每一个动作就会很沉着。

第九，速度均匀。不论出掌、出拳、迈步，都要运劲如抽丝，快了怕它断，不拉它就出不来。

第十，呼吸自然。一开始用鼻子自然呼吸。舌尖抵到上齿与上腭之间。随着练拳时间的推进和功夫的加深，会形成深呼吸，即腹式呼吸，并且呼吸和动作会自然地结合到一起。

特　点

第一，柔和。太极拳的架式平稳舒展，动作轻松柔和，不僵不拘，顺人体之自然，无忽起忽落和惊险的跳跃动作，练完后给人以轻松愉快的感觉，因此适合不同年龄、性别、体质的人练习。

第二，连贯。由起式到收式，不论虚实、姿势的变化，前后都是互相衔接、连贯一气的，看不出停顿和接头的地方。所谓“绵绵不断，好像行云流水一般”，正是此意。

第三，圆活。太极拳上肢的动作不是直来直去，而是处处呈弧形，适合于关节的自然弯曲状态。因此，从前有人称之为“圆运动”的。在圆的基础上，全身上下才能协调、灵活，各脏器方能得到均匀的锻炼。

第四，完整。太极拳运动以腰为主，一招一式都由躯干带动四肢进行活动，一动无不动，一静无不静。要求意识和动作一致，上下相随，手足呼应。并且呼吸也随着动作的起落开合，密切配合。内外上下，完整一体。

体　会

太极拳的创造与演变，综合了各家拳术的精华，包括手法、身法、眼法、步法，还结合了导引术、吐纳术，内外合一，浑然一体，从而使其具有很好的技击性和良好的保健性。太极拳的动作作弧形、螺旋形的伸缩转折，始终用意识引导动作，使气血运行畅达，直至四肢末梢，经络得以疏通，病邪庶可祛除。太极拳讲究以腰为轴心，腰的旋转，能对内脏起到轻微的按摩作用，这样就提高了各脏器的代谢能力，以及肠胃的蠕动，促进了消化能力，增强了身体素质。

太极拳不仅能治疗诸如高血压、心脏病、溃疡病、结核病、神经衰弱等慢性疾患，而且适合于各种年龄、性别的人锻炼，与气功疗法有同样的效果。所不同者：气功主静，太极拳主动。太极拳于动中求静，气功则于静中求动。后者的动，主要是指体内的动。可见两者的锻炼方法虽有异，而作用则相同。如能很好地配合，其临床效果较单行一法者尤为显著。经过我们的多年实践观察，深感两者配合有珠联璧合之妙。结合的方法是每日早晨自由选择练气功或太极拳；上午 8 时练太极拳半小时，然后练气功二小时；下午 2 时半练太极拳或太极剑一小时，然后练气功一小时，一百天为一疗程。

对太极拳缠丝劲等问题的体会[①]

■ 李经梧

《体育报》刊载了关于太极拳缠丝劲问题的文章。拜读之后，我认为这确是开展太极拳运动的重要问题，有加以讨论的必要。我曾拜陈发科老先生为师；习练陈式太极拳十四年，对于这套拳路略有体会。在此之前，还曾从赵铁庵、杨禹廷二位老师学习吴式太极拳十余年。新中国成立后，于传教吴、陈太极拳同时，因工作需要，学习并教授国家体委规定的简化太极拳和八十八式。近来又学习了孙式太极拳。所以，对各式太极拳也作过一些比较和揣摩。我不谙太极拳理论，也不懂力学、生理学，但是，在长期实践中积累了若干经验，现仅就这些不成熟的经验，谈谈个人的粗浅的体会。

太极拳诸劲中的抽丝劲、螺旋劲、缠丝劲是有区别的。

抽丝劲，还是以“运劲如抽丝”的提法为确切，这是太极拳运动原则要求之一。练拳时要做到“式断意不断”，匀、圆、稳、健，绵绵不断，既练力更练意。杨、吴、孙各式太极拳，对此要求是严格的，形象是明显的。陈式太极拳对此要求也是严格的，这就是陈发科老师谆谆教导的“练拳要塌住劲”。所谓“抽丝劲”虽然不是用以制胜对方的“劲”，但是，太极拳的实际运用（推手、技击），要求锻炼“动急则急应，动缓则缓随”的功夫，对此“运劲如抽丝”的锻炼占有重要位置。作为体育运动，能够掌握太极拳的这一特点，对于身体的健康也是有很大好处的。

螺旋劲和缠丝劲是用以制胜对方的“劲”，当然也是平时锻炼的要求。无疑，对于健身也是甚为重要的。对于这两种不同的劲，我是这样体会的：呈螺旋运动发出的劲，只击打对方的一点，令对方失势或仆倒，都可称之为螺旋劲。这种劲存在于各式太极拳中，以吴式太极拳中的揽雀尾、搂膝拗步等为例，就都有明显的螺旋劲。缠丝劲则与此不同，首先，腰腹旋转的运动量大而方法多变。与腰转动的同时

① 原载《体育报》1964年10月21日。

腹肌的左旋右转，大小不同的圈交替旋转，并与意结合，确是缠丝劲的特色。这就是陈鑫所谓的内劲或称中气。第二，这样由腰腹发动的劲，经脊背带动大小臂旋转，贯达手指，臂向里转小指扣劲是为里缠丝，臂向外转大指扣劲，是为外缠丝。缠丝劲就下肢来讲，每一个完成式要求大腿带动两膝往外转，做到所谓“归原”，即气沉丹田、圆裆和两腿虚实为三、七成，与上肢的缠丝动作相配合。完成上述的缠丝劲动作，运动量是大的。其三，缠丝劲与螺旋劲最明显的区别，还在应用。缠丝劲达于手指之后，并未结束，不以击中对方一点为目的，而是用带有缠丝劲之手、指，缠住对方的手、指、腕甚至肢体，使对方被缠之处，因我之缠绕成“拧麻花”状而失败。我认为，这就是陈鑫所谓的“太极拳缠法也”的真义，而这种以缠丝劲为动力的缠法，正是陈式太极拳所独有。

缠丝劲是陈式太极拳的主要特色之一，只有陈式太极拳的套路才能表现这个特色，正像开合手只能表现孙式太极拳的特色是同一道理的。源于杨式太极拳的简化太极拳，是不可能表现缠丝劲的。这不是杨式太极拳或简化太极拳的缺点，而恰恰是它的特点。例如，杨式太极拳中把掤、捋、挤、按有机地组成连续动作，应该说是杨式太极拳的特色之一。各种套路架子是适应各种太极拳运动的具体内容的，这是在长期实践发展中形成的，是合乎运动的规律的。许多初学太极拳的学员和疗养员看过上海出版的《简化太极拳》向我提出：为什么不教缠丝劲？我也曾把各式太极拳加以比较，试图把缠丝劲加在简化太极拳内，经过郑重的试验，结果是失败了。看来，硬加是不行的、违背规律的。若将缠丝劲加给简化太极拳，势必要改变简化太极拳的套路架子的。

简化太极拳是在“大跃进”的形势下，为了满足广大群众的要求普及和推广的。为了利于增强广大群众的体质，从而利于社会主义事业，才产生了简化太极拳。果然，此拳一出，太极拳运动以从来未有的速度和规模，蓬蓬勃勃地开展起来。忽略了简化太极拳的普及意义和群众性，就不可能正确地理解简化太极拳，对于开展太极拳运动是不利的。简化太极拳同样也是医疗保健体育的重要项目。事实证明，结合其他疗法，确实治好了许多慢性病。如果把此拳繁化，加上运动量大的缠丝劲，年老、体弱的人就不易学习，不好掌握，很可能失去作为医疗保健体育的作用。

综上所述，我认为抽丝、螺旋、缠丝这三个劲是有区别的。我认为简化太极拳硬加上缠丝劲是不可能的。

《太极内功》节要[①]

■ 李经梧

一、太极内功操练方法

太极内功的操练方法如下：

姿势

太极内功的姿势很重要，与功法要求、意守部位、呼吸方法密切相关。大致可分为三类：静练式、动练式、活练式。可根据练者的需要选择。

（一）静练式

练功初级阶段时应用，适于治疗疾病。可分为卧式、靠式、坐式、站式四种。

1. 仰卧式：采取平时睡觉的仰卧姿势，头部端正，枕头略高一些（约 25 厘米），肩下垫高约 3—6 厘米，以舒适为宜。两腿伸直并拢，两足跟相靠，足尖分开成自然八字形，两上肢自然伸直，手放于身体两侧，手心向下平贴于床上，两眼微闭或微露一线之光。

2. 靠式：又分为靠卧式和靠坐式两种。

（1）靠卧式：即采取平时休息的半卧姿势，半卧床上，枕头要高，背下垫起约 35—45 厘米，上身成坡形，余同仰卧式。另一种靠卧姿势是左脚置于右脚上，压住解溪（在脚弯前正中两筋间），或右脚在上。以舒适为宜。

① 参见《太极内功》，李经梧口述，张天戈执笔，人民卫生出版社 1986 年版，第 3—15、34—36 页。

（2）靠坐式：即平时在躺椅上的姿势，要求与靠卧式相同。坡度适宜，运用方便，感觉舒适，临床上多采用此式。本式也分压解溪与不压解溪两种。

3. 坐式：身体端正，稳坐于凳上，两腿自然分开，宽与肩等。膝关节弯曲成 90 度角，两小腿平行垂直于地面，双脚踏地。凳的高度要适度，头正直微前倾（有头顶悬之意），含胸拔背，松肩垂肘，双手放在两膝上。如果坐椅子，背和腰不可靠椅背，不可失去放松原则。

4. 站式：是太极内功的基础功。姿势与太极拳预备式相似，立正，左脚横开，脚尖向正前方（不外斜），宽与肩等。头正直，下颌收敛（头顶悬之意），含胸拔背，松肩沉肘。两手贴于身体两侧，全身关节、肌肉放松，两眼向前凝视。

（二）动练式

动练式又分单练式和带功式。是太极内功的中级锻炼阶段。

1. 站式：与静练站式相同，凝视后两眼微合或微露一线之光看会阴。头缓慢下垂，随呼气身体慢慢弯腰下蹲，蹲到两膝发酸为度，姿势到此定形，开始吐纳练习，吐气时把气向下引导，两手同时自然伸开；纳气时气向上引到命门，随吸气两手握拳，进行抓闭，抓闭后呼吸稍有停顿。

2. 活步站桩（又称太极看手式）：开始先做预备姿势，头正直，两脚横开一步，含胸拔背，吸气意贯丹田，此时闭息不呼，两拳紧握，两臂抬起，左手在前，左腿同时迈出。两拳变掌向前按，两眼看前手的手指，左脚尖点地，十分之七体重在后腿，双肘略弯，右肘俯于左肘，止步闭气，待闭气不能坚持时再呼吸换式。

换式动作：将两手轻落身体两侧，随落手同时慢慢呼气，将气呼尽后再行吸气抓闭握拳。抓闭后，与前左右相反做活步站桩。此式可依练功者身体情况规定锻炼时间。本功应在站练式基础上进行。

3. 带功练拳：在练完静练、动练、活步站桩基础功之后，即可开始带功练拳。要注意交替锻炼。正气不足时，则可重新抓闭充实，待充实后再行带功练拳，长期坚持带功练拳可达到高级阶段，即活练式。

（三）活练式

活练式是太极内功的高级锻炼阶段，没有固定姿势，是无形无象的东西，用则有，不用则无。采用喉头呼吸法或意识呼吸法。以意行气，气通全身。此时可带功演练整套太极拳。平时也可随意练习，不必采用固定姿势，可走路练、说话练、坐车练，即随心所欲练，不受时间、地点限制。

（四）意守

太极内功意守部位和操作方法较其他功法多，依据练功的不同阶段，步骤、姿势因人、因时而异，现分述如下：

1. 意守会阴法：本功法所指的会阴就是前后阴之间部位，也称下丹田。意守这个部位可以迅速排除杂念，使神凝心稳。开始时两眼平视，向正中处视为一线，先将视野放到最远处，寻找一个目标，如山川、日月、星辰，花朵、胜景等，待神凝后，将所采之景物收回离眼 1.2 尺左右，停止凝视。待凝视几分钟后，由于双眼凝视所采之景物会变得模糊不清，也有的单景色会变成重影或变成一个白色气团，所以过去传授此段功时叫采气雾（物），待凝视中出现模糊不清的景物或气雾（物）时，头慢慢低下，眼看会阴，此步要与内视合一，以意下达会阴，意气同行，守住会阴穴。

2. 意守涌泉法：以意领气，从会阴慢慢经过大腿、膝关节、小腿、足踝部最后达到涌泉（足心），领气要缓慢进行，不可过急过快。初练时呼吸不深长，气不能随意念同时达意守部位时，可不管呼吸，任其自然，此即“气断意不断”。经过一定时间的锻炼，意气自然合一。又因气从会阴到达涌泉走的是一条线，故此又称“连线意守法”。

3. 意守命门法：是最关键的一环。以意守命门为主，以气连络其他部位，循环不止，故又称“循环意守法”。练功开始，以意领气，从涌泉开始配合吸气，引气经足踝、小腿、膝关节、大腿，最后到会阴合而为一，再从会阴引气到后丹田（即命门）。引气到命门后要停顿，意守命门的时间长短以体质、功夫深浅决定。停顿后再以意领气从命门开始返回，经会阴后分两条线经大腿、小腿、足踝达到涌泉。如此周而复始地进行，久而久之命门即可得到充实。姿势可配合站式，坐式两种。注意气的运用要缓慢、均匀、无声、无息，不可过急过快，不可用力。

4. 意守关元法：关元就是通称的前丹田，但不同于其他功法（关元在肚脐下 3 寸小腹的中央部位）。此法练熟后可达到气贯丹田、气冲带脉的功夫。方法是：以意领气，从命门开始分两条线冲向关元，稍有停顿，即进行意守。配合呼吸，反复进行，锻炼日久，前后贯通，在腰的周围似有一条带子缚住，也就是带脉部位，练到这一步，可达到带脉充实。在此基础上只要稍用意引导，结合呼吸便可产生鼓荡气，这时带功练拳就可提高拳术技击能力。

5. 意守印堂法：这是太极内功最后意守部位，必须在以上各功锻炼成熟的基础上才能运用，又因不易掌握其火候，在无人指导时不可自行练此功。方法是：将吐纳的纳气（吸气）不放，再把气由意念提到背部，经夹脊、玉枕、百会、上星达到印堂，守住印堂。气到印堂后停住，不再下引，也不旋转，两眼内视，全身有意气贯满之感，精神贯注。如带功练拳可优于平时。

6. 命门涌泉连线意守法：此法多用于治疗疾病，开始可采用卧式、靠式或坐式，配合深呼吸，以意领气。把气从命门下引到会阴，由会阴分两条线经两大腿、膝关节、小腿、足踝到涌泉，然后再吸气，以意引气，把气从涌泉经原路线返回，再配合呼气，以意下达涌泉，如此周而复始进行。

7. 意守解溪法：本法不是原太极内功的锻炼方法，主要用于治疗高血压、失眠症等。练功时可采取仰卧或靠卧式，一只脚跟搭于另一只脚背部的解溪上，全身放松，采用沉气呼吸法，呼气时使气下沉到解溪（或达到涌泉），注意呼气，不注意吸气，反复进行锻炼。

（五）呼吸

可分以下几种形式：

1. 自然呼吸法：用于初级阶段，或者是练功开始的前几分钟。取平时缓慢的自然呼吸，逐渐用意引导把胸式呼吸改变为腹式呼吸，不停顿，不默念，要求均匀、细长、缓慢。

2. 导引运气法：用于第二阶段。练功开始，口对会阴方向细长吐气，随着吐气身体慢慢下降，降到两膝发酸为度（参照“姿势”一节）。用意引导气由会阴降到大腿、膝关节、小腿、足心；吸气时由足心再返回会阴，周而复始，令气运行。

3. 抓闭呼吸法：运用于中级阶段，练完导引运气法后可接练本法。这种呼吸法从操作过程来讲也可称为吸、贴、抓、闭呼吸练功法。采取站式（参阅“姿势”一节），在练完导引运气法后，吐气时把气引导到足心，呼吸停顿，停顿后吸气，引气上行经两小腿、关节、大腿、会阴、尾闾、命门；随吸气的同时，两手用力紧抓（握拳），两脚十趾扣也不放，舌尖轻贴于上齿与齿龈之间，紧缩肛门并上提，吸气到不能再吸（饱和）为止，然后停顿（闭住）；停顿后随呼气再将气慢慢顺原路线回到足心。手指、脚趾放松，随后全身放松，如此周而复始进行。本呼吸法是一种内呼吸法，不介意口鼻呼吸。又因这种呼吸法较猛烈，抓闭锻炼时间不宜过长。抓闭停顿时间也要随着锻炼的时间加长而延长。

4. 喉头呼吸法：本呼吸法是在抓闭呼吸的基础上进行。操作时忘掉口鼻呼吸形式，用意配合喉头纳气。所谓喉头纳气不同于生理上的浅呼吸，这指的是在经过抓闭呼吸锻炼后，有了“内气”的感觉，但在技击时不能等待练完抓闭呼吸后再与对方搏击，而是要用一种迅速充实内气的方法，也就是在一瞬间（大约四分之一秒）喉头用意扩张一下，气便迅速进入丹田，小腹立即充胀起来。这种呼吸从外表形式上看不到操作内容，张喉、充气、鼓腹均在同时进行。姿势采用站式和活步式，只稍用意念，整个带脉立即充实起来，腰部充实，气遍全身。这种呼吸可以单独应用，也可以在喉头呼吸后把气闭住，再进行抓闭呼吸锻炼。这种呼吸过去多用在太极拳技击上。因为它无固定形式，完全以意引气，随用随来，非常方便。

另外，还有意识呼吸，它是在喉头呼吸法的锻炼基础上更高级的内呼吸法。它同喉头呼吸法的区别是，无形无象，不用喉头纳气，在应用中，如果是拳术技击，只要手或肢体任何部位接触对方时，意识反应立即出来，气随意识同时充满带脉和全身。这种呼吸在应用时，不必做任何准备，用则有，不用则无。

5. 内转呼吸法：本呼吸法是把纳入之气用意引到腰部腹部，使中丹田（前丹田与后丹田之间）充实后再引气围绕脐的周围转圈。先从里圈开始由右向左，顺时针方向外转圈，共计转 36 圈；然后再从左向右，逆时针方向，由外向里转圈，共计转 24 圈。

6. 沉气呼吸法：用于治疗，也用于气功的预备功。它不是太极内功原有的呼吸法，适用于初练者和体弱者，尤以高血压，自主神经功能失调、失眠等最为适宜。姿势可随意，平坐、靠坐、靠卧、仰卧、站式均可，以靠坐、靠卧最适宜。练功时全身放松，以意配合呼气，不用注意吸气，呼气开始以意引导气由命门下降，降到会阴，大腿、小腿、涌泉，久练可感到呼气时气由命门下沉到足心，并能产生一股热流。但必须注意，此法强调不管吸气，只注意呼气，任其自然。

（六）收功法

比较简单、随意。用于治疗，可以逐渐停止意守，两眼慢慢睁开，两手相搓发热后抚摸面部，活动肢体，开始散步；如练整套太极内功时，不拘哪一个姿势，均以意收功，身体直立，以意使气下沉到足心，然后活动肢体，散步即可。

二、太极内功指导原则

1. 无论选择什么功法，都必须充分发挥病人的主观能动性，解除病人的悲观消极情绪和半信半疑心理，正确认识疾病，尽快掌握气功这一治疗方法。

2. 使病人在治疗时期，尤其是在集中治疗时期，处于安静的环境之中，避免外界不良干扰。解除病人思想及全身肌肉的紧张状态，突出强调虚静为主。医务工作者必须具体地帮助病人进入虚静状态，达到“精神内守”“恬淡虚无”的状态，使经活脉开，气血通畅。

3. 意气相合，要以练意为主，以意来领气。锻炼时要循序渐进，不可急于求成。有些患者往往容易把气功看成是单纯呼吸锻炼，每次练功都是尽量使小腹隆起，似乎肚子鼓得越大越好，结果出现偏差。因此，要循序渐进，不可急于求成，不可离开意识强行练气。同时，指导者本人必须结合个人练功体会和临床观察，不断积累经验，提高气功业务水平，掌握意气相合的规律，以正确有效地指导病人。

4. 只动不静，久了会产生疲劳，只静不动，久了会使人消沉，只有动静相兼才能达到体适神逸、精神轻松愉快的境界。所以不能只强调动练或静练，指导中要注意这一点。

5．对太极内功的指导，要注意把健康人和病人的锻炼区别开来，不能一样对待。因为一是以治病为目的，一是以健身防病和增强拳术技击能力为目的，两者的目的不同锻炼的方法也不同。

三、练功中常见的反应

太极内功最常见的反应有以下几种：

1．练功入静后，意气下沉，全身关节肌肉放松后，有精神轻松愉快的感觉。

2．由于呼吸的锻炼，腹肌伸缩的幅度加大，胃肠蠕动加强，促进了消化吸收的能力，而使饮食增加。另外，由于新陈代谢旺盛，头发、指甲、胡须生长比平时快，面容光泽红润，眼睛有神。

3．由于长期循环意守，可感觉有一股热流随气沿两下肢走动，足心发热，有时出汗，有的热流可随气一同循环。

长期意守命门、腰部及前丹田，则会前后贯通发热，如热流从命门放散到前腹及会阴，最后热流遍及全身呈放射状。

4．在抓闭呼吸锻炼时，气达到背部也叫神通于背，此时背部开始发热，热流上行达到两肩并推动两肘、两手，手及臂发热发胀，比平时有力。抓闭的同时还有提肛、缩睾的感觉（肛门括约肌收缩，睾丸上提）。

5．带脉充实之后，气贯全身，腹部周围似有一条敷带相护，内里又似有一触即发的鼓荡劲或鼓荡气。

6．长期练功后，有的人平时不思小饮（即很少喝水）。

7．内外合一后，带功练拳很少疲劳，动作连贯自如，增加了体态造型的优美感。

岩上无心云相逐

——太极探理

经世为武

■ 余功保

我没有门派思想，凡是好的，我都要学。

——李经梧

中国武术从本质上来说，是一门关于自强的学问。它以自身为坐标原点，以宇宙为参照系，以阴阳互动为变化规律，不断提高自身素质，增强人对于自然、社会的适应能力，增加人和万物的和谐程度。所以，一位成功的武术家，必然要具备几个方面的特质：对武术规律的透彻了解；对武术核心技术的真切把握；对中国传统文化精神内质的融会贯通；对自然和社会的积极贡献。

不如此，不可称为武学大家。

纵观中国武术发展史，在其中某一方面秉世卓立者无数，而全面兼备者屈指可数。20 世纪，是中国武术大发展的一个时期，这一阶段产生了一些必然承传久远的大家，有的人不一定生前显荣尊贵，但随着时间的流转雕磨，越来越夺目。

李经梧就是这样一位武学大家。

一、开放式的武学思维观

眼光有多远，就能走多远。

心怀有多大，功夫才能长多大。

■ 余功保，国际著名武术文化学者，太极拳研究专家。

万里无云万里天，心若无云心比天。

世界著名的武术家李小龙说：“以无限为有限，以无法为有法。”无限说的是眼光，无法说的是心胸。

在武学之途上，集四家功夫于一身、融会贯通的李经梧历经了一段漫长的跋涉，从而形成了开放的武学思维。

为了治病而学习秘宗拳的李经梧深受其益，不仅顽疾逐渐痊愈，而且练就了一身功夫。李经梧也由此开始了与武术纠结一生的不解之缘。往来于塞北江南、白山黑水之间，李经梧视野更加开阔，阅历也日渐丰富，他更加知道学无涯、功无息的道理。怀揣着对太极拳的向往，李经梧终于在辗转奔波后来到了卧虎藏龙的北京，先后拜在吴式太极拳传人王茂斋、吴鉴泉亲传弟子赵铁庵门下和杨禹廷门下习吴式太极拳，得到以推手见长的王茂斋大师之子王子英师叔的悉心指点，并跟随当时在北京传艺的陈发科学习陈式太极拳。20 世纪 60 年代初，李经梧又与友人交流互学，研习孙式太极拳的手法和劲路，并学习了杨式太极拳。

70 余年间，李经梧习武不辍，不管境遇顺逆，都无间寒暑，不舍晨昏。他的拳风拥有吴式太极拳的巧密柔化之功，凝聚陈式太极拳缠丝刚发之力，融会杨式太极拳圆满舒放之长，糅合孙式太极拳开合活步之妙，集而成之，自成一体。

囿于门户之见，是过去武术界的一大通病，李经梧则认为各家的武术都有长处，太极拳也一样，既然每门能存在于社会上，就都有各自的长处，学武的人要打破门派观念，才能博采众长。他常对人说：“我没有门派思想，凡是好的，我都要学。”他在掌握了吴、陈两家太极拳的基础上又广泛学习各式太极拳。他说：“有的习武者认为学拳以精于一家为善，这也许有一定道理。然而在本人来说，吴式的粘随柔化之功、陈式的缠抖刚发之力、杨式的舒放洒脱之势、孙式的灵活紧凑之巧，余均博而采之。尝有友人观余之行拳和推手，谓余：身架工整、柔韧、雄浑而潇洒；听劲至灵，应变之速，已臻应物自然之境界。此或过誉之辞，若谓得其一二，则全赖四家拳技之共同滋养也。”

虚怀若谷、博采各家之长，作为集大成者的李经梧除了具备对太

李经梧

极拳艺孜孜不倦的追求，除了拥有机遇，更难得的是拥有一种开放的胸怀，敢于比较，善于比较，敢于借鉴，善于借鉴。

开放首先要超越自己，只有忘却自己、超越自己的人，才能真正做到完全的开放，彻底容纳万千世界、如海武道。

李经梧在几十年的习武过程中，不断超越着自己，以开放的胸怀看待武学。如此，才能跳出藩篱，别开洞天。

二、内外兼修的武学练养观

太极拳讲究“守中”。不弃不离，不偏不倚。

虽是满眼繁华，若败絮其中，一历风雨，难掩断颓虚象。

所以，中国武术极为强调内养功夫，这在世界武术中成为一道独特风景。李经梧深谙其道，毫不犹豫地高举内养大旗。

20 世纪 40 年代，李经梧回家探亲帮助母亲推碾子，牛犯懒不走，他便拿起扫米的笤帚打牛，牛拉着碾子“噌”地往前一跑，李经梧差点儿摔倒。他琢磨，碾子中间有个轴，这个中心轴就像是太极拳“守中”的“中”，牛一转，就给了自己一个圆转的力，把自己的劲给卸了。就是从那一次开始，李经梧说他顿悟了太极拳的劲。

李经梧认为每个人领悟太极拳劲的因缘不同，每个人都要根据自己的气质和灵气来领悟。要想拥有真正的太极功夫，要得真传，自己还要用真功，还要真有悟性才能得到。要从理上参透，同时身体要练到，所以他说太极拳是练出来的，是悟出来的。“练太极拳一定要有悟性，而悟性是需要拥有练的累积才能达到的。如果没有悟性，怎么样也练不成上乘的功夫。”李经梧非常重视实践，几十年如一日，即便是在他八十高龄的时候，还在走一些套路和单式，还是一直在以意练拳。

太极拳是一种内功拳术。

李经梧是第一个明确提出太极内功的。经过自己几十年的修炼感悟，1960 年，李经梧著述成文，1986 年出版了《太极内功》一书。这本从 60 年代起已经开始在内部流传的书可以说是武术界和气功界的一个共享，因为在传统武术界，内功往往被认为是秘不外传的部分。

李经梧是根据《太极阴阳颠倒解》秘诀编著《太极内功》的，他说，这一秘诀的核心内容是用一种方法使人体的阴阳颠倒，达到水火既济而产生内气，这种内气旺盛、充盈，可以健身，也可以增强太极技击力量。

关于内功的技击作用，李经梧有自己独特的看法，他认为太极拳讲内外合一，而如果没有内功，则无法达到内外合一。若只是手脚比画的动作，四肢的前进后退，没有内功配合，是不可能达到很高的技击水平的。

李经梧积数十年习武实践和传艺经验，强调太极拳的意形并重、内外兼修。他深刻地提出“以心行意、以意导体、以体导气、以气运身”的太极拳说，论证了心意体气的主次关系，使后学者茅塞顿开，有所摸依。

内为体，外为用。内外兼修才能体用兼备。有了标准的形，可为拳师，有了精湛的内功才能成家。

三、性命双修的武学原道观

中国武术是性命之学。性、命的内涵也有多种层次的诠解。

个体的生命为“命”，生命之于社会的作用为“性”；命为自身的素质，性为人与社会的对接方式；命若强大而性却衰败，则武术沦为滥用工具，虽粗壮，却命若悬丝。

武术的功力为“命”，武德为“性”。练武有了德如水归大海，适得其所。练武先修德，是中国武术的法则。武德不是一个空洞的概念，而是点滴汇聚而成。

太极拳，蕴含着丰富的中国传统哲学思想，它以太极阴阳为哲学基础，外示安逸、内涵精神，以宁静致远为原则。它主张刚柔并济，这也是中华民族的行为文化。中华民族强调的是一种温良恭谦的行为处世态度。太极拳不仅是一种技术，更是一种中华民族的人文文化。

李经梧在太极推手、技击上有口皆碑，尽管他艺高技精，但绝不以武欺人，更不张扬。不得已与人交手时，他也是以艺赢人，从不争勇斗狠，总是点到即止，以德服人。

1956 年，在全国武术表演会期间，李经梧与另一位老武术家推手较技。对方意用大捋方法，以牵制李经梧双手，使其拔根再顺势前挤，令其向后仆倒。在对手施用捋手瞬间，李经梧顺势随进，只见对手双脚拔根浮起，此时如果李经梧微微一放，对方将立即跌出。但他就此收手。围观者各方名家无不赞誉李经梧之武德武技。

在与人推手较技中，李经梧要求自己和徒弟重口德与手德，不出口伤人，不出手伤人。他告诫徒弟，像“挤劲”这类劲，能打散别人的内气，很可能会伤及对方内脏，除非万不得已不准使用。特别是在友好推手切磋时更不准发。有一次，一位有一定推手功夫的太极拳爱好者，非要和李经梧搭搭手，见识一下名家风范。两人一搭手，李经梧就用粘劲盖住对方，使其不能动弹，然后李经梧稍微一动，在对方即将跌出时收了手。李经梧后来对学生说：“对方明白就行了，不要让人难堪，别人学到这个程度也不容易。”

老子云：“名与身孰亲？身与货孰多？得与亡孰病？甚爱必大费，多藏必厚亡。故知足不辱，知止不殆，可以长久。”在性命双修的过程中，就要勇于舍弃。李经梧舍弃了许多，也得到了很多。当年从北京到河北，他舍弃了繁华，也舍弃了很多可能属于他的荣耀，而换来的是大量有关太极拳武术、气功养生保健的宝贵研究探索成果，无数慢性病患者在跟随他习练太极拳后得以重返工作岗位。除教授住院疗养员学拳外，李经梧还开办培训班，为全国各地培养了一大批普及太极拳的师资和骨干，从学者数万人。

拳人合一或许是对李经梧最恰当的评价，他的为人和他的太极拳一样自然淡泊、恬淡虚无，这是太极拳真正的境界，也是中国道家文化的境界。

李经梧用自己的一生，注解了一件事：做一个于社会有价值的人，这是武术家的本分。

四、忠实继承的武学教育观

武术是一棵大树。它的根是传统。

对传统的继承是发展的基础。作为对传统武术有着透彻认识的武术家，李经梧始终把继承放在了突出的位置上。

李经梧曾经评价自己"传统、保守"，把自己归为"保守派、传统派"，他说自己不是创新派。"我从不敢说创新，更不敢说创造，融会贯通、开宗立派谈何容易？"他经常跟他的学生说，"我只是把我跟前辈学到的功夫传给你，不让它在我的手上失传。我怎么教给学生的也就是老师怎么教给我的，当然其中有我的一些体会、理解和取舍，太极也不是僵死的，要有个人的气质。"

李经梧还非常注重武术文化遗产的挖掘整理工作。1958 年，受国家体委委托，李经梧与唐豪、顾留馨、李剑华、李天骥、陈照奎等共同编写《陈式太极拳》一书，并与李剑华先生主笔完成了陈式太极拳一路手稿和陈式二路拳谱的修补工作。1960 年，李经梧将秘不外传之功法"太极内功"著述成文，公之于世。1964 年，李经梧在《体育报》发表了《对太极拳缠丝劲等问题的体会》，澄清了当时太极拳界一些混乱的观点。1993 年，他亲自审定主编了《李经梧传陈吴太极拳集》一书。这些著述影响深远，受到从学者的欢迎，泽被后人，为传统太极拳的继承作出了巨大的贡献。

传统不是口号，是一种实践，必须身体力行。在现代化的环境中彰显传统的规范，需要勇气和能耐寂寞的超然。

五、勇于创新的武学发展观

一个故步自封的人可能是一位行家，但成不了大家，只能是“匠人”，哪怕是巧匠。

就像当年杨露禅创编杨式太极拳，孙禄堂创编孙式太极拳，创新和继承并不矛盾。

创新是发展的动力。植根于传统的创新，如老树开新花，根不老，花不浮，随风一舞，繁锦漫天。

李经梧的推手已入化境，他在这方面的认识和实践为古老的太极拳宝库增添了新的内容。过去推手讲引进落空，通常是接来劲时坐腿转腰，把人带过来再打出去。李经梧在青壮年时也这样做。后来在反复实践中，他发现这样做易出破绽，容易让人顺势借力打过来。他认为在接触点做很小的旋转即可引进落空，不用坐腿退回也能达到“合即出”制人的目的。李经梧充分发挥了前辈太极拳家所说的“动之至

1959 年李经梧（二排左四）出任第一届全运会武术裁判时与全体裁判合影，此后不久，他便急流勇退。

微、引之至长、发之至骤”的艺术，不断充实和发展着古老的太极拳艺。

李经梧把毕生的心血全部倾注在武术和健身事业上，至老不辍。在研究和发展中，他不拘泥，能够接受新的思路和观点，并积极参与创新实践。新中国成立后，他参与国家简化拳二十四式，四十八式、八十八式太极拳的编订工作，研习国家简化太极拳新编套路，关注太极拳运动的新发展。1959 年，在国家体委的主持下，由李经梧演练，八一电影制片厂成功拍摄了我国第一部简化《太极拳》科教片，极大地促进了太极拳的推广和普及。

以上五个方面构成了完整的李经梧武学体系，是其武学思想的精髓。

这五个方面在李经梧身上是互相融合、互动互助的。只有具备了开放的思维，才能最大限度地吸收各种传统武术的营养，从不同的前辈名家身上汲取最宝贵的武术资源；以忠实的心态与操守对待传统，也就自然能在遵循传统核心原则的基础上，不断为其注入新的活力。

李经梧的一生是不断探索武学奥秘的一个完整过程。他通过自身的实践与教学，形成了一套完整的武学体系架构。在这个框架中，充分体现了他武学与人生的高度和谐统一。

一片汪洋都不见

■ 严翰秀

太极拳发劲，身手合一，眼手合一，内外合一。手往这个方向发，眼睛要往这个方向看。发人要合一，眼神也要算上。

——李经梧

1990 年 6 月，我参加共青团中央在北戴河举办的全国青年报刊

■ 严翰秀，著名太极拳研究专家，原《金色年华》杂志社社长、主编。

总编辑学习班学习。去北戴河前，我顺便拜访了北京的《中华武术》编辑部。当时的副主编周荔裳接待了我，她问了我的一些经历，对我专访当今太极拳传人、名家的计划很感兴趣，鼓励我继续将这个有意义的工作进行下去，同时也向我介绍了一些她所了解的太极拳知名人物。她说："北戴河的武术协会主席李经梧老师是个很有名的太极拳老师，现在专访他的文章很少，你可以去访他。他的工作单位是北戴河气功疗养院。"

到北戴河的当天晚上，学习班没有集体活动，我直接到北戴河气功疗养院，打听李经梧老师的住处。疗养院的人说，李经梧老师就住在团中央培训基地的旁边。我又从疗养院回到团中央的培训基地，在基地旁边的一间小平房里找到了李经梧老师。他问明我的身份和来意后，热情地接待了我。就这样，我在一周的学习时间里，一有空隙就到李老师家，了解他的太极拳生涯，后来写成了专访《云龙风虎，应物自然——李经梧小传》，在《少林与太极》杂志发表了一部分。1995 年，我将所专访的太极拳传人、名家的文章集结成《太极拳奇人奇功》一书由人民体育出版社出版，专访李经梧老师的全文收录在这本集子中。

事过 15 年，一天，北京的梅墨生先生给我打电话，请我写一篇纪念李经梧老师的文章，并多次催促，盛情难却。我认真地重看李经梧老师的录音记录，感到也有一些很有价值的东西可以写。与李经梧老师接触一周，作为学拳者，时间短了些，但是对一个记者来说，一周的访问，我基本了解了他一生的太极拳活动，他也给我谈了很多太极拳方面的知识，有的甚至可以说只有对门人才说的东西也给我说了。李经梧老师是我认识和访问过的众多的太极拳人物中给我留下印象最深的一位。2000 年，团中央再次在北戴河举办青年报刊总编辑学习班，我又来到李经梧老师住的那间小平房前，我知道他已经仙逝，我想找找他的后人，但是他的后人也搬走了。物是人非，我踯躅在李经梧老师住过的房子前，感慨良多。

在北戴河，我领略了"大雨落幽燕，白浪滔天，秦皇岛外打鱼船，一片汪洋都不见"的奇伟气象，也感受到了一代宗师李经梧老师不朽的太极拳人生和情怀。

一、安于贫，乐于道，德高拳才高

走进李经梧老师的房间，感到他住的地方十分简陋，低矮的房子里面摆着很旧的木头沙发、凳子餐桌、小书柜。而他是省四届的人大代表、秦皇岛市政协常委、北戴河区政协第一届副主席、河北省运动医学会委员兼秘书长、省武术协会委员、国家体委武术研究院的学部委员、太极拳名家等。他每天笑呵呵地生活在这个地方，笑呵呵地接待我，在这个陋室里给我讲述他叱咤风云的武术人生和丰富的太极拳经历，没有表现出什么不快和不满足。

有一天中午，我与他正在谈话，他突然说，今天说到这了，我要听小说连播了。原来他要收听当时收音机所播的历史、武侠类小说的连播。他喜欢古代和当代的一些侠客小说，准时收听，从不错过。在生活上，他没有其他嗜好。这让人感到他与小说中的侠客人物的心灵有共鸣，他关心这些侠客人物的故事与命运，而他本人在现实生活中也有与这些小说中的人物相似的地方。他爱武术，研究高深的武功及如何获得这些高深功夫的方法，武术、太极拳就是他生命中主要的部分。我只好不打乱他的生活规律，向他告辞。

1953年首都武术社成立时合影，前排坐者左二为李经梧，左四为陈发科

在与李经梧老师的交谈中，我感到他十分注意尊师重道。他说他以前学太极拳是教馆学的，每周请老师来家两次。早上老师来，他在打理生意的同时安排时间学拳，中午老师在他家吃饭，下午四五点钟雇车送老师回家。他学吴式太极拳和陈式太极拳都是这样学的。在学拳的过程中他对老师照顾很周到。老师都很喜欢他。他对老师的这种照顾一直延续到50年代老师不在。新中国成立后，他十分关心陈式太极拳老师陈发科的生活。他说，陈老师不善于言谈，在北京那么多年不会说普通话，还是说河南的本地土话。北京有的人去见他，他坐在八仙桌旁的椅子上咕噜咕噜地抽水烟，有时把客人冷落了。有人提一些太极拳的问题，他答复别人，别人也听不清。逐渐地，上门学太极拳的人少了，陈老师就在会馆里与一些人玩麻将什么的。有一天，李经梧去看老师，发现老师胖多了，身上穿的小褂中间的纽扣也扣不拢了。他想，打拳的人不练拳或少练拳身体就会胖起来的。他很焦急，与一些师兄弟商议如何使老师继续教授太极拳，为的是让老师保持身体健康，获得一些生活费用。师兄弟们说："经梧，你说话他比较容易听得进，你动员动员老师，请他上公园去教拳。"李经梧认真跟陈老师说了师弟们的意见，陈老师同意了。师兄弟们在中山公园找了一个叫作"十字亭"的地方，并安排两个人协助陈老师教拳。后来，李经梧又与师兄弟一起请人帮忙在宣武门外找了三间房子，并征得有关部门的同意，成立了"首都武术社"，由陈老师当社长，胡耀贞当副社长，使陈老师有了一个比较好的传授太极拳的地方。

李经梧这种尊师重道的精神，使他在太极拳学习过程中能得到老师的重视和喜爱，从而得到老师的真心传授。他这种尊师重道的精神可以垂范一辈一辈的武林后人。

当李经梧成为太极拳名家时，他对自己、对弟子的要求很严格。他经常对向他学太极拳的弟子、学生说："要讲武德。讲武德，最重要的是口德和手德。"在与我交谈中，他说，我要求自己的徒弟，在与人推手时，不能发太极拳的挤劲，发挤劲会打伤人，挤劲发得好，会透过别人的身体，打坏别人的内脏。

与他相处一周时间，我没有听到他说过别人什么不是。他总是说老师和师兄弟们好的一面。

纵观中国武术历史，大凡具有高功夫的人都十分注意武德的修养，没有一定武德的人，功夫达到一定程度后，很难继续往上长。李经梧老师成为一代宗师，他安贫乐道、德高道高是关键。

二、精于劲，精于内功，太极拳艺臻炉火纯青境界

学太极拳，其难点有很多，最难之一应该是太极劲的掌握和运用。在与李经梧老师的交谈和接触中，我感到他对太极拳的劲有精深的认识，并运用得自然而然，得心应手。

一天，我向他请教推手技术。他问："你有多少斤？"我不知道他问这个有什么用，说有 150 斤左右吧。他说："我用一个手指可以带动你，我们试试看。"他用手按住我的左胸，说，你用点力试试。我胸部稍前倾用力，他以一个指头将我带向他的一侧。他说，你吃我这个指头，我不要了，再吃我这个指头，我不要了，再吃我这个指头，我也不要了，你现在没有余地了，力量往这边来了，我以这个指头将你带起来了。他总结说："这是借力打力。"实际上这样表述，一般人不太懂，只有实际操作才能体会到这种太极拳劲的精微和奥妙。我感到李经梧在太极劲方面研究的精细和使用的不含糊。在对太极拳的抽丝劲、缠丝劲、螺旋劲的研究上，李经梧老师更表现出对太极劲在理论研究上的明晰，在应用上的精到，这个在我以前写的他小传上已经提过，就不再重复了。

我请李经梧老师谈太极拳的发劲，因为我认为太极拳的发劲是太极劲这个难点之中的难点。他说："太极拳发劲，身手合一，眼手合一，内外合一。手往这个方向发，眼睛要往这个方向看。发人要合一，眼神也要算上。"他说："发劲前，有时自己不得劲，要有化劲，化劲要换虚实，换虚实由腰先动，由腰胯转换来变化虚实。""发人都是用螺旋劲，在接触点上引进落空后，接着往前发，螺旋劲是转着往前走。不是转了以后才走、才发。"他说："对方的来劲，只要不是往外膨胀的劲，我都能发。""只要对方的脚跟一起来，就往外发劲，中间不要有空隙。""太极发劲，一定要打到对方的身上，不要使自己的劲滞留在自己的身上。"……

李经梧老师谈了很多关于太极劲的内容，在这里只是挂一漏万地说一些，从这些精彩的论说中，可以看到李经梧老师对太极劲的研究和应用精通到了什么程度。

我对李经梧老师说，我以前买了他出版的《太极内功》一书，想了解一下“太极内功”是怎么一回事。他听后马上说，我这里还存有这本书，我送你一本。他戴上眼镜，在扉页上工整地写上“严翰秀先生指正，李经梧赠，九〇、六、十一”。李经梧说，我在气功疗养院工作，我不能说气功如何。但我不碰气功，我没有教过别人气功。太极内功不是气功，太极拳要求内外合一，内是太极内功。成千成万的人练习太极拳，但是没有内功。没有内功，如何谈得上内外合一？

他坐在沙发上说：“你来摸一下我的丹田，可以用力。”我用力向他的小腹压下去，感到压不进。他说，这种内功，说有则有，说无则无。他说，他的太极内功在 1962 年以前就练成了，原来也写成了一个内部资料，由气功疗养院整理的，一直没有公开，其中原因是保守。后来单位的书记动员他，让他将完整的太极内功写出来。当时市政协一位副主席也动员他将太极内功公布出来。他认为自己已经参加工作了，得服从组织，这样他与人合作，将《太极内功》一书出版。他在这本书的前言中说：“在这个小册子里，介绍一下我个人多年来用于健身和增强太极拳技击能力的一种太极内功……为了发扬祖国的遗产，我愿意把这个功法贡献出来……”

李经梧老师说，通过阴阳颠倒、水火既济的方法使人体产生与太极劲有联系的内气。我要求他示范给我看，让我跟着做看看。我按照他示范的样子站好，他详细地说了身法、气的走向、抓闭等要求。他说，要注意不让气往胸部走，开始吸气，气要到命门。练这个命门，命门气路通了以后，吸气时会在腰椎两旁起个小包包，呼气时这两个小包包下来了。这一步要练一百天。而后才能练气贯带脉、气贯前丹田，有了一定的功夫后，一吸前后左右都气满了。以后意呼吸就可以了。练成太极内功以后，与人推手，这种内功就能与发劲有联系，增强技击能力。以后我也试着练练，感到很有效果。

以后很多年，我与很多太极拳爱好者接触，正如李经梧老师说

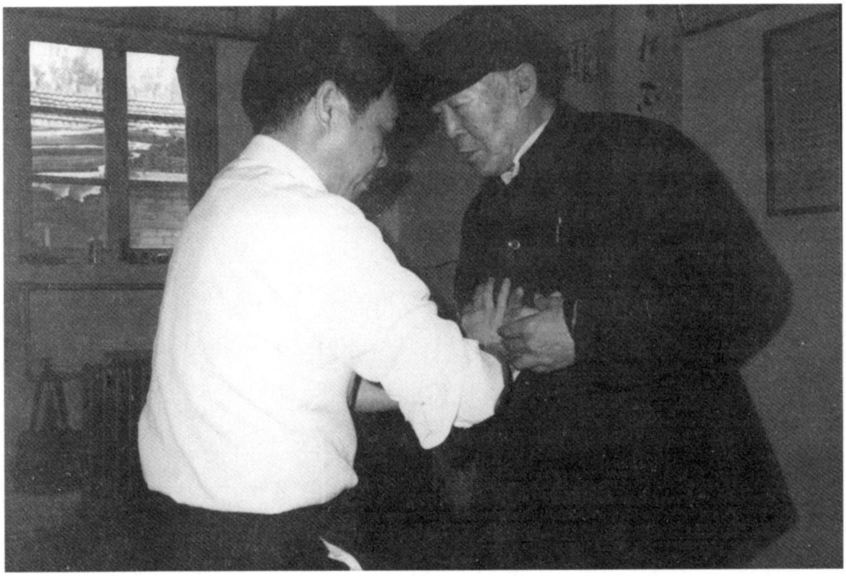

1990 年 6 月 15 日李经梧为太极拳学者严翰秀说手

的，练太极拳的人练出太极内功的人很少。因而在太极拳技击方面，运用太极内功的人更少。武术谚语说："练拳不练功，到老一场空。"李经梧老师精于太极拳内功，他的太极拳技击功夫达到炉火纯青的境界，与他的太极内功息息相关。

三、精而博，无门户之见

李经梧老师先学习外家拳种，后学吴式太极拳 14 年，经过吴式太极拳老师的同意，又学陈式太极拳 14 年。当有机会与孙式太极拳传人接触时，他又通过交换的方式学习孙式太极拳。由于孙式太极拳源于武式太极拳，他对武式太极拳也进行了研究。对杨式太极拳他也通过其他方式进行研究，掌握了杨式太极拳。他对源于杨式太极拳的简化太极拳也有精深的研究，受国家体委的安排，拍摄了简化《太极拳》的示范教学电影片。在与他交谈中，我感到他对中国的太极拳十分了解，在谈到推手方法的时候，他能将各派太极拳的推手方法一一进行规范说明。我认为在当今太极拳界，像他这样对各派太极拳的情况有这么深入认识的是极少见到的。

李经梧认为，每一派的太极拳能流传下来，都有其特点，有其合理的地方，有其实用的地方，也有其精妙的地方，都是中国优秀的拳种。所以他对中国的太极拳都学习、都研究。我感到他这种学习和研究是在精通一派的基础上进行的。没有一派的精通，就没有基础去接受、理解其他派的太极拳。

李经梧老师说，现在一些练自己门派的太极拳人与其他门派的太极拳的练习者互相间没有联系，甚至同属一个门派的太极拳练习者相互联系也不多。他说他与师兄弟们保持着良好的关系，与其他门派的武林人士也有良好的关系。我相信他说的是真的。

近年来，太极拳界有人提出“天下太极是一家”的口号，我认为李经梧老师在 20 世纪开始已经逐步地实践了这个口号。

在与李经梧老师的交谈中，他告诉我，他要求自己的弟子都要学习他所传授的吴式太极拳和陈式太极拳，同时，也要求他们学习国家推广的简化太极拳和其他太极拳竞赛套路。在这点上我感到他有十分广阔的胸怀。我接触了很多太极拳朋友，他们或是练传统套路，或是练国家推广的套路，练传统太极拳的人往往没练或少练国家推广的太极拳套路，有的甚至是严重排斥的。同时，很多练国家推广太极拳套路的人，没有重视学习传统的太极拳。而李经梧作为一代宗师，能这样对存在于中国的各种太极拳一并兼收，并且能精而博、博而精，对各种太极拳一视同仁，是难能可贵的，是一代宗师的风范。

中国的传统太极拳和国家推广的各种太极拳已经是客观存在，各有自己的功能。从实际情况看，传统太极拳虽然得到一定范围的传播，但是由于传统的原因，其核心技术只在少数人中间传习，甚至是只有拜师学艺的人才得到传授，这影响了传统太极拳的广泛传播。而国家推广的各种太极拳套路，是大众化的，适应性很广，在全民健身运动和向世界各国广泛传播太极拳的过程中，是传统太极拳所不能替代的。各派传人和名家如果在推广传统太极拳的同时，也注意推广国家编订的太极拳套路，将对中国太极拳的进一步普及和走向世界起到很大的作用，这方面李经梧老师做出了很好的榜样。

李经梧老师是中国太极拳界一个有代表性的人物，他在太极拳方面的建树是不朽的，像秦皇岛外的“一片汪洋”。这片汪洋留给我们的东西需要认识和发扬。我相信他的弟子们一定能珍惜李经梧老师所传，将中国优秀的太极拳文化进一步发扬光大。事实上，他们也做了和正在做继承李经梧老师遗志的很多实实在在的事。

技高德劭　风范长存

■ 吴文翰

李经梧先生并非出自太极拳世家，也不是职业拳师，为何能取得如此卓越的成就？我认为这和他的文化修养是分不开的。

书画家梅墨生先生要为他的太极拳师傅李经梧老先生出版一本书，这是一颇有见地之举。太极拳自清季王宗岳、武禹襄、李亦畲等前贤之后，业已发生了质的变化。他们“引文入武”“引雅入俗”，将传统优秀文化融于太极拳艺之中，把单纯技击型的长拳十三势升华为健身、御侮和陶冶品德情操的高级拳艺，使其进入学术和技艺的新时期。从此，练习太极拳的不再都是赳赳武夫“拳把式”，更多的是富有文化修养的儒雅之士，他们把太极拳作为中华文化的载体予以深入的探索研究，李经梧先生就是个中翘楚。他是以学者的姿态来研习太极拳和从事太极拳教学活动的，有别于以此牟名求利的拳师。

李经梧先生并非出自太极拳世家，也不是职业拳师，为何能取得如此卓越的成就？这是值得我们研究的一个课题。我认为这和他的文化修养是分不开的。他虽然不是文化人，没有在高等学府读过书，但是他长期在北京居住，深受民族优秀文化的陶，养成了勤于学习、敏于思考、勇于实践的创新精神，使他走出旧时代拳师的阴

■ 吴文翰，著名武式太极拳家，太极拳研究专家，原《武魂》杂志编委。

影，步入学者的殿堂。了解他的人赞誉他技高德更高，实非偶然。据说1958年受国家体委之托，由他和李剑华、唐豪、顾留馨、陈照奎等先生共同编写《陈式太极拳》一书时，因他是陈发科老师的早期弟子，拟采用他的拳照，李先生却建议用师弟陈照奎的拳照，由他执笔参与编写了部分书稿。后来书出版了，在编者名单中却没有列李先生，李先生也没有争执。这种视事业高于个人名利的心态，正好证明了他的品质高尚，如果没有良好的文化素养是不容易处理好这些事情的。

艺不宗一，转益多师，博采多取，融会贯通，也是李先生取得成功的不二法门。武术界宗精于一家为善者多，而李先生于陈、吴二家太极拳外，还对杨、孙二家太极拳也有接触，还曾向胡耀贞先生学过内功，而胡先生曾得到过张钦霖“金丹派”道家吐纳术的传授。李先生从而广收博取，形成自己独特风格，又不屑树立新帜、另辟门户、自我张扬。这种海纳百川、为我所用的谦虚与务实皆难能可贵，也是值得后人研讨和继承的。

毋庸讳言，随着商业经济的发展，以及太极拳多种功能的开发，太极拳界也出现了一些怪现象，把太极拳庸俗化、简单化、神秘化、家族化，甚至伪造拳史、自我吹嘘，这些无疑会阻碍太极拳的健康发展。太极拳之所以是中华武术中的瑰宝，是因为它富有中华民族特色，它的拳理展示了我国的文化精髓、伦理道德以及积极向上的人文精神。如果把它视为个人牟名求利的“商品”，不择手段地对拳史、拳理予以篡改和曲解，对太极拳实际上是一种玷污和亵渎。这就迫切地要求人们在太极拳研究方面认真务实，树正祛邪，通过介绍太极拳史上德艺双馨的太极拳家，来弘扬传统美德。

感谢梅墨生先生为纪念他的老师李经梧老先生出版这部著作。通过这一盛举，让更多的太极拳爱好者认识李先生的拳艺和道德风范，让更多的太极拳家向“学者太极拳家”这一目标迈进，把太极拳与博大精深的中华文化更紧密地结合起来，走向世界。

忆经梧先生二三事

■ 门惠丰

那种动如涛、静如岳，端庄雄伟的气度，感人至深，至今难忘。

李经梧老师虽已逝去十年，但他文雅、端庄、坦然自若的行拳走势，搭手使人雀跃的太极神态，还时常恍惚现于眼前。

记得 1956 年在北京召开全国 12 单位武术邀请表演大会时，有一天晚上，李老师来给北京队的太极拳运动员指导技术，给运动员说推手。当时我练的是戳脚翻拳，在一旁窥视，也不想放过机会，提出要向李老搭手求教。李老师面带微笑说："小伙子，身大力不亏，如果真练好推手，天下无敌呀！"我伸过右手向李老手上一搭，就好像气球跑了气似的，浑身没着落，两腿打软，两脚蹦蹦直跳，踉踉跄跄坐到了床上，围观者哄堂大笑。李老说："我们打打轮吧"，给我喂四正手。我总想用力，将李老推出，可有劲就是使不上。李老微笑说："你会戳脚，可以用腿。"起腿半边空，我哪能动得。李老纯真的太极功夫，文雅祥和的神态，使我产生了学练太极拳的欲望。

1983 年间，听说李经梧老师从北戴河回到北京了，我和爱人阚桂香进城由田秀臣老师领着见到了李经梧老师，渴望向他求教。早晨，在人民大会堂西侧一块场地上，李老一遍遍地给阚桂香做陈式太极拳"六封四闭"示范动作，那种动如涛、静如岳，端庄雄伟的气度，感人至深，至今难忘，已融进了我的技艺中。

1984 年，阚桂香在田秀臣老师指导下，编写出版了《陈式太极剑》一书，李经梧老师热情洋溢地写了序，称"阚桂香同志在继承陈发科老师传统老架练法的基础上，创编了陈式简化太极拳和陈式简化太极剑，简便易学，为普及陈式太极拳剑，起到了很好的推动作用。我愿向广大太极拳爱好者推荐此书"。

■ 门惠丰，著名太极拳家，北京体育大学教授。

在纪念李经梧老师诞辰之际，忆起我们交往过程中的几件小事，希望能借以发扬武术前辈谦诚淡泊的高尚武德和精湛武技，并激励后辈。

一言一行见真功

■ 李德印

练陈式太极拳一定要内塌外碾。陈式太极拳讲究缠法，外碾就是手上吃住劲，缠住对方，使对方陷于被动。每到定式都要圆裆落胯，气沉丹田，桩步站稳，做到归原，这就是内塌。外碾是陈式太极拳的特性，是一种技法表现；内塌是太极拳的共性，是柔中寓刚、完整不断的内劲。

——李经梧

李经梧老师与我家是世交。1957 年我考取大学来到北京，当时我叔叔李天骥在国家体委武术处工作，他多次向我介绍经梧老师的武德和拳艺。其中两件事给我的印象最深。

一件事是经梧老师承担了简化《太极拳》电影的教学示范。当时的环境与现在不同，1956 年国家体委刚刚编定了简化《太极拳》，这是新中国第一套面向全民的武术教材，由杨式太极拳简化改编而成。由于它易学易练，规范明确，很快便在全国形成了一股学练太极拳的热潮。配合这股热潮，人民体育出版社出版了挂图和书籍，八一电影制片厂也决定拍摄简化《太极拳》教学影片。然而面对这件新事物，在太极拳界引起了不小的非议：有的人担心太极拳简化改编会丢掉传统，使太极拳变成“小儿科”，降低质量。有的拳师担心简化《太极拳》的推广会影响自己的地盘，砸了自己的“饭碗”。面对这种情况，选择什么人担任简化《太极拳》影片的示范就成了一个不大不小的难

■ 李德印，著名太极拳家，中国人民大学教授。

题。这个人不但要有功夫、有水平，圈内圈外都有说服力，同时还要有人缘、有热心，大家乐于接受。国家体委主管部门再三权衡，最终选择了经梧老师。这种选择对经梧老师实在是勉为其难。作为一名刚刚获得全国武术大会金牌，深得吴式、陈式太极拳真传的名家，要从头学习杨式，担纲简化《太极拳》的教学，无疑是件效益不大、风险不小的事。然而经梧老师慨然应诺，认真出色地完成了拍摄工作，不仅提高了影片的技术感染力，也为武术界破除门派之见、树立新风做出了榜样。

与此同时还有另一件事，1958 年，人民体育出版社邀请各派名家编辑出版陈、杨、吴、孙各式太极拳书籍。其中陈式太极拳决定以陈发科老师生前传授的版本为准，委托经梧老师演练讲解，李剑华老师整理文字，同时建议书中的插图尽量采用陈老师生前的拳照，不足部分由经梧老师补拍。然而经梧老师执意不肯拍照，再三推荐陈发科老师的儿子陈照奎补拍，自己从中协助。他向李天骥表示“帮助照奎师弟继承好衣钵，是我对老师最好的交代”。我叔叔听了很感动，不

20 世纪 70 年代末李经梧（前右一）与李天骥（前左一）及弟子合影。李天骥为中国太极十三名家之一，与李经梧相交 50 多年，为其一生挚友。

止一次地对我说“经梧不仅功夫好，人品也好”。

进入60年代，经梧老师应聘到北戴河气功疗养院工作。他把自己多年钻研的太极拳、太极内功应用到医疗保健事业上。我父亲李天池当时在哈尔滨医科大学附属医院体育医疗科任太极拳师，他多次去北戴河学习保健气功，更向经梧老师学习拳艺和医疗经验。有一次我陪父亲去北戴河，正值我国三年经济困难时期，人民普遍营养不足，体质下降，很多人停止了体育活动。我所在的大学也调整了体育训练，减少学生体力消耗。然而经梧老师和我父亲常常利用早晨和下班以后聚在一起，一位教陈式，一位教孙式，两位老人家一招一式，互教互学，汗流满面还不罢手，我看了既佩服又心疼。他们那种热爱事业、忘我追求的精神深深印在我的心中。

1979年暑假，我专程去北戴河向经梧老师学习陈式太极拳。

在海边松林中，经梧老师对我耐心指导，循循善诱，时而亲自示范，时而叫大勇、德和几位师兄弟带我练习。同时他又指示身边的学生向我学练国家体委新编的四十八式太极拳。他对学生说：“我现在学不动了，你们不要错过学习的机会。”在学练过程中，我总是着眼于从外形上模仿陈式太极拳的动作，常常心浮气躁。经梧老师一边纠正一边告诫我“练陈式太极拳一定要内塌外碾”。看到我一脸不解的样子，他又耐心地解释说：“陈式太极拳讲究缠法，外碾就是手上吃

李经梧（左）与李德印
1979年在北戴河

住劲，缠住对方，使对方陷于被动。表面看缠丝劲存在于上肢的缠绕动作，实质上它源于腰腹，由腰腹和背的旋转带动上肢缠绕，贯于手指。每到定式都要圆裆落胯，气沉丹田，桩步站稳，做到归原，这就是内塌。不只周身塌住劲，意气也要合住。外碾是陈式太极拳的特性，是一种技法表现；内塌是太极拳的共性，是柔中寓刚、完整不断的内劲。无论练哪一家太极拳都要上下相随，内外相合，不能只求外表，华而不实。”听了经梧老师的解释，我豁然开朗，真有“胜读十年书”的感觉。

1986年10月，在太原市举行的全国太极拳比赛大会上，我又一次见到了经梧老师。当时我担任大会的总裁判长。由于在比赛中，裁判员打分多次出现“散花”现象，特别是在陈式太极拳比赛中，裁判员示分高低悬殊，有效分之间的差数超过规则规定多达十几次，引起了运动员和观众的强烈不满。在小结会上，裁判员各执一词，有的说这个运动员基本功好，功架规范，应该给高分。有的说那个运动员轻灵沉着，意领身随，一看就知道至少十年纯功，应该第一。究竟孰是孰非，弄得我十分着急和狼狈。在一次招待晚宴上，很多知名太极拳家都出席了，我趁机向经梧老师求教。他回答说，“裁判员有分歧不可怕，就怕自立标准，各自为政。如果大家都按武术规则行事，认识就不难统一。”我听了以后反复琢磨，觉得经梧老师的话切中要害。当时的情况是新的武术竞赛规则刚刚颁布，很多裁判员没有认真学习便匆匆上阵。他们在裁判中并没有私心，而是没有执行规则。新规则明明规定动作规格的分值是6分，出现错误按轻微、显著、严重等不同程度分别扣0.1、0.2、0.3分。规则还规定劲力、协调的分值和精神、节奏的分值各为2分，也规定了相应的扣分标准。然而有的裁判员心中无法，打分时不按规则分门别类地算清细账，而是按自己的判断和喜好，夸大一点，不管其余，好像瞎子摸象，自然难于统一。在以后的比赛中，我特别强调了裁判员必须认真按武术竞赛规则执法，每场比赛都要做详细记录，交裁判长检查。果然局面有了很大改观。

今天，经梧老师离开我们已经十年了，但是他的言行和教诲永远伴随着我，指引我去认认真真地做事，堂堂正正地做人。

四家绝学共滋养

■ 童旭东

经梧先生的太极拳艺主要还是来自吴、陈两家，旁参了孙式和新杨式。其重要的启发在于要多看别人的优点，多研究别人的道理。

我的老师孙剑云、师兄李天骥等与经梧先生交厚，从他们和其他同道那里听到的是对经梧先生德艺一致的好评和赞赏。由于我本人也一直对近现代武术人物感兴趣，有关这方面的资料也多有收集，故对经梧先生学拳大概经历不算陌生。从我师友的评价和经梧先生的学拳经历中，给我留下深刻印象的是经梧先生的见识和胸襟。

经梧先生先从刘子源习秘宗拳，后又拜在吴式太极拳名家赵铁

杨禹廷（前排右三）与武林名家及部分同门师兄弟、入门弟子 1963 年于西单国泰照相馆合影。

■ 童旭东，著名太极拳研究专家，孙剑云弟子。

庵、杨禹廷门下学吴式太极拳，20 世纪 40 年代初又拜在陈式太极拳名家陈发科门下学习陈式太极拳。到了 50 年代中期，经梧先生可以说深得吴陈两派太极拳之真传，已经是在北京太极拳界拥有一定名气的拳师了。50 年代中后期，国家体委提倡太极拳运动，普及太极拳，并以杨式为基础整理出八十八式太极拳和二十四式简化太极拳。经梧先生在参与此项推广工作中，又学到了杨式拳的手法和劲路。尤其是 50 年代末国家体委以经梧先生的拳架拍摄了全国第一部简化《太极拳》科教片，这说明当时经梧先生的拳已经在全国太极拳界有了相当的影响，进入了太极拳名家的行列。一般的拳师到了这一步，很容易故步自封，很难再去接受别人的东西。而经梧先生则不同，他仍在不断学习，其虚心好学的态度，非一般人可以企及。从经梧先生学习孙式太极拳的经历中很能反映出这一点。

经梧先生的孙式太极拳学自李天池先生。关于李天池先生的功夫我曾问过孙剑云老师。孙剑云老师告知李天池先生对拳术并不精通，其孙式太极拳的水平并不高。我又问："那李经梧先生怎么会跟他学习孙式太极拳呢？"孙剑云老师说："我也问过李经梧，他告诉我说，他见过我二哥（指孙存周）的拳，对我二哥的功夫很佩服，说他见过的人里没有人能赶上我二哥。所以他一直想学孙式拳。李天池去北戴河时他就跟李天池学上了。"这件事对我颇有触动。据我的了解，在 20 世纪 60 年代初，无论是在太极拳界的名气，还是在太极拳上的功夫，李经梧先生都远在李天池先生之上，但经梧先生能不计较名气高低和功夫大小，虚心向名气和功夫都不如自己的李天池先生学习孙式太极拳，实在不是一般人能做到的。其胸襟、其见识、其求真的精神令人不胜钦佩。

实事求是地讲，经梧先生的太极拳艺主要还是来自吴、陈两家，旁参了孙式和新杨式。其重要的启发在于要多看别人的优点，多研究别人的道理，这样才有利于自身拳艺的提高。不仅要向比自己功夫大的人学习，还要向比自己功夫小但学有所长的人学习。所谓"三人行必有我师"。有了这个精神，并能真正去实行，岂有拳艺不高的道理？经梧先生平生值得回味之处很多，我所知有限，略缀数言以表敬慕和纪念。

“文如其人”

■ 昌沧

“太极济世勤探索”。

我与老武术家李经梧先生只有一面之交。那是 20 世纪 80 年代，在他工作的北戴河疗养院。他给我的印象是：朴素，谦逊，热情。我对他的更多了解，是从他的好友、“十大武术名师”之一的李天骥老师那儿得到的。

1987 年冬，梅墨生、王大勇二位先生送来了一篇文稿（当时我在《中华武术》杂志工作），题为《仰之弥高，俯之弥深》，是介绍经梧先生的。《中华武术》杂志刊登人物文章有个严格的标准：“活人要慎重，死人要真实”，讲究“内查外调、三堂会审”，即此人物刊登后，应经得起广大读者的质疑。用我们的行话说，“这个人应能经得起历史的检验，应能戳得住”。我们曾为此开罪过不少人！

就这篇文稿，我征求了天骥老师的意见。他读后说：“真实、朴实，文笔酣畅、简洁。”“把经梧兄写活了，真是文如其人。”文章后刊载在《中华武术》杂志 1988 年元月号。

如今，两位老武术家都离开了我们。前些天，我从书柜里又找出了这篇文章，捧读后，往事历历在目，令人唏嘘不已。

叹光阴之流逝，喜鸿篇之永驻。因而浮想联翩，试赋《经梧颂》四首。不敢忝列七绝，聊作“打油”，以寄怀念敬仰之情。

一

家贫无奈闯关东，体质孱弱练秘宗。
虚怀若谷拜众师，太极诸式收帐中。

■ 昌沧，原《中华武术》杂志主编，人民体育出版社编审。

二

以武会友德为先，区别对待师前贤。
巧用四两拨千斤，技艺纯青赛八仙。

三

重义轻利鄙陋习，阴阳运转争朝夕。
桑榆未晚岂言不，循循善诱好教席。

四

太极济世勤探索，穷经皓首又立说。
启后承前扬武魂，俯仰天地尽闪烁。

走融合之路

■ 路迪民

这种官方和民间的分离，从某种程度上使简化太极拳在院校断了根，变了味，使很多没有传统太极拳基础的人，把太极拳变成了太极操。

由李经梧先生的经历和卓著贡献，我想到中国武术发展的一个方向问题——融合。

中华武术曾在民国时期出现过一段辉煌。1928 年创办的中央国术馆，犹如昔日之黄埔、抗大，培养了一大批顶尖级的武术人才，编审处在挖掘整理武术遗产方面也有显著成绩。当时的中央国术馆，全部聘请各传统武术流派最著名的民间拳师任教，可以说是原汁原味的中华武术的汇精聚粹。各省也相继建立起以省长等要人为馆长的地方武术馆。各传统流派武术在这一时期得到了迅猛的发展。

■ 路迪民，著名太极拳研究专家，西安建筑科技大学教授，赵斌弟子。

新中国成立后，武术也受到了充分的重视。各级武术协会的成立，各种形式的武术表演比赛，使中华武术呈现出崭新的面貌。就太极拳而论，以简化太极拳为代表的国家套路的创编和推广，对太极拳运动的开展，起到了极大的推动作用，这是任何传统流派太极拳所不能比拟的。

然而，由于极左思潮的影响，特别是对所谓“唯技击论”的批判，以及人事制度的限制等因素，新中国武术逐渐出现了“学院派”和“传统派”，也就是官方和民间的分化。民间拳师只能在民间活动，院校武术系虽然也有一些传统武术人才，但只能按国家创编、规定的武术项目和套路教学，没有原汁原味的传统流派武术传授。这是从一个极端走向另一个极端。国家一再创编，一味追求动作的表演效果和高难度，偏离或者削弱了中国武术的技击本质。其结果，学院派不能体现中华武术的全貌，传统派不能充分发扬和继承，自生自灭。加之一些传统流派的保守陋习以及时间、经费、文化素质等方面的限制，使中华武术的本来面貌逐渐模糊和扭曲起来，这实在是中华武术的悲哀。改革开放以来，国家对传统武术有了一定重视，传统流派的武术团体也纷纷成立，但学院派与传统派的分离格局并无明显改变。

怎么办？高枕无忧固然不好，满腹怨言也无济于事。笔者以为，中国武术的发展，只有遵循和实现中国传统文化的一个核心概念——融合，即官方与民间融合、学院派与传统派融合，才真正有出路。

融合，不是混合，而是有机的结合。李经梧先生的武术实践，就是融合的典型体现。他精通吴式、陈式太极拳，又研究掌握了杨式、孙式太极拳。无论在拳架演练和技击运用上都达到阶及神明的境界。正因为如此，他的二十四式太极拳的演练就与众不同。其动作精确到位，舒展潇洒，内涵浑厚，气势恢宏，韵律优美，被国家体委拍成电影教学片，作为推广简化太极拳的样板。

遗憾的是，李先生的吴式、陈式太极拳艺及其对杨式、孙式太极拳的研究，仍然是在民间传授，并不是通过官方和院校推广。这种官方和民间的分离，就从某种程度上，使简化太极拳在院校断了根，变了味，使很多没有传统太极拳基础的人，把太极拳变成了太极操，这恐怕是一个不可辩驳的事实。

试想，如果能在武术院校开设传统武术课，聘请民间拳师任教，要求每个武术系学生都兼学一门传统武术，就能给专业人员创造深化的条件，给传统拳师提供用武之地。毫无疑问，有文化、有组织、有时间、有经费的武术院校和研究机构，应该也能够在传统武术的继承、研究方面，集民间技艺之大成，汇传统流派之精华，在更高的层面上，把传统武术的技艺中心和传授中心转移到院校和研究机构，使武术专业毕业生不但是“现代”中国武术的行家，也是某一传统武术流派的正宗传人。这样的学院武术，才算是真正意义上的中华武术，传统武术的模糊和扭曲问题也就迎刃而解了。

该结束中华武术的这种分离了。当然，这个工作，也只有依靠行政力量，依靠学院派和武术管理机构才能进行。只要方向正确，并不困难。若能实现，功垂千古。上述认识，是我从李经梧先生的武术实践中得到的启发。

李经梧与太极拳

■ 谭大江

李经梧先生在太极拳界，就像齐白石、张大千在国画界，梅兰芳、周信芳在京剧界，夏菊花在杂技界，是真正的大师！

与道学结缘、与道家内丹养生学结缘，源自我 30 岁前的疾病缠身。后因病问道，因道愈疾，歪打正着，就一路走了过来。而我与武术结缘，始自“武当”。当然，武当派的武术与道学也是有血肉联系的，因此，我在研究实践道学及道家内丹养生学的同时，再研究武当派的武术和人物，自感认识的深度和广度都大为提高了。

记得在 2003 年《武当》的第三期中，我编过一篇车富刚撰写的

■ 谭大江，著名道家文化研究专家，原《武当》杂志副主编，武当山武当拳法研究会副会长兼秘书长。

《怀念恩师李经梧》的文章。文章介绍了李经梧先生精绝的太极拳技艺和高尚的品德，给我留下深刻印象。其实在此之前我不太了解李经梧先生，虽然此前我曾在《武当内家派述秘》一书中介绍陈式太极拳源流时，由陈发科、陈照丕引出李剑华、李经梧，但那不过是资料摘录，一笔带过。今年春天，北京梅墨生先生电话相约，想请我为这本集子写点什么，当时因为未能全面了解李经梧先生而未敢轻允。近几个月来，因为一些专家学者对20世纪五六十年代的太极拳坛发生的一些大事有所回顾，使我更多了解到当时从拳艺到品德已是有口皆碑的太极拳泰斗级人物李经梧先生。

如今处在一个“大师”泛滥的时代，几乎每个领域都在炒作或自封“大师”，已经把“大师”这个令人敬畏的崇高称谓玷污得不伦不类了。但转而思之，我们也不能因为当今有伪大师的泛滥就不去认辨、景仰、怀念真正的大师。而李经梧先生在太极拳界，就像齐白石、张大千在国画界，梅兰芳、周信芳在京剧界，夏菊花在杂技界，是真正的大师！大师从来都是凤毛麟角的，他在他那个领域的造诣必然是登峰造极的；大师的屹立于世也还要有他的人格魅力作支撑，只有品德高尚者才和大师的称誉相匹配。这一切，李经梧先生都是当之无愧的！

从内功与拳法的关系看李经梧先生拳艺

■ 钟东

李经梧老先生的拳艺，有一个突出特点，便是以功运法，融通功法。

太极拳者，神妙之技也。其锻炼的主要内容，过去恩师马虹先生曾经说：内劲、外形、拳理、拳法、功力、推手。概括来说，内功与

■ 钟东，博士，著名太极拳研究专家。广州中山大学古文献研究所副教授。

技法是最为核心的内容。而二者的融通，世间稀有，李经梧先生则为武林独步。

我眼福不浅：十几年来，从李经梧先生的高足单颖老师那里，陆续获睹一些资料，这为我打开太极拳的视野起了重要的作用。我所寓目的资料，有李经梧、张天戈所著《太极内功》，李经梧与王大勇、吕德和主编的《李经梧传陈吴太极拳集》，后来又见到李经梧先生的拳照、视频资料若干，以及其哲嗣李树峻先生的少量资料。与此同时，还在单颖老师那里见识了李经梧先生太极拳的真传，感受深切，大开眼界。因此，对李经梧先生兼能诸派各式，融合道、功、法、术，臻至妙境的太极拳，无限钦慕。现在，把一点学习的体会提出来和太极同道分享。

本文认为李经梧老先生的拳艺，有一个突出特点，便是以功运法，融通功法。今就此一点，略陈浅见，结撰成文。

一、李经梧先生对太极内功的研究

李经梧先生曾经为世人传授、介绍过太极内功，那是 20 世纪 50 年代末他在北戴河疗养院传授太极拳与气功的时候，曾经把太极内功作为主要的教学内容之一，后来由学生执笔，撰成一书，叫《太极内功》。

太极内功，是一种由拳术转到养生方面的气功。“是太极拳和气功相结合修炼的一种却病、保健、延年并能增强太极拳技击和产生鼓荡气能力的一种气功。”这种功法的关键，实即意守命门，吐纳导引。“以练腰健肾，练气强身，并用于增强技击能力的一种功法。又称动静相兼、内外合一的完整气功。”（《太极内功》第 2 页）可见，这种气功修炼，是兼顾养生和技击两方面的。

今天看来，当时李经梧先生对内功修炼的研究，非常细致而丰富，他那本《太极内功》总共分 17 章，从太极内功的实质讲起，述及以下内容：

操练方法：如姿势、意守、呼吸和收功等；

意守命门：使水火相济，肾气平衡；

功法运用：如步骤、姿势、意守、呼吸的运用、时间、进度，与拳术的配合等，列表说明；

通督周天：是一种高级功法，旨在通督脉、运周天，实现意气贯通；

查功方法：望、闻、问、触四法；

注意事项：共 22 条，其中有通则，也有专门针对太极气功者；

指导原则：病人治病为主，健康人健身防病并增强技击能力；

练功反应：身体七种反应；

临床应用：各种姿势、各步骤对治疗疾病的作用；

个人心得：这部分尤为精要；

结合针灸：意气行针，治病健身；

持功练拳：按步骤持功练拳，妙不可言；

出偏纠偏：分析出偏原因、类型，讲解纠偏方法；

入静层次：分初、中、高三级；

入静方法：12 种主要的入静方法；

治疗病例：记录几个典型的验证病例。

以上为大纲目录，难以尽其微妙。但是，从这个大纲，可以知道这本书的分量，可用四个字概括：精深丰富。后来，这部内功心法，又在《李经梧传陈吴太极拳集》中以更为精练的语言介绍出来。

李老先生所述太极内功，有值得武术、气功研究者注意的地方。第一是练功的步骤，第二是练功的姿势，第三是意守的部位，第四是练功的呼吸，第五是操作的方法，第六是持功以行拳。

这几个方面，每每有独到的、鲜为人知的地方。比如功法是分层级的，不可越级躐等。练功的姿势，坐、卧、立各有妙处。呼吸中的抓闭呼吸法与喉头呼吸法，可以说是养生与技击的高级功法，很值得后来者认真研究。意守命门，是这部功法主要的思想，其实即是固本培元。这部功法在讲实操时，十分细致，而又要言不烦，适合循序渐进，计日程功。另外，对于持功行拳，更是太极拳研究者所鲜有人提出的一种重要的理论，值得珍视。

总之，这部太极内功，是对太极拳内在功夫的十分有意义的探讨，从其中的思想、方法，可以看到李老先生对内功研究的精深。所以，从这个角度来看，这是研究李老先生的功夫、研究太极拳历史的重要著作。

二、李经梧先生对太极拳法的研究

就太极拳法方面，李经梧先生所著述的，今天能见到的书是《李经梧传陈吴太极拳集》一书（李老先生还有其他著作，可参见其书《前言》所述）。今就这一本集子，对李经梧先生拳法作窥豹一斑式的考查。

李老先生长期浸淫于传统太极拳，领会于心，功夫在身。他自己说："吴式的粘随柔化之功、陈式的缠抖刚发之力、杨式的舒放洒脱之势、孙式的灵活紧凑之巧，余均博而采之。"（《李经梧传陈吴太极拳集·前言》）实际上，李经梧老先生是把各式太极拳融会贯通了。门惠丰先生曾在该书序中概括李老先生的拳艺说："李老自幼习武，先学秘宗拳，后拜师于太极拳宗师赵铁庵、杨禹廷、陈发科等，悉心苦学，精通入化，深得太极拳真谛。陈式之刚发，吴式之柔化，杨式之舒展，孙式之灵巧，融各家之精华于一身，集而大成，盘架、推手，功深令人叹服。"诚为知音之言。

李老先生所著述的这本太极拳集，其价值早有定评。王培生先生说："都是扎扎实实、真真切切、一丝不苟、不说虚语之保身法，现总结成书问世，实乃有利于太极拳爱好者进行深入研究。"（《李经梧传陈吴太极拳集·王序》）也即是说，李老先生的太极拳艺都是实学。冯志强先生也说："这部书是经梧兄数十年的研、练、用的积累；是道、武、医的结晶。"（《李经梧传陈吴太极拳集·冯序》）可见，这本书是李老先生的厚积之后所为，确实是平生心血的结晶。

全书总共九章。第一章是基本知识，主要述及太极拳的历史、传承、要领，这一章是总纲，是练习太极拳的基本要领、原则和周身要求。第二章是陈式太极拳一路，第三章是陈式太极拳二路，第四章是吴式太极拳，都是拳学图谱，包括动作演练的说明、要求和图示。第五章为吴式太极剑，第六章是吴式太极刀，是剑谱与刀谱，也是图文结合，讲解加图示。第七章是太极推手，主要解说定步推手与陈式推手。第八章则是太极内功，把平生修习和传授太极内功的精要，集中于一章文字之中。第九章是太极经典辑要，这章里除了经典，还录有一部前人传给李老先生的秘笈，十分珍贵。

这本书本身的结构是比较完善的。这使我们对李经梧先生的拳艺有较为完整的认识。从内容来说，这是一部在长期实践基础上撰写的拳谱，理论与实践互参、内功与拳法兼顾。从风格上来说，这部拳法著作，彰显了李经梧老先生拳艺的绍承前贤、朴茂大方、浑厚圆融、神妙入化的特点。

当然，文字无论如何都在表意方面有一定局限。李老先生的拳艺，从一些视频资料来看，已经是出神入化，无法形容。在这本书中，虽然述及拳术历史、总要领、大原则、内功心法、拳式动作、用法要义、推手锻炼法，但这一切都只不过是“大匠示人以规矩”的东西，并不能代表他太极拳的真正面貌。不过，也确实可以作为一种研究李老先生拳艺的佐证资料，让我们在滴水中见到太阳的光辉之存在。所以，这无疑是不能轻忽的一部书。

另外，除了这本太极拳集外，还有李老先生的数十位门徒，和他的哲嗣李树峻先生等，可以作为见证人，口述李老先生的拳艺。相信说李经梧老先生是太极拳的一代宗师，反对的人一定很少。

三、李经梧先生对太极功法的融通

传统的看法是：拳属于武术的范围，而功属于气功的范围；武术属于动功，气功属于静功。也即是说，两者不是一回事，不能放在一起来练习。因为这种观念，造成了许多练气功的人不练武术，或练了气功而不能用之于武术；另一方面，练习武术的人，虽然讲求气功，但实际上不能真正用在武术上，更多的人则一生习武，却忽视内功修习。这些都是武术与气功二者不能兼顾，有所偏废的现象。这种状况，必定影响到修为与成就。

但是，李经梧老先生无有是偏弊。其所著《太极内功》，虽然主要是“把太极拳以技击为目的转变成为以医疗体育、治病、防病为目的”，但是也没有忘记专门论述如何“持功练拳”。其所著《李经梧传陈吴太极拳集》，虽则以修习武术为主要目的，但是，他也并未忘记以专章论述太极内功。可见，李老先生在思想上是主张融通内功与拳法的，在他看来，二者各有所主，但并没有绝然的障碍，甚至是互相补充、互相完善的。

实际上，李经梧老先生正是修习内功，以功行拳，才使受之真传的拳艺，有了内功的保证，而得以淋漓尽致地发挥，由此达到极高深、极精妙的境界。笔者假想，如果我们抽出李老先生的太极内功，他的拳艺便不可能有那样精湛；他的拳艺如此精湛，与其太极内功的修习是密不可分的。

拳谚说："打拳不练功，到老一场空。"这值得我们不修习内功的习拳者引以为戒。

李老先生的太极内功，最主要的思想是用吐纳与导引方法，意守命门等关窍，特别是充实肾气，调和阴阳，运气通督，周天搬运，有病可以治病，无病则可以健身，更进一步是配合太极拳，增强技击与推手的功力。

值得注意的是，有一些独到的内功秘要、鲜为人知的见解，让人耳目一新，受益不浅。比如，在李老先生珍藏的《太极拳秘宗》中，屡次提及两个关键的要领，值得我们从内功心法去解读。一个是"喉头"，另一个是"腰顶"。依笔者的浅见，感觉之所以称"喉头是第二主宰"，是因为技击时需要在极短的时间内调集内劲，用喉头呼吸法就可以十分快捷方便地实现这一点。这就是太极内功在技击上的妙用。另一方面，为什么又要"腰顶"？实际即是用内功心法，以极快的速度也是极神妙莫测的方式，聚集内气与功劲，充实带脉，化敌于无形无象。

举此二例，以示李经梧老先生的太极内功与太极拳法的融通，实在是妙用无穷。人们可以在其著作中，发现许多珍宝。

结　语

总结全文，笔者认为李经梧先生融通内功与拳法，在太极拳研究史上，值得充分注意。在此，提出几个观点，就教于太极拳学界：

首先，对李经梧老先生太极拳法的研究，必须结合他的太极内功的探讨来进行。只有这样，才有可能对他的太极拳法有着较为全面的认识。

第二，李经梧老先生的太极拳法实现了内外兼修，是因为他把太极内功贯穿于太极拳术之中，这一点，值得气功与太极拳学习者、研究者充分注意。

第三，李经梧老先生融通内功与拳法，既是对气功的创造性尝试（以功为体，以拳为用），也是对太极拳的创造性尝试（以功助法，以气行拳）。

这几个观点，可以作为李经梧老先生追随者们的参考，也可以作为太极拳和气功爱好者们的参考。欢迎大家就这个问题，一起探讨，特别是对本文中说得不对的话，加以批评指正。

感悟李氏太极

■ 萨本介

看太极者，小太极；打太极者，中太极；乱环圈者，智太极；正大光明者，人太极；将太极化入集体无意识者，“无”太极也！李老夫子之拳者，心太极矣！

差不多三年前，我在友人处开了眼。平生第一回见到拳照，而这第一眼看的恰恰正是李经梧老人的拳照！说起来，这大概也算缘分吧。看着一张张类似动画，断断续续又可以联系起来的拳照，感觉一股挺足的气，从照片里头溢出来！我被这股热流所染，便依自己的直觉认定，应该是碰到了一件顶级的“艺术品”。自那以后，我便迷上了“李经梧”三个字，也因此而迷上了“看”太极拳。

我并不会打拳，只是曾经比画过两下。所谓比画，指的是就会用胳膊比画来比画去，腰、腿根本没用，更甭提眼神儿和气了。比画，大约比专门登台表演的那一类还缺了点“标致”吧……

打那以后，我又看了不少有关太极的拳照和光盘。我发觉只要是太极高手，准能与我熟悉的书家、画家一一“对号入座”。有儒雅

■ 萨本介，北京荣宝斋鉴定师。

如黄宾虹者；有稚拙似关良[①]者；也有古朴扑面的金冬心[②]；还有阴阴的，好像沾了梅清[③]那么一股怪怪的鬼气。此路一通，我才品出，太极拳里头也是象从生、味各具的。

人有爱吃萝卜的，也有爱吃白菜的。就看拳而言，我最爱看李经梧的。最喜是李老的拳有一股正气，这太难得。再就是李老的拳打出来，表是松里头透着股憨憨的浑厚，里却是独具风骨，有血有肉，砸断了骨头还连着筋的大家风范。

李老的拳在我这个外行人看来是“整个儿”的。这并不是说别人的拳不整。人嘛，都是整个儿的。拳呢，也是整个儿的。可李老与众不同的是，拳能从外打到内，人能从内打到外，说拳便是拳，说艺便是艺，说人就是人，人和拳融成了一个“球”。

说起球，北京人可有讲究。北京话管个儿小的叫“球儿”，管个儿大的才叫“球”。别看只差不丁点儿的一个小小儿音，可从质上有着根本的不同。依北京人的说法儿，李老打成的那个球，是类似地球的那么一个大球，而且从感觉上说，里头实实在在，外边还团着厚厚一层气。

球，不具攻击性。你不惹它，它不招你。你若惹了它，那性质就变了。球的里头像是有了轴，球表面像抹了油，于是，力便会从球的切线方向被“切”出去。你使的劲越大，被“切”得越厉害，够你一受。

鉴赏书画在过去有一节叫望气[④]。书画被望出来的那个气，和李老拳照溢出来的气，完全是一样的。

说实在的，面对李老的拳照，有一种坐不住的感觉。欣赏书画，有心动心不动一说。看太极拳照，也能因看而感，因感而萌动，这恐怕比直接被书画感动厉害多了。书画是人所为，和人的情感靠得更近一些。照片毕竟还隔着一层呢！

---

① 关良（1900—1986），中国现代著名画家、教育家。他融会中西，不但在整个中国画史上独树一帜，而且开创了中西结合的新纪元。

② 金冬心（1687—1763），即金农。清代著名书家、画家、诗人。“扬州画派”领军人物。

③ 梅清（1623—1697），清初安徽画家。其作品云烟变幻，多奇气，且略有怪诞。

④ 望气，中国书画鉴定术语。指从物质方面把握一个艺术品的同时，应从精神上同时把握作者的时代气息和个人气质。

意大利有一位叫莫兰迪[①]的油画家。我曾被他的画感动过。这个人怪得很，一生都在画他感兴趣的那些瓶瓶罐罐，并且几乎一辈子都是同样的几个瓶瓶罐罐。最后我的感觉是画家不在意大利了，甚至都不是在画画了。这位莫先生，先是横跨了欧亚大陆，来到中国，和差不多四百年前的八大山人握了握手；后又跑到了北戴河，找他神交已久的李经梧，握了握手……

朋友见我有点“魔症”，便倾其家底儿让我过足了瘾。那是他珍藏的近百年太极名家推手的照片和录像。他们可都是英名至今仍在武林上空回响的高手：郑曼青、董英杰、李雅轩[②]……行家看门道，可对于我这个门外汉来说，只配看热闹。我最爱看“发人”那一幕里拳家的表情，别看只有短短的一瞬，却是人间冷暖、嬉笑怒骂俱全。当然这里头不仅嬉笑怒骂，这里头还有“度”。有很吃力的，也有相当轻松自如的。我似乎从紧和松的“缝”里又觉出了一点什么……

以后，又听了李老的两段传奇：

一是说李老的功夫能支撑八面。有人觉得玄，总想眼见为实吧。一日，李老正在教一位弟子推手，另一李门弟子乘其不备，从身后偷袭老师，想验证一下“支撑八面”。结果呢，一前一后两弟子同时倒地。这位后袭者重伤三个月，至今还落下个伤残的印记！谁承想，为证实一件本来已经存在的功夫，这位求真者付出了如此高昂的代价！且事发当年，李老已八十高龄！

二是说20世纪50年代中期，太极国手有一次不大不小的交流。当时人的心态是人人都想露露脸。一位名家与李交手，他欲引李“落空”，以为得意，没承想李不动声色地“随”了进去，这一“随”反把对方足跟拔起，其时李只需稍一发力，便可一分高下。就在千钧一发之际，却见李反握其腕，把此公扶归正位，彼此相视会心。哈，哈，哈，哈！要知当下，李刚刚四十初度，正值壮年！如果说这头一奇说的是水平，那么这后一奇说的便是心态了！

我曾经班门弄斧地为齐白石写过一篇文，题目叫《大匠交圈》。

① 莫兰迪（1890—1964），意大利现代画家。他的作品与中国的大写意画不期而遇，殊途同归。

② 郑曼青、董英杰、李雅轩三人均为现代著名杨式太极拳家，都师承杨澄甫。

李经梧在八十寿辰上与弟子推手

闻听李门弟子转述，李老授拳有诀，曰：“乱环圈。”我想，交圈儿指的仅仅是一个层面上的一个圈，而乱了还居然能环起来的圈，足以令不知就里的人晕头转向。只有曾经把“乱”梳理得头头是道的人，才能遇乱不乱。乱，正是一种说有便有，说无便无的胶着状态。混“乱”之中，阴阳颠倒，虚实生发，变化无穷，生生不息。难道这“乱环”二字，端的正是太极之本意？！

记得20世纪50年代的纪录片里有齐白石持笔在纸上“走”的镜头。以前我只是感觉齐“走得”很舒服。现在刚悟出来，齐的“走”与李的“打”是同出一辙，同源一理。由此我茅塞顿开，哪一样中国的“玩意儿”里没有太极这根筋呢？！太极的图式和阴阳虚实的精神，已经融化到我们每一个中国人的基因里了。

记不清哪一位太极名家说过，他说太极拳是文化拳。没错，太极拳的确够文化。只是我觉得说文化还不太过瘾。看了李老的拳才体会出，太极拳是“哲学拳”，打太极拳最终是打成了“太极人”。

看太极者，小太极；打太极者，中太极；乱环圈者，智太极；正大光明者，人太极；将太极化入集体无意识者，“无”太极也！

李老夫子之拳者，心太极矣！

太极内功的学理

■ 王大勇　史绍安

太极内功的理论基础主要有三个：一是中国古典唯物主义哲学的“元气论”，二是中华医学基础理论和经络学，三是中华养生学和道家修炼学。

李经梧先生的太极内功（以下简称内功）集武、医、道于一体，具有深厚的理论基础。它创编于20世纪40年代末50年代初，公之于1960年，因为受当时社会环境的限制，没有机会深入阐发其理论根源，只能是就练法讲练法。这对于后学者来说，无疑是一个很大的缺憾。即使练了多年内功的人有时也不知内功所从何来，其指导理论是什么，因此不免在锻炼中产生一些模糊的看法。加之一些过“左”人士的谬批和个别人所进行的神秘化解释，就更使初学者对于内功修为如雾里看花，难见其本真面目。这对于内功训练水平的提高，功力的增强，进而推动太极拳技向上层攀升，是个很大的障碍。

太极拳是中华民族优秀文化的一部分，与本民族的哲学、文学、艺术、兵法的发生发展有着不可割裂的依存关系。就太极拳来说，它的基础是华夏民族传统的大系统论哲学观；而就太极拳的重要内核——内功来说，其理论基础主要有三个：一是中国古典唯物主义哲学的“元气论”，二是中华医学基础理论和经络学，三是中华养生学和道家修炼学。

一、中华古典唯物主义的“元气论”是内功的哲学基础

李经梧先生生前在讲述太极内功时，反复强调：“我所说的练就的‘气’，古代典籍中写作‘炁’，即指先天之气、元气或真气，而不同于后天之气（即呼吸往来于口鼻的空气）。”“炁”在中国古代哲

■ 王大勇，秦皇岛市太极拳研究会原主席、国家一级武术裁判，李经梧弟子。史绍安，秦皇岛市技术质量监督局原局长，李经梧再传弟子。

学史上是一个非常重要的范畴，通常是指一种极细微的物质，是构成世界万物的本源。这一学说由我国战国中期的唯物主义哲学家宋钘、尹文创立（以下称宋、尹），在先秦哲学史上有着承前启后的作用，是由老子到荀子、韩非发展过程中的过渡环节。在春秋战国时期的唯物主义学派中，有的哲学家认为“水、火、木、金、土”五种元素是构成宇宙万物的本源；有的则用阴、阳两仪来解释一切自然现象的生成变化；还有的认为只有“水”才是万物的根源。宋、尹则提出“精气”是构成万物的本源。他们的理论把哲学上最具根本性的问题，即物质世界的本源问题，由“元素论”（即五行说）发展到了“元气论”的高度。这一学说较之五行说更有利于解释宇宙万物的物质性及其统一性。所以，被后来的唯物主义哲学家们所继承。

宋、尹的学说是在老子唯物主义思想的基础上发展而来的。老子已经有了“道”即是气的思想，但是对于“道”和“气”的关系还没有讲得十分明确。宋、尹则明确认为“道”就是“气”。他们把“天”看成“自然”（古文中“自然”二字与现代不同，意为“原来就这样”），而把“气”看得比“天”更根本，是构成“天”的原始物质。他们在《内业》篇中说：“精也者，气之精者也。”精也是气，它是气的精粹、精致的部分。又说：“人之生也，天出其精，地出其形，合此以为人。”就是说“精”也是气，“形”也是气（即形气），两者配合得好就产生人。“元气论”的内容用今天的话来表述就是：气是一种至精至微的物质，是构成宇宙和天地万物的最基本的元素（当然人也不能例外）；运动是气的根本属性，气的作用，即气的阴阳对立统一，是物质世界变化的根源。

中华道家养生学和中医最早把“元气论”作为研究人类自身的指导理论，并给予了进一步的发展。把朴素的唯物主义世界观和方法论作为手段，指导生命科学的研究，既探讨了人的潜能，又研究了人的健康长寿之道，亦即老子所说的“长生久视之法”。尤其值得一提的是，中医学从“天地大宇宙，人身小宇宙”的天人合一观出发，从“气”这一范畴出发，阐述了天地自然和人的生命运动规律。它认为“气”也是构成人体的最基本物质，其他构成生命体的血、津液、精等，都是由“气”化生出来的，如医学名著《类经·脏象类》中所说：

“精、气、津、液、血、脉，无非气之所化也。”这就是我们今天进行内功训练的基本理论依据。太极内功练的就是人体之气，更进一步说就是锻炼人体内部的真元之气，即练气功。如果我们没有建立起人是由“气”构成的这个概念，还错把口鼻呼吸的自然界的空气当成内功要练就的“气”，就谬以千里了。因此说，中华古典唯物主义的“元气论”是太极内功的哲学基础。

二、中华医学对“元气论”的拓展成果是内功训练的实际指导理论

拳谚说：医武同源。这是指它们有共同的理论基础。就武术的产生发展来说，在时间上、在形态的成熟上都大大晚于中医。尤其是以太极拳为代表的内家拳术，它们的发端要比中医晚上几千年。因此，中医的理论和实践之成为武术乃至内功训练的指导和途径，其因果关系是再明显不过了。中医是对人类自身的生存、繁衍、生老病死等课题进行研究的学科；而武术则是人类研究防身、健身、搏击技能的学科。它们研究的对象都是人类自身，因之，这两个学科（古代称为

李经梧在习拳

“术”）就不能不发生联系。

中医学在“天人合一论”的基础上，确立了人就是由“气”构成的理论，并进一步拓展了该领域，研究了人体之“气”的来源、生成过程、功能、运动规律，以及“气”的分类等科学命题。

就生命形成而论，“生之来谓之精”，有了“精”才能产生不断发生升降、出入气化作用的机体。即“精”在“气”先，“气”由“精”化。前面谈过，“精”也是“气”，是其精粹、精致的部分，是先天之气的来源。“夫精者，身之本也。”（《素问·金匮真言论》）人之始生，秉精血以成，借阴阳以赋命。父主阳施，犹天雨露；母主阴受，若地资生。此即受之于父母而构成脏腑组织的原始生命物质。这一物质加上从母体所获得的各种营养物质，主要秘藏于肾，是为先天之精。此“精”所化之“气”即为先天之气，亦称元气、真气、真元之气。“命门者……原气之所系也”（《难经·三十六难》），“命门为元气根”（《景岳全书·传忠录·命门余义》）。这个元气对于人体是非常重要的。它是人体一切生命活动的原动力，故人之所生，全赖此气。元气的存亡即生命的存亡，人体的生、长、壮、老、已（死亡）与元气的盛衰密切相关。

李经梧先生的太极内功区别于其他武术内功的独创性，正在于此。一般武术内功重视的是下丹田，而经梧先生的内功认为命门是其重要的气源。所谓内气的“开”，是指元气由命门冲达四梢（手指、脚趾末端）；而内气的“合”，是指元气由四梢复归命门。我们练太极内功正是对这种人体之气的开合进行有效运行的锻炼，使真元之气练得充盈、旺盛，听命于人的意识，以达到固本培元，强化筋骨，激发人体潜能，增强技击动作的爆发力和增强身体各部位抗御外力打击的能力。

元气始于肾间（命门），经下、中、上三焦，由手太阴肺经进入十二正经之中，而布于周身，蓄于奇经，溢于三百六十五穴，然后再经腠理和大小络脉，汇聚于四肢末端的各经井穴，入本经至经别，直接深入脏腑，继而浅出于头项部经穴、胸腹部募穴和脊背部俞穴，自奇经总集于任、督二脉，下归于肾间（命门）。

就人体之气的分类而言，除元气外，还有宗气、营气、卫气之说。现简述如下：

宗气：又名大气。“膻中者，大气之所在也”（《靖盦说医》），即由肺吸入的清气（空气）与脾胃化生的水谷精气结合而成，其形成于肺，聚于胸中者，谓之宗气。宗气在胸中积聚之处，称作上气海，又名膻中。它是后天之气。它的功能一是走息道司呼吸（即外呼吸，而非内呼吸）；二是贯心脉而行气血；三是人体的视、听、言、动等机能与之相关。过去有人写过《宗气论》，试图以宗气为武术内功锻炼的人体之气，其理论大谬。内功锻炼的是元气而非宗气，是内呼吸，是“胎息”和“踵息”，而非口鼻所司之外呼吸。习武者不可不明。

营气：是血脉中具营养作用之气，因其富于营养，故称营气。它是由脾胃运化的水谷精气中的精粹部分和肺吸入的自然界清气结合所化生的，也是后天之气。它运行在脉内，属性为阴。其主要功能，一是化生血液，二是营养全身。

卫气：有护卫、保卫之义，即人体的护卫之气。它行于脉外，与营气相对而言，属性为阳，故又称卫阳。它的功能是温分肉，充毛发，肥腠理，司开合（即毛汗孔的开合）。其性慓疾滑利，活动力强，流动极迅速。所以说“卫者，水谷之悍也”（《素问·痹论》）。它的作用是防御（防护）、温煦和调节。卫气是太极内功锻炼的重要方面，在元气的推动下，可以迅速地完成人的意识所指挥的内气开合之使命。

综上所述，宗、营、卫气均为后天之气。没有先天元气的化生、推动，它们是无法运行的。先天之气为本，后天之气为标；先天之气为“主帅”，后天之气为各司职分的“将军”。当然，先天之气也要依靠后天之气的滋养和辅助，才能便利从心地行使“权力”。太极内功之所以需要训练、修为，就是要使人体中各具规律的“气”在一定时间内相对集中起来，按着人的意志（意识力）聚集在身体的某一方向或某一点上，使能量聚合，从而达到增强技击能力和抗御外力冲击能力的目的。这就是调动人体潜能的一个过程。没有科学理解，概念模糊地所谓练内功是达不到预期效果的。所以“以意行气，以气运身”是我们所要追求的内功锻炼效果。

三、中医经络学是内功训练的具体途径

太极内功是气功的一种，是对人体之气进行锻炼的具体方法之一。这种锻炼绝不可在模糊概念指导下进行，而必须按着人体经络、重要穴位，以及太极拳对内气阴阳开合的要求来进行。否则，不仅起不到健身和提高拳技的作用，反而对人体有害。中医经络学为内功锻炼提供了可遵循的路径。

经络，是经和络的总称。经，即经脉，它贯通人身上下，沟通人体内外，是经络系统中纵行的主干。络，即络脉，是经脉别出的分支和再分支，它纵横交错，网络全身，无处不至。人身有正经十二条，即手三阴经、足三阴经、手三阳经、足三阳经，共四组，每组有三条经脉，合计十二正经。在十二正经上又别出十二条正经，它们分别起于四肢，循行体内，联系脏腑，上出颈项浅部，称为十二经别。而十二经脉之气“结、聚、散、络”于筋肉、关节的体系称之为十二经筋。它们起于四梢而结于脊背和下腹内部，连缀百骸，维络周身，主司关节运动。因此，内功的练气，就是让人体之气按人的意志循行（即非自然循经）经络，主要是循行十二正经和经别，运用经气指挥十二经筋运动。而这种产生于经筋拉伸、收缩、螺旋等运动的弹性力，就是我们所要练就的“太极劲”。那么，我们就有必要首先搞清楚十二正经是如何自然循行的，这是内功锻炼的物质基础。

十二正经的循行规律，中医学高度概括为：“手三阴，从胸走手；手三阳，从手走头；足三阳，从头走足；足三阴，从足走腹胸。”十二经脉的位置关系是：手三阴在手臂内侧，从前向后排列着太阴（前线）、厥阴（居中）、少阴（后线）；手三阳在手臂外侧，从前向后排列着阳明（前线）、少阳（居中）、太阳（后线）；足三阳在足至大腿正面和外侧，从前向后排列着阳明（前中线过膝盖）、少阳（外侧线）、太阳（后线）；足三阴由脚底到脚、腿内侧，从前向后排列着太阴（前线）、厥阴（中线）、少阴（后线）。

由于太极拳要求内气应由内到外，力由脊发，起于命门，达于四梢，所以十二经脉的井穴（四肢末端）就格外重要，锻炼中（尤其是在相当长一段初练时间里，至少一年）不仅要记住它们的名称，而且

要记清其位置，这样才不至于概念模糊。这些井穴是：

手太阴井穴“少商”，位于大拇指指甲盖内上角旁；

手阳明井穴“商阳”，位于食指指甲盖内上角旁；

手厥阴井穴“中冲”，位于中指指端正中；

手少阳井穴“关冲”，位于无名指指甲盖外上角旁；

手少阴井穴“少泽”，位于小指指甲盖内上角旁；

手太阳井穴“少冲”，位于小指指甲盖外上角旁；

足太阴井穴“隐白”，位于大趾甲盖内上角旁；

足厥阴井穴“大敦”，位于大趾甲盖外上角旁；

足阳明井穴“历兑”，位于二趾甲盖外上角旁；

足少阴井穴“涌泉”，位于足心；

足少阳井穴“窍阴”，位于足四趾甲盖外上角旁；

足太阳井穴“至阴”，位于足小趾甲盖外上角旁。

锻炼内功时，内气由命门发出，经脊背（经筋结点——劲源），由大椎穴向四肢末梢催去，达于上述几个穴位，并在意念上，把内气（实是内劲）由此发出去，此即为开。与此同时，命门发出之气，有一股真气横压向神阙穴，即灌向下丹田（在命门与神阙二穴连线的中点处），此即为气沉丹田；与此相反，由上述井穴吸气，顺原路返回命门，即为内气之合，此时前后丹田（后丹田即命门）充满内气，亦为气沉丹田。总之，无论是吸还是呼，都要保持气不上浮，即不要气冲胸膈。以此观之，太极拳要求的内劲节节贯穿，从大的方面可以理解为各关节的节节贯穿，而细化之后则不然，它是内劲（内气的滋生物）在经脉上各个穴位之间节节贯穿，进行着信息的传递、传感，直达各经脉井穴。不然的话，经梧先生经过实践检验所断言的内功发人在 1/4 秒之内即可完成，用机械运动、肢体运动是无论如何都解释不了的。这只能是意识流动传感的结果，即脑电波反应的结果。是至精、至微物质——气的反应结果，亦即“意到气到劲也到”。

太极内功，除了要训练十二正经之气外，还不可忽视奇经的经气训练。按中医经络理论，正经是河流，而奇经是连接在河流上的湖泊。经气、精血充盈溢满的时候，正经中的经气就存于奇经，而经气、精血不足时，奇经中的精、气、血、津液就会注入正经。奇经八

武可文“化”，大武之至当含大文在，诚哉斯言。李经梧师演练陈式“懒扎衣”。

脉中的任、督二脉是最重要的奇经，它们分别是阴脉之海和阳脉之海。太极内功的循经，一刻也离不开任、督二脉。任脉上有重要的穴位气海（即膻中穴）、气街（即气冲穴）、神阙（即肚脐）和海底（即会阴穴），督脉上有命门、夹脊（即脊中穴）、大椎、百会，它们均是内功训练的要穴。太极拳要求的气沉丹田和力由脊发都同任、督二脉息息相关。另外奇经八脉中的阴跷脉、阳跷脉的训练则与劲起于脚跟和下盘的虚实关系重大；而带脉的训练则与内气鼓荡，主宰于腰关系重大，均不可忽视。

四、中华道家养生学对内功训练有很强的指导作用

中华道家养生学是与中华医学同根同源，且早期曾一同发展的中国古典人体生命科学。这一学科，过去长时间被谬称为伪科学或封建迷信，也有的认为它是发源于道教的一种玄学、神学。其实不然，它也是中华传统文化的重要组成部分，是由中国古典唯物主义哲学学派衍生出来的一个学术分支。若从《庄子》一书传载的“轩辕黄帝问道于广成子”算起，也有五千年的历史，比发轫于东汉的道教要早上几千年。道家养生学，包括它的修炼学不是宗教迷信，而是学问、学术。这一学术在《黄帝内经》中已有记载，是当时直至后来几千年延续下来的（当然后来有一部分依附于道教）生命科学研究。它研究的课题是如何保健、养生以延长人类的寿命。即通过对人体进行修炼，对人体真元之气的导引、吐纳、行气，通过听息、胎息、踵息、守静、内丹等方法，逐步达到炼精化气、炼气化神、炼神还虚、炼虚合道的境界，以追求长生住世，实现我命由我不由天的目的。

太极内功引入了中华道家养生学、修炼学的一些重要训练方法，以达到调动人体潜能，增强人体素质，增强技击能力和身体抗御外力冲击的能力。这种学术方法的引进，可以从陈式太极拳创始人陈王廷留下的长短句中得到印证。他说：“……只落得《黄庭》一卷随身伴，闲来时造拳，忙来时耕田，教下些弟子儿孙，成龙成虎任方便……”诗句中的《黄庭》即为道家修炼学中的经典著作《上清黄庭内景经》和《上清黄庭外景经》的合称。这一著作的作者是西晋时期的道家修炼大家魏华存，她本人不是道士，而是一位贵妇人。她在这部著作中

提出非常有意义的“仙人道士非有神，积精累气以为真”（《黄庭经》二十八）的著名格言。《黄庭经》的内容用韵文写成，可大致归纳为对人体各脏腑及其与外界联系的认识，道家修炼的基本路径和个人对修炼的切身体会等几个方面。由此可见，《黄庭经》是陈王廷创编太极拳时依据的重要指导理论书籍。

所谓“黄庭”，就是指的丹田。“黄”是土色，代表的是土。土在五行居中，相应指人体中部，即为人身之中的腹内部（头、胸部为上，臀、下肢为下，躯干两侧为左右，腹、背部为前后）。“庭”为台阶下的空地儿，即道家用来炼就内丹的田地，即丹田。所以说，太极拳的基本要求中经常提到的气沉丹田就是来自道家修炼学而非自创。丹田不是中医经络学说中的一个穴位，它表示的是人体中（而非经脉上）的一个区域，是道家养生学中的专有名称，即“种下灵根求结丹的田地”。这里所说的丹田通常指位于腹部的下丹田。那么，下丹田到底在身体的什么部位呢？绝大多数太极拳或其他武术书籍都说它在脐下三寸，有的说就是任脉上的关元穴或气海穴。这种说法是不正确的。《上清黄庭内景经》第二章中说：“上有灵魂下关元，左为少阳右太阴，后有密户前生门，出日入月呼吸存。”《上清黄庭外景经》第一章里又说：“上有黄庭下关元，前有幽阙后命门。”涵虚子云：合上下前后左右，暗藏一个“中”字，此“中”乃“虚无窍”也。这个位置的描述非常清楚，即在心（灵魂）之下，关元穴之上，后边是命门（密户）穴，前面是肚脐（生门）。“幽阙”亦即神阙穴，也是指的肚脐。至于左为少阳右太阴，正是围绕这一位置画的一张太极图，且此图上白鱼左尾朝上（少阴），而黑鱼右头在上（太阴）。“出日入月呼吸存”，正是讲的内气的开合。“出”和“呼”为开，“入”和“吸”为合，“日”为阳，而“月”为阴，即阴阳开合的过程中，真气存于丹田。因此说“下丹田”不在任脉上，而是在脐内深入腹里一寸三分（中医学的同身寸，下同）处，亦即在神阙穴与命门穴连线的中点处，此“虚无一窍”才是真正的下丹田。也就是说它在人体的中轴线上，而不是在经络上。

道家所说的上、中、下三丹田都是在这条轴线上：上丹田又称泥丸宫，位于督脉百会穴与任脉会阴穴所连纵轴线同两眉间印堂穴向内的横轴线的交点上；中丹田（又称绛宫）也在这条纵轴线上，上距心三寸六分，下距下丹田三寸六分处（田成阳《道家修炼学》中语）。李经梧先生所创内功的初、中、高级三个阶段，即丹田内转，神通于背和灵机于顶分别意守的就是下、中、上丹田。所以，太极拳强调的立身中正，虚领顶劲，始终保持上身（躯干部）竖直，不偏不斜，都是要保证这条纵轴线不变形、不扭曲，以使上、中、下三丹田对正，并使人体重心投影垂直向下，落于两脚中间，处于运动底盘范围内。同理，气沉丹田，也是让人体重心只在这条竖直轴线上上下运动，而不产生或少产生重心的平动。而气沉下丹田则是为了使人体重心始终保持较低位置，从而保证身体在受到外力冲击时，能够处在更加稳定和平衡的状态。

总之，李经梧先生所创太极内功，其学理博大精深。他采撷中国古典唯物主义哲学为基础理论，依靠中医经络学说为技术支柱，借鉴中华道家养生、修炼学为训练手段，积二十余年的自我修为和潜心研究、试验，终铸成这一集武术技击与医疗保健于一体的有效功法。其学术成果惠泽后人，可谓功莫大焉。

谈太极拳之练习

■ 冯志明

要想悟懂太极拳理，必须运用中国传统的象数思维方法；用西方的逻辑思维方式去悟拳理，就不容易明白。

古人是先明理后练拳，而我们是先学拳后明理。古人是先明白太极拳拳理后，再一招一式地学套路，等学完套路后，既起到了强身健体的作用，又能技击。而我们现在呢？绝大多数人是先学套路，马马

■ 冯志明，河北省北戴河医疗气功医院原推拿药浴科主任，秦皇岛市武协原副秘书长，李经梧弟子。

虎虎地学完，然后再回头悟拳理，这是与古人不同之处。我认为要想练好太极拳，必须先明白太极拳的拳理，让拳理在自己的身上能具体地体现出来，这才是我们的最终目的。下面我只就怎样悟拳理，以及练习太极拳过程中意气神的要求，谈谈我个人的粗浅看法。

一、练太极拳讲悟性

所谓悟性就是悟拳理，拳理明白了，到自己身上了，就懂劲了。太极拳以阴阳、五行、八卦、导引、吐纳的哲理为拳理的基础，那么，我们就应该把阴阳、五行、八卦的哲理弄明白并使其在自己身上体现出来，就是悟对了拳理。怎样才能尽快地将拳理悟出来呢？我认为，首先要改变自己的思维方式，这一点非常重要。必须运用我国的传统思维方法去悟太极拳的拳理，即象数思维方法。象即图像，数即数字，简单的定义是：通过用图像、数字所反映出的规律去分析、解决问题的方法，叫作象数思维方法。太极拳的一招一式都体现了对立统一、相生相克、相互转换的规律。比如：阴阳掌手法、身法、步法的虚实变化，前进、后退、左顾、右盼、中定的变化和内功心法，等等。

而用西方的逻辑思维方法去悟拳理，就不容易明白。因为，逻辑思维只承认摸得着看得见的东西。比如：有一才有二，有二才有三这样的推理方法。这种推理方法与我国的传统思维方法有本质的不同。因此，我个人认为，要想练好太极拳和悟懂拳理，必须运用象数思维的方法去领会拳理，才能进步得快。

二、练太极拳需有内功心法支配

那么，什么是内功心法呢？简单地说，太极拳由太极拳的套路、太极术、太极道三方面组成，这里的太极拳套路指的是形体动作；太极术指的是内功心法；太极道指的是道德修养。真正的太极拳应该包括以上三个方面的内容。如果只进行一方面的练习，则表明没有得到太极拳的真谛。只练太极拳套路，不懂太极拳的内功心法，那就是所谓的“花拳绣腿”，中看不中用。太极拳套路有太极拳内功心法支配就全面了。比如一些太极拳前辈们打拳推手功夫很高，可他们只练一种套路，而且套路总不改变，所改变的只是内功心法。这样说，太极拳的内功心法就非常重要了，要想练好太极拳，就要学到正确的内功心法，要用内功心法支配自己打拳、推手，所谓的“始而心动，始而劲动，始而身动，始而梢动”，“心为令”，“意气君来骨肉臣”等。

三、练太极拳的三个要领

练太极拳还需从三个方面去做，即松、固、凝三字诀。何为松？就是体要松。何为固？就是气要固。何为凝？就是神要凝。即体松气固神凝。

1. 体松：全身放松，不用力要用意。太极拳要求的是放松，而不是懈，只能是在尽可能少用力的情况下，通过内功心法的意识支配作用来逐渐达到最大限度的柔软，从轻走向松。要想做到体松，首先要做到心静。武式太极拳名家李亦畬所著的《五字决》中说：“心不静，则不专；一举手前后左右全无定向”，故要心静。比如打拳时要做到体松心静，就要气沉丹田，使心火下降到肾水之下，做到水火既济，阴阳颠倒；在推手时，更是前后左右全无定向，没有主观意识的支配，随人所动，随屈就伸，后发制人，凡习惯用拙力的永远不可能做到体松。拳论上说：“极柔软然后极坚刚”，我们应该认识到坚刚之劲是通过极柔软中练出来的，打拳时如用僵力，不做到体松心静，则气血流动不畅。推手时，如用僵力容易受人制，不能以柔克刚。

2. 气固：固就是不散漫，能统治自己的内气。气，就是功能，就是内劲儿，气势散漫，便不含蓄，身易散乱。务使气收敛入脊骨。拳论上说：“始而心动，始而劲动，始而身动，始而梢动。”这里的劲儿就是指的气、内劲，练太极拳讲内劲，看谁练的内劲浑厚、尖锐、灵活，谁的功夫就好。怎么才能练好内劲儿呢？练内劲儿也要有内功心法支配，要悟拳理，在丹田练习，故也叫“丹田劲”“浑圆劲”。通过打拳推手的练习，在体内先产生中定劲，有了中定劲后，才能有前进、后退、左顾、右盼及太极拳的八法。

3. 神凝：就是内外相合，内指行于体内的意识、劲力，外指体外的动作，要求内外相合，用神把身体的内外凝聚起来。所谓练气归神，精神贯注，万法归一，具体讲就是内三合，外三合。即心与意合、意与气合、气与力合，谓之内三合；肩与胯合、肘与膝合、手与足合，谓之外三合。如内外不相合，就不能做到心之所想即身之所到，唯内外相合，才能做到心身一气凝。

做到以上三方面后，再加上套路动作中的基本要领，不断地练习，体内就产生了内劲，也叫太极劲。推手中的各种劲也来源于套路中，就是说，太极拳的套路练得对不对，在推手中来检验。推手中的劲，在太极拳套路中产生和不断加强。但是，练套路时表现的是先天八卦，而推手时表现的是后天八卦。就是说，在套路中所做的各种劲，都是固定、客观的，不以自己的意志为转移的。因此，要想练好太极拳，也不是太容易的事，需要有名师传授，有自己的悟性和刻苦练习，只有这样才能达到逐渐懂劲、由懂劲而阶及神明的太极拳境界。

对太极拳理的几点体悟

■ 梅墨生

昔吴式太极宗师杨禹廷一弟子向其讨教拳理，杨禹廷说：鉴老（吴鉴泉）的太极球（意气圈）只有绿豆粒大小。又问：王茂斋如何？杨师爷答：王老师的球（圈）约黄豆粒大小。又问：师之球（圈）多大？杨师爷答：如蚕豆粒般大。

太极拳者，乃中国武学文化发展到一定阶段的必然产物。它的尚自然、崇虚灵、重中定、用阴柔等特点，正是中国文化从汉唐的阳刚向宋元的阴柔转化的一种反映，体现了中国思想的向内追求和尚柔趣味。近代大儒梁漱溟于 20 世纪 30 年代便在《东西文化及其哲学》一书中直中肯綮地说："中国文化是向内的。"旨哉斯言。由此而及于

■ 梅墨生，中国国家画院理论研究部原副主任，国家一级画家，北京吴式太极拳研究会原副会长，李经梧弟子。

传统艺文之文学、书画、音乐、养生、医学、哲学等，无不皆然。再者，太极拳既为武术，又为体育，在中国传统，技艺必进乎道。太极之道，法于阴阳，合于术数，其运动在身，其规律在天，是以人道人文之能合于天道天文的典范。

笔者热爱太极文化，曾有幸忝列太极拳名家李经梧先师门下习陈、吴式太极拳，虽习练经年，而水平所限，有辱师门。艺术之业余，常自揣摩拳道，或有所得一二，录出以奉有道高明。

一、形与意

太极拳不管是作为体育运动还是作为武术技击，都离不开外在形体与内在心意的双向修炼。然而，偏重外形动作的主要是在形上模仿，而忽略了内意的修炼，使太极拳流于套路动作的规范与优美。先师曾称这种“公园太极拳”为“太极操”。更有甚者，在比赛或表演中只求外表漂亮，不顾太极拳的内家性质，使之沦为表演性的运动，成为“太极舞”。由操而舞，早失太极“起脚不过腰”的古训。

其实，中国武功确有武术（技）、武功、武艺、武道的多重性功能，欣赏性的武艺也是客观存在，不必全盘否定。不过，花拳绣腿毕竟不能实战，一味向外求的结果，势必使太极拳丧失武之本质，从技击和养生两大功能上有所失漏，这是单纯追求好看和表演效果者必须正视的。相反，对于内意的追求则合乎拳经“用意不用力”的宗旨，与此相关，就是“重内不重外”。重意不重力，才会使拳道走上正轨。但是，如何用意，重意到什么程度，又不可不知。尝见有论者或练家认为，用意不用力，所以外形动作便不重要了，甚至认为我只要意念一动，与对方接手时便可放人丈外。我想，此一认识也已落入另一误区。凡人学艺，必有阶梯，层次递进，不可躐等以求。若谓唯外是骛者失，则唯内是求者亦未必真得。有些练者，入门不久，拳架尚未中规中矩，方圆开合尚未得窍，便已不求形似，一味练起意来，恐亦失之。如学书法，始于临摹，必求点画方圆合度，先求外形之逼似，再追形意之自运，终得神采之飞扬。此中阶级，迤逦而进，方为合道。若始习书便不求形似而动辄以神似自炫，易落野狐之禅，终成糊涂乱抹之书。习太极者，或仿佛之。入规矩而出规矩，从必然王国向自由王国努力，庶几得之。故笔者认为，习拳之初，当求形似，外形非常重要；练习既久，必练内意，心法是也；追拳功深，外形内意，浑融不二，拳意真真，化机方至。功之深者，意念一动而内功随之，外焉不觉，内意到而内功充，或至“一片神行”境地。此中积累历练，岂是初学可窥？是知始习便言“意”，总落空洞无物，终成不离意，恍兮惚兮，无意之意是真意。因此，笔者认为：形意（亦为内家拳种名）乃是练太极拳必须弄懂的东西。形与意、外与内、实与虚——也就是阴与阳对立统一，此外无道。偏执则非太极，单一则不合道。

至于内意，近于心法，心法之传，门户有别，历来练家皆知“用意不用力”之拳经，杨露禅之用意与一般练家之用意，其异同如何？其功用如何？悟者可多领会。无功之意，啥都不是。然功从何来？真传善悟者方知。若初学乍练，便用意不用力，便单从意上求，纯属奢谈妄念。昔一位吴式拳师叔述及当年向吴式太极宗师杨禹廷师爷讨教拳理时，杨禹廷师爷说：鉴老（吴鉴泉）的太极球（意气圈）只有绿豆粒大小。又问：王茂斋如何？杨师爷答：王老师的球（圈）约黄豆粒大小。又问：师之球（圈）多大？杨师爷答：如蚕豆粒般大。此一故事可供习练者参悟。太极一气，也即太极一意，此意非彼意，意的质量各有不同。外形之有无与内意之有无，必须习者灵悟得之。心既知之，形法随之，不是那么简单。没有点画字形的书法你见过吗？那只存在于写者的心意间，而拘于点画字形者，终不见道。太极之理亦然。“书之妙道，惟观神采”——此是高境界。太极高手，一片神行——此亦是高境界。习者宜深悟之。

早年笔者的形意拳老师俞敏曾说，象形取意就是学问，形意合一，是拳非拳。后悟中国文化，形意并重，以意为上。形似为始，神似为终。后入太极门，恩师李经梧教拳一直要求中规中矩，但同时他又强调练意，常说，我什么时候都在打拳。这不就是“行走坐卧，不离这个（拳）”吗？前者是在强调形法的入手规矩之重要，后者又是在揭示养拳练意的本质。杨澄甫先生《太极拳体用全书》谓“非取形似，必求意合”，乃太极之高级境界。

李经梧师曾在入门之初说，太极拳道理很深奥，但也很朴素，它是从古代的导引术、吐纳术、内丹术逐渐发展而成的。笔者深思之后，认为：导引者，形动而气行也；吐纳者，气运而脉通也；内丹者，神、气、精之能量转化也。人体特定姿势动作，可以舒通运动的经脉气路不同，故外形不可废，因外形之动与内气相关也。然一经经脉畅通、周天运转之后，则意之所到，气血随行。若太极气圈成，则周身八万四千毛孔开合一家，全体大用，放之六合，退藏于密，“皆在当中一点子运用”（孙禄堂先生《太极拳学》语）。此“一点子”即中央戊己土之意运也。因此，外形运动之导引，与内气（意）开合升降之吐纳，是二而一也，外导内，内引外，开合升降即太极也。以之养生则为太极道，以之技击则为太极拳。施放于外者，功也；修养于内者，道也。故高明拳家内外双修，拳道一如，练养一家。

二、圆、匀、中、连、柔

前人之论太极者已汗牛充栋，笔者鲜于创见，仅从上述五字略抒管见。

圆：环也、圈也。试看宇宙间天体之运动，日、月、星、辰无不以圆转为存在规律，此即天道。世间之物凡与道邻近或相合者即能长久，不近不合者便易消亡。试看地球上之生物果实亦皆圆，圆满为成熟之形，而日月星辰之运动则为圆弧运动，圆弧运动为常规运动，也是永恒运动。太极拳上合天象，下合地理，就意念和身形来讲要符合圆浑的要求，此即浑圆饱满、静亦圆、动亦圆、不凹不凸、不丢不顶、八面支撑，环、圈、圆、转，珠圆玉润，在佛家密宗有大圆满心髓，在道家则恪守天道之象与义，太极则之而成太极拳理。李经梧师曾简洁地概括太极拳练习有四性：柔和、连贯、圆活、完整。此处所提之圆，即是先师所说四性中的“圆活、完整”二性。

杨式与吴式拳均有“太极圈”之说。赵铁庵师爷授予经梧先师《太极拳秘宗》中便有那首著名的“太极圈”歌诀：“退圈容易进圈难，不离腰顶后与前。所难中土不离位，退易进难仔细研。此为动功非站定，依身进退并比肩。能如水磨推急缓，云龙风虎象周旋。要用天盘从此觅，久而久之出天然。”凡与我师接过手的人，无不觉有一个圈在我师身手间，甚至一旦接上手，退也不易了。周旋、圈、水磨推急缓，都是圆弧运动，身形不可凹凸，不可出死角，然后可以臻于圆融无碍、进退自如的天然境界。因此，太极拳古名“先天拳”，含理至深，我以为还可以名之“自然拳”（不同于自然门），因为它的拳理深契“道法自然”之旨。

匀：日月星辰之运行无忽急忽缓之变态，其永恒不变者即匀缓运动，此为常态。常态即合道，非常态即不合道。试看地球上四时之交替，天体间日月之穿梭、星辰之旋转，皆匀速运动，故匀速为天地之大道，太极拳则之，运动以匀速而易圆满无偏也。与匀相关联的就是缓、慢。地球之运转匀而缓、匀而慢，故人立于其上而不觉其动，而其实际则缓慢中有不缓慢在。太极之体在静，其用在动，动与静为一，动中寓静，静中寓动，匀缓中寓不匀缓。故杨澄甫《太极拳体用全书》有“贵在动静有常”一说，又谓：“忽左右上下俯仰之不匀也”皆属失常度。匀之一字包蕴举步伸手、俯仰向背、进退顾盼、呼吸吐纳诸方面，非仅指运动速度。试想，练拳者呼吸不匀，能不散乱轻浮吗？内家拳之静以制动、后发先至、似慢实快，便需在此匀缓中讨消息。

中：凡圆球皆有中心。日、月、星、辰，乃至果实皆有核心，核心即中心。中之为用大矣。所有圆球之运动皆有向心力与离心力，两者之相反相成为张力。太极拳即以圆取象，因此最重用中，可以说，不能用中即不为圆。老子《道德经》谓：“多言（动）数穷，不如守中”，守中者即全体大用。中为太极本。守中有多种含义。其一是心意安和中正，不进不退，不攻不守，不贪不欠，浑然忘机，无胜负争强之心，是谓得中。得中而天地静、四方安、五脏百体安和通泰，是为无极态。太极本无极，静则无极，动则有极，静动之机即太极。守中者，太极返无极也。中者，如如不动，守中者，周身一家。“神宜内敛”便是守中。“内固精神，外示安逸”便是守中。道以中为体，以和为用，中和为大道。人体之中为何物？众说纷纭。太极拳要求“立身中正”“八面支撑”“中正安舒”，此乃身法之“中”；而若究其实，其“中”即身体的完整性，圆满无缺，周流无碍，“中”在圆中矣。若言有中，各天体星球皆有中心，因此由向心力之作用，作圆弧线之运动。因各星球皆有自我轨道，各以中心自运，故互不相犯，往来循环，而成天体运行。可见中心之整合与牵掣作用而成常道。故不失中则形全气满神足，不偏不倚，不盈不亏。在外为圆，在内为中，时时不离中土，在拳法即不丢不顶。所以外形之圆满即不失中，中在空间之中，又不一定在空间之中。许禹生《太极拳势图解》明说："太极拳者，形而上之学也"，因此，练太极拳而不明理，必不能得太极精髓，此其与他拳不同者。太极掤劲即中定之为用。"超以象外，得其环中"，中即定之意，时时处处寓中定之意，即谓得中。气定神凝便是中定功夫。吴孟侠、吴兆峰《太极拳九诀八十一式注解》之"全体大用诀"原文即有："全体大用意为主，体松气固神要凝。"凡能守中用中者，则得中和之气，而能与太虚同体。

经梧先师授徒，非常重视品德教育，他本人之品德亦武林所识者有口皆碑，正是守中用中之典范，其拳术之出神入化要在于品德之中正无亏，不解此理，仅事争勇斗狠，纵铁鞋磨穿终不能至我师之上乘武功，不修道之故也。丹书云："中者，虚空之性体也。"可知，有形之"中"或为脐、为丹田、为命门，而无形之"中"则为虚无之灵性。守中之意须若有若无、若即若离、若存若亡，否则即落执着，着相则妄。孙禄堂《拳意述真》记述刘奇兰语曰："道艺之用者，心中空空洞洞，不勉而中，不思而得，从容中道，而时出之。"即此意。孙禄堂以诚中、虚中、空中之妙理以说形意、八卦、太极虚无合一之道，习太极者当三复斯言。拳经所谓："拳无拳、意无意，无意之中是真意"，故守而不守，不中而中，乃为得之。当与人接手之际，有意无意方为得。形意拳老师俞敏说："拳打下意识"，李经梧先师说："接手时一想就晚了"，皆指此意。打拳不散乱、不间断、不歪斜、不凹凸、不丢顶、不零碎、不出尖、不呆滞，即为圆浑，中已在焉。

连：绵韧也，贯通也，续继也，万物以生生而不已。试看天体运行其有瞬间停顿否？地球自转其有片刻停息否？故连者，一贯而至永恒也。太极法则于此，故又以名"长拳"。此长拳非肢体姿式之大小，实指拳势之连绵不断。势乃内气之吐纳，如环无端以外显，故拳打气势，内练气脉；式乃拳脚之变化，显为招着之法术也，两者需明辨。宇宙古往今来，循环无端，无首无尾，相续不断，此即存在之大道。故太极之为拳，依天道运行之理，行云流水，滔滔不绝，从虚无

步虽未跃势已腾挪，“笔所未到气已吞”

（无极式）起，至虚无（无极式）终，总有“一”在。经梧师授拳，十分重视起、收式，习拳时之起与练至完成时之止，仅为小收束，故拳打不知，拳打十二时，无时不在太极态。经梧师 83 岁做前列腺手术后，腿脚不便，多坐于椅上休息，然总在用意练拳。晚年坐于椅上与人接手说手依然沾、连、粘、随、接、化、打、发丝毫不差，雄风不减，全在其意“连”而未停歇也。故“连”之一字，非仅谓拳式之不断也。又我初习太极，师谓劲短、断，要劲长、连。今思之，劲之长、连即意、气之长、连也。历来练家有练拳、养拳之分。经梧师亦告诫：要练养相兼。因之体会：练习时之连与不练习时之连当融为一体，于是片刻无不在拳功中。近年，我诸多同门师兄时有指点，中有强调：十年练拳，十年养拳者，受益匪浅。

柔：非软也，如棉裹铁也。师藏之。《太极拳秘宗》谓：“决不可失其绵软。”武禹襄《太极拳解》谓：“极柔软，然后能极坚刚；能沾依，然后能灵活。”以柔克刚为天地之理。老子在《道德经》中盛誉水之柔中含刚，攻坚克强，且说万物以柔弱生以刚强死之道理，乃天地至道。而某些人解太极拳攻讦“柔软说”，说什么“一柔到底”如何如何，实在浅薄。傅钟文以水中芦苇的摇摆之柔来喻太极拳理，是知者之言。经梧师曾以鞭子之劲喻拳，亦极形象。徐致一在《太极拳》一书中从技击和生理两方面阐述太极拳的“柔”与“以柔济刚”的优点，十分具有说服力。万物之刚者，往往易折断，再坚硬的刚物，一旦遇到比它力量更强大的都会被摧折，故太极拳家取此义入拳。柔胜刚之理几乎为中国先哲的慧见独知，亦正因此，中华武功才能独秀于世界武坛，如无此种文化内蕴为支撑，中华武功恐怕也会沦为一种人体力量搏击术了。

不柔不化不是太极拳。人体从精神到肌体若持续绷紧，其紧张度超过负荷，人很快就会完蛋。泰拳之刚猛举世公认，泰拳师之躯体亦刚硬无匹，然而泰拳师之平均寿命仅为 40 岁还不到，是戕生之术而非延年之法。或谓养生则太极拳为优，技击主柔则未必为优。此说亦似是而非。太极功夫之以柔化搏人，历代皆有高手，岂能以自己之浅解枉诬古人、误导太极修为？盈天地间最巨伟之力量莫过于大气压，而大气压力却无形可见。茫茫宇宙，大小天体得以生存运动，皆气之作用。古贤悟此理而演创太极之拳，象天法地，包阴孕阳，将虚无一气之道理引入拳法之修炼，是人道武事合于天道自然之一大发明创见。如果无视于此，纯属无知浅见而已。又现代医学证明，人体肌肉组织若长期处于紧张坚硬状态，则细胞迅速坏死。现代人肩周炎、颈椎病、腰肌劳损等职业病的多发，便与其工作生活状态相关——某一部位长期处于紧张状态。太极拳之所以祛病健身、养生延年的根本即在于主张“道法自然”——以柔软为刚强！这种刚强是真刚强。婴儿、小草、树苗、活水皆因柔软而活活泼泼、欣欣向荣，知此浅理则主张刚强者可以休矣。太极拳的松柔状态正是我们人体“归根复命”的不二法门，在松柔状态中细胞和神经丛才可以再生和保持鲜活灵敏。由于汗毛孔和肌肉在长时间的拳势运动中处于开合松柔状态中，于是，人身小宇宙才能空松而元气充满，与天地太虚同体，从而永葆生命的鲜活灵动。

议太极拳的“呼吸”与“气”

■ 张升

太极拳的“气”与“呼吸”是密不可分的，不懂呼吸，也就是不懂“开合”，呼吸气不可能真正到达丹田。丹田气是真气，真气归丹田后，腹内是松净的，可以产生守中的效果，而不是硬、实。

本人习练太极拳二十余年，略有心得，并对太极拳理论有一定的钻研，深知练拳与理论相结合的重要性，不明理而练拳是不会出功夫的，错误理解拳论，更是一谬千里。而“呼吸”与“气”是习练太极拳至关重要的核心之一。本人研读一些文章和书籍。看到了包括个别名家在内的太极拳习练者，对“呼吸”与“气”的论述，也难免有认

■ 张升，供职于唐山钢铁公司北戴河休养所，国家二级武术裁判，李经梧再传弟子。

识误区。本人笔拙不善作文，又恐贻误后学，斗胆写了这篇文章，还望方家指正。“呼吸”二字，在古代拳论中并不多见，在《十三势行功心解》中只有一句“能呼吸，然后能灵活”。然而此太极拳论中这个呼吸到底讲的是什么？时下最常见的说法是逆腹式呼吸，也就是在吸气时，小腹内收，此时为提、为合、为虚、为蓄，对方也就被拿住了。呼气时小腹外突，此时为放、为开、为实、为发，对方随着自己劲力的吐出也就被发出去了。而且要反复练习，通过两人反复喂手，互相纠正，就能“由招熟而渐悟懂劲”。太极推手的功夫就在这小肚子一鼓一瘪的练习当中练出来了。还有的说是顺腹式呼吸、深呼吸、自然呼吸等。然而所有的这些说法，都没有离开人的自然呼吸即肺气呼吸这一观点。而呼吸关系到练拳人的身体健康，甚至生命。笔者不愿看到广大的太极拳爱好者被误导，愿把自己二十余年练拳心得公开，供大家参考。

太极拳的呼吸，不是平常人所理解、所能做的那种呼吸，而是内在的、用意念导引的丹田呼吸。丹田呼吸与口鼻呼吸共存，但它不受口鼻呼吸影响，与口鼻呼吸没有直接关系，太极拳的呼吸就是“开合”。陈鑫说：“一开一合，拳术尽矣。”此一语切中要害。懂了太极拳的呼吸，就懂了开合，也就懂劲了。懂劲后只要勤下功夫练，就能一日千里。与人接劲时，内气入丹田，此时自己有气敛入骨的感觉，对方有被拔跟和有劲也使不上的感觉（因为他推不着我的劲），此时，自己为合、为吸、为蓄、为拿。内气出丹田，自己有气达四梢的感觉，此时，自己为开、为呼、为放、为发。而且内劲能控制对方的劲源，对方纵然已感觉到我的劲力，但为时晚矣。

说到这里大家也就清楚了。真正懂得“开合”的人就懂劲了，也就能“随曲就伸”，能合化、开发，自然能灵活。

再说气，拳论中对气的提法很多，这里不再一一列举，气沉丹田大家都知道。《十三势歌》里有“腹内松净气腾然”。这句话很重要。现在很多朋友练拳，向下沉气，小腹外突，结果把小腹练得很硬、很实，可下盘还是不稳，为什么呢？因为太极拳的“气”与“呼吸”是密不可分的，不懂呼吸，也就是不懂“开合”，呼吸气不可能真正到达丹田。丹田气是真气，真气归丹田后，腹内是松净的，可以产生守中的效果，而不是硬、实。硬、实是努气的结果，没有中，下盘不会稳，更不可能“腹内松净气腾然”。武禹襄说：“以气运身，务令顺遂，乃能便利从心。”又说：“不在气，在气则滞，有气者无力，无气者纯刚。”乍一看这两段话是矛盾的，容易造成拳友误解。这气到底应不应该有啊？回答是肯定的，应该有。但必须是内气、真气。“以气运身，务令顺遂，乃能便利从心。”这里说的气是用意念导引的内气、真气，是丹田呼吸之气，是“开合”之气。由此可以产生内劲。此气岂能没有？当然这需要练功者的基础条件和长时间的练习，以及明师的指点。而“不在气，在气则滞。有气者无力，无气者纯刚”。这里所说的气则是指人的肺气或浊气。试想推手时把气努在胸腹内，能不滞吗？笔者曾和一位拳友推手，他发力时憋住气，脸涨得通红，自以为用上劲了。结果上重下轻，一碰就倒，并且气窜了两肋。经过指点，其发力时把气吐出来，也就沉实了许多。当然这并不代表他有了功夫，因为他还缺乏内力训练。“有气者无力，无气者纯刚”也就是这个道理。就是说人的内劲、内气，在外力、浊气过多使用的情况下是显现不出来的，这个问题比较难懂，不是真正懂劲的人体会不到其中的微妙。再者，练拳时拳式动作不要配合口鼻呼吸，自然呼吸就行了，不然很容易产生气滞，造成胸闷、气短。

寥寥数语，若能给广大太极拳爱好者一定的启发，吾心足矣。这些体会，是我自己的亲身体验，在实践中都能做到。

谈太极拳的懂劲

■ 杨庆丰

练内功就是要长内劲，内劲就是内动所形成的，内动是内功修持增长劲的主要内容。

■ 杨庆丰，辽宁省武术协会副会长、锦州市武术协会会长，李经梧再传弟子。

太极拳宗师王宗岳在《太极拳论》中把太极拳修炼的层次概括为招熟——懂劲——阶及神明。关于招熟，所有习练太极拳者只要坚持并认真均可做到，然懂劲者，却犹如学子登清华之门，千人之众或可入选三四。懂劲一关，使多少练拳人苦练多年，不得法而“枉费功夫贻叹息”也。而阶及神明者凤毛麟角也，无懂劲又何曰神明？可见，懂劲在太极拳修炼中占有至关重要的地位。懂劲的前提是先明自身的内劲，内劲是通过内功修炼而增长的，因此，以增长内劲为主要目的的内功修炼是太极拳的核心技术，也是太极拳体练阶段的主要目的。下面仅就自己在老师与前辈们指导下的习拳心得与体会，对于太极拳体练阶段谈点肤浅的认识。

从修炼的程序上，可以简要地把太极拳的体练阶段概括为：学盘架子——练拳不用力（动功）——内功修炼（静功）——带功练拳（拳功合一——太极拳功法）。盘架子不必多言，求懂劲则有后面三个层次。

练拳不用力乃太极拳修炼的第一要诀

首先，何为劲与力？从武术的内家功夫来说，力，是指显于外的依赖于身体的筋骨和运动肌肉的收缩与舒张产生的作用力，即外力也；劲，是指藏于体内的依赖于人的意识调控体内不运动肌产生的内在能量，即内劲也。所谓懂劲，拳论云：阴阳相济方为懂劲，即是先明白如何通过练功在体内集聚能量，而后如何将体内能量运用于推手，表现的是内外合一。外部作用依赖于内在能量转换，内在能量的表现又必须通过接触点作用于对方的劲源及整体。不懂劲就没有太极拳推手与技击的理想效果，没有内劲就不可能懂劲！可见内劲是练拳所要解决的主要矛盾。

怎样产生内劲呢？在练拳的初、中级阶段时，劲与力是截然对立的，有我无你，互不相容，力乃劲之天敌，有力不生内劲，欲生内劲就必须不用力。不用力，就是要求打拳时慢慢地动，一点儿力也不用地动。在有一定的太极拳基础，能够按照太极拳基本要领自行熟练盘架子后，行拳不用力即是太极拳修炼的第一要诀！理论上不外乎为松、轻、慢、沉。松者，不僵不紧也；轻者，用力极小也；慢，速度迟缓也；沉者，气沉丹田也。懂此四字，离产生内劲不远矣！

内动是内功修持的核心

从广义上说，无论是通过静功或动功增长内劲的功法都视为内功，但在狭义上，内功是指在身体静态条件下通过意识在体内控制不随意肌运动而获得内劲的功法。

拳谚云：练拳不练功，到老一场空。太极拳的核心技术是内功修持，通过内功修炼获得内劲的不断增长，获得超乎常人的体内能量。练内功就是要生内劲，内劲就是内动所形成的，内动是内功修持增长内劲的主要内容。内动，即是不依赖于身体的筋、骨与运动肌所产生的外形动作，而依赖于大脑意识让体内不运动肌产生运动。如何产生内动？首先，在身体内部宜选择运动肌不发达、不运动肌多的小腹中部，即下丹田部位，在身体静态下用意识支配做丹田运动，劲由丹田始，丹田运动是太极拳运动的实质。运动形式可以为：收缩与舒张，前后、左右、上下拉动，三维的螺旋运动，大约五十至百天即可在丹田产生沉甸甸的感觉，继而坚持，即可知晓内动。常言道，打拳有时，练功无间，初始训练内动，不一定在打拳中练，最好在行、立、坐、卧之中练习，所以内动的训练时间是非常充裕的。内动训练久之，内劲自生矣！

带功练拳是太极拳功法的主要内容

拳论曰：以心行气，务令沉着；以气运身，务使顺遂。这即是我们常说的带功练拳。懂得了练拳不用力，又学会了身体静态的内动功夫，带功练拳即水到渠成矣！直白地说，带功练拳就是用内动做太极拳动作，身体的变化依赖于丹田的开合。通过拳的动作来增长内劲，也是内功与拳的合成。将内功运用于运动的拳法之中，由内及外，拳功合一，这即是太极拳功法，也是太极拳区别于中低阶段外家拳的重要标志，到这时才可以说会练太极拳了！到了带功练拳则打一遍拳长一分功夫，功用一日，技精一日，功用久之，体内内气充盈，内劲充足，身体如棉裹铁，太极拳之劲懂矣！

拳海蠡测

■ 张兼国

修心需层层透过，先由心下烦急，渐至少有烦急。复由少有烦急，而至偶有烦急。最后至无烦急，直至心平气和，身心两忘。

我们家乡莱州过西村，出了一位李经梧这样的太极大师，真是家乡人的福分。他老人家高超的技艺和高尚的武德，一直影响着这方水土上的人们，使我们永远追慕和怀念。

我生性爽直，喜欢交友，年少时，常自恃身快力猛，见人练拳，总以一试为快。现在想来，虽感幼稚可笑，但跌打挫磨之中，却也为我后来习武的领悟集聚了许多宝贵的资粮。

我从师于李经梧的弟子杨玉岐老师，学习陈吴两式太极。十多年来，我对吴式太极一直情有独钟，我喜欢吴式拳的含蓄、简洁、细腻，我觉得吴式拳与陈式、杨式太极拳相比，有其独到的东西。就我的体会，吴式拳是以柔化为主，研练的是一种虚灵的感应。在拳架习练过程中，没有发力的动作，人们往往误以为吴式拳不能发力，其实不然，吴式拳追求的是一种时时处处能够“四两拨千斤”的劲道，时时处处都可发力，甚至于让人感觉不到拿、化或缠的过程。培养的是一种灵敏细腻的感应力。怎样才能达到感应的灵敏细腻（也即“应物自然”的功夫）呢？我以为应从以下几个方面寻求：

1. 形体：在盘架子过程中，不存在形体由某一个部位带动其他部位的道理。各个部位之间应是虚虚相迎，而不能相抵触，也不能有牵拉。站桩时，完全是一种合一的静态，行拳时，是合一的动态，如此则形体灵明，瞬间感应。想要达到最佳的张拉效果，只能在各个“弹簧”都没有牵制的状态下，才能拉得最好。如果从原始松静状态已经拉到一半，再继续拉开，其剩余的可发挥空间和能量就很小。练

■ 张兼国，山东莱州市天舜铝业有限公司经理，李经梧再传弟子。

此“退步跨虎式”是目前所见唯一一张李经梧吴式拳照，他时年 51 岁。

拳中如果自身的张拉太大，就像已拉开的弹簧，既不能向对方施加太大的威力，又使自身失去了松灵。与人推手也是如此，首先要保持自身的立身中正，要把对方看成是自身的一个部分，我与对方的接触点就如同自身的一个关节，在这个接触点上也不能有丝毫的抵触，有抵触就不空灵，不能舍己从人。

2. 意念：在盘架子过程中，千万不能理解为意念在领导动作走。实际上，人们往往只注意到有拳处是意，接手处是意，而忽略了无拳处、无手处更是意。在行拳过程中不要被动作的形态影响到心迹。有毛病有缺点马上扔掉、断掉，让意念归于一种不即不离、若有若无的游离状态。不可有执着点，不可有想法处。与人相交时，犹如“庖丁解牛”，“以神遇而不以目视”。在未接手之前，神意已接，使手与心的距离消解，技对心的制约解消。接手之时，便能无所系缚，从心所欲。

3. 心迹：佛家有一句话叫“一切法从心生”，因有此心，方有此法，所以，技与法的问题，最终落脚点都是心的问题。也可以说，太极拳最终的历练，是心的历练，更需胆识和阅历。要遇敌不惊，有我则惊，惊则虚，人必夺之。修心需层层透过，先由心下烦急，渐至少有烦急。复由少有烦急，而至偶有烦急。最后至无烦急，直至心平气和，身心两忘。

以上虽分为三，实则是一。管窥之见，以求正于方家。

漫谈太极拳的意境

■ 高壮飞

水的品格就是太极追求的意境。

中国的文学和艺术，是讲究意境的，从物我关系出发，王国维将中国词家的意境分为无我之境和有我之境。无我之境是以物观物，故不知何者为我，何者为物。有我之境则是以我观物，故物皆着我之色彩。无我之境，人唯于静中得之。有我之境，于由动至静时得之，故一优美，一宏壮也。

太极拳也有其意境，拳架为体，推手为用，二者即有不同的境界。拳架是有我之境，是静中有动而得之，故皆有我之色彩，所以太极拳的流派众多，而且都有自己的特色。而太极推手则是以无我之境为主，要由静中得之，“静之如镜，了然尽见”，是不知何者为我何者为物的意境，在这个浑然一体中，走出化拿发打的劲路。

故练太极拳架是造有我之境，就有了优美之特色。太极以柔化为主，而天下至柔莫过于水，故盘架子就有“行云流水”之意境。拳论讲“上如行云下如流水”，水的意境乃是拳的精华。水是万物之源，始终保持一种平常心态，不喧扰，不张扬，“和其光，同其尘”，哪儿低往哪里流，哪儿洼就在哪里聚，甚至愈深愈静。此等宁静和达观，是太极人修习的目标。水的齐心也是练太极拳的一个功法，即整

■ 高壮飞，北京普仁医院中医主治医师（退休），北京吴式太极拳研究会名誉副会长，市武协文史研究会研究员，王培生弟子。

合性，也就是拳论讲的“一动无有不动”。水一旦融在一起，就团结一心，威力无比。水之至柔更是太极拳的神髓，柔而有骨，柔催至坚，拳若至柔，则可以“天下至柔，驰骋天下之至坚”。水最具包容性、渗透力、亲和力，它通达而济天下，它与生命结合便是生命的一部分，但从不彰显自己。太极拳是武学，也是一门博大精深的太极文化，“海纳百川，有容乃大”，理应有水此德。此外，太极拳要求“松静灵活”，又可从水中获得启发。因为水不拘束、不呆板、不偏执，有时细腻，有时粗犷，有时妩媚，有时奔放，它因时而变，因势而变，因器而变，“水无常形”。水还因机而动，因动而活，因活而进，故其生机无限。所以，太极拳虽以阴阳为其变，但应是以水为其本，才能化生出太极拳架和推手术的力量。

上面以水的意境来谈太极拳。而在太极拳的功法上，要求柔化则需要有“松”和“空”的概念。这就要结合人体结构，从人体生理解剖、人体工程力学、心理学、经络学等角度去研究。《老子》十一章说：“埏埴以为器，当其无，有器之用。凿户牖以为室，当其无，有室之用，故有之以为利，无之以为用。”这都表明因为有了空虚，才有了器具的用处。太极拳讲“引进落空合即出”，这是太极推手的准则，引是有，空是用。在人体的结构中，关节是活动的基础，而肌肉运动又是关节动作的基础。应该是肌肉带动关节，绝不是关节带动肌肉，这一点是非常重要的，因为很多太极拳的练习者，多以关节带动肌肉，而使关节受损。太极拳讲：“上下相随、左右相连、内外相合”，“形于上而寓于下”。肌肉分为两种，一种是趋性肌，是按大脑指令运动的，一种是紧张肌，它是自主运动。其中，紧张肌只在下肢有，对大脑有促进血液循环和使脑细胞活跃的作用，可防止脑老化，有健脑的作用。但下肢动作要有上肢动作的信息，尤其是手的动作，因为心灵手巧，这要在专门论述太极拳的人体结构中详论，并有些还是要口传心授的。

谈到柔，又要说水，因为“天下至柔莫过于水”，柔不是软也不是弱，而是相对的运动结果，即身法讲的“开合、升降、沉浮”，是相反相成。其中沉与浮，就是利用水的意动，当人体体位上升和下降后，即产生了沉的意动，在沉的意动中即产生了浮的作用。这种意境产生了极柔软而后极坚刚的太极拳的劲路，也是我们练拳和太极推手上的基本意动。所谓太极拳的行舟劲，即水能浮舟亦能覆舟，浮舟是自己盘架子时产生的沉浮，而推手时就有覆舟之意动，也是“引进落空”的“空”的作用。这里只是讲意境，真正要做到，还是要到盘架子和推手中去体悟。谈到松劲或者松功时，我认为它不只是一种功法，而是意境，是概念，要在实践中去体悟。

太极拳技击的科学原理

■ 张顺江　周毕文

在外力的作用下，如果物体的重心既不升高又不降低，如平面上的球所处的状态，就是随遇平衡状态，其特点是如球行平面，八面玲珑，随遇随平，没有跌倒之说。太极拳技击便暗含此机理。

一、“三论”与太极拳

三论是系统论、信息论、控制论的简称。

太极拳克敌制胜，用技术语言来说，无非就是设计出一个动态系统，使这个系统满足一定条件，即不论任何外界干扰它都能保持稳定，并同时能输出一个信号，给干扰源以毁灭性的打击。

不倒翁就是这样一个稳定的动态系统。你推动它一下后，它仍能恢复到原来的状态，只是不能对推者给以反击作用而已。

无线电收音机也是一种动态系统。它能排除天空中的各种信号干扰，从而进行稳定地播放。如果它出现了嘶嘶声，我们就说它未能排除杂波干扰，或出现了自激（坏了），成了一个待修理的不稳定的动态系统。因此，完好的无线电收音机对空中的各种杂波干扰也是一个

■ 张顺江，中国科技大学教授，北京吴式太极拳研究会原会长；周毕文，北京理工大学副教授，北京吴式太极拳研究会秘书长。

稳定的动态系统。练太极拳者也可以被看成一个能排除各种干扰（拳打、脚踢）而保持稳定（平衡不倒）的动态系统。不败是制胜的关键。兵法讲："不败在己，得胜在人"，"要想战胜敌人，首先要把自己立于不败之地"。而且，这个动态系统（练太极拳者）还能在排除拳打脚踢干扰的同时，立即输出一个给干扰源（进击者）以毁灭性打击的信号（见图 1）。

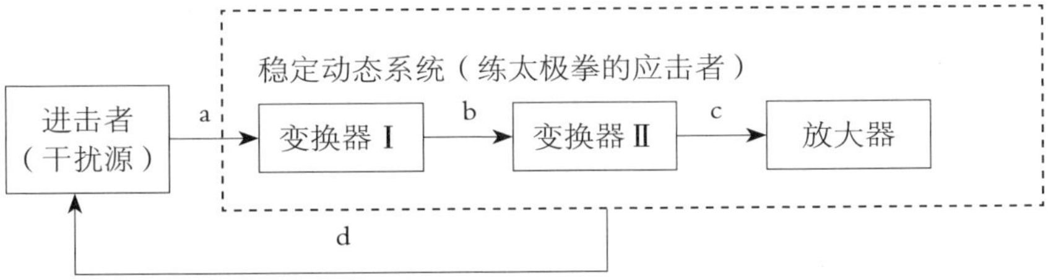

图 1　太极拳进击动态系统示意图

a：进击者（干扰源）对动态系统的作用函数，包括拳打脚踢等对防守者的有害作用（干扰）。

变换器Ⅰ：它把作用函数 a 转换成对防守者无害的信息，即拳论中所谓的"化劲""引进落空""避实闪开"等。

b：变换器输出的无害信息。

变换器Ⅱ：它把无害信息 b 转化成向干扰源（进击者）输出的有害作用 c。

放大器：它把作用 c 放大，以致使干扰源不能再施放干扰——即毁灭。这就是拳论中所谓的"击虚""粘劲""借力""合即出"或"发"。

一个高明的拳师，恰似这样一个动态系统。因为对于高明的拳师来说，对手无论怎样进攻，他都能把进攻来的拳脚化开（闪避），使之变成对己无害，而后乘敌之隙给其以毁灭性的打击，从而保持自己的平衡与稳定。

根据现代控制理论，任何动态系统不管是机械的、热力的、电气的，还是经济学或生物学的，都可以用微分方程来描述。对这些微分方程求解，就可以获得系统对输出量（或称作用函数）的响应。这种关于系统动态特性的数学表达式，我们称为动态系统的数学模型。它的建立首先要根据物理的、化学的或电学的各种定律进行推导。任何动态系统都是十分复杂的，这就要求抓住它的主要矛盾加以分析，略去其非主要矛盾，并在简化过程中不失去我们感兴趣的主要因素（当然，如果必要的话，我们可以用几十个，甚至几百个微分方程去精确地描述一个系统，而不用简化后的数学模型做近似的描述）。这是本文进行太极拳技击原理研究的主要方法。

根据以上方法，研究中要解决以下两个问题：第一，要对拳论的观点进行归纳，并且联系长期以来人们积累的经验，进行定性分析，找出它们中间的正确论点，分析确定它们的物理背景，以及支配实际过程的主要物理学定律；第二，根据这种定律，建立太极拳这个动态系统的数学模型，达到在一定精确度上用数学表达式概括说明前人在拳论中关于太极拳的精辟论述。这是本文下面的两个主要任务。

尽管本文给出的数学表达式十分简单和粗糙，但是它把现代科学的研究方法，即“三论”引进到现代拳论研究之中。通过系统分析建立起的太极拳应击状态的数学模型，是用现代数学微积分（辩证数学）对拳论进行研究的初探。这个数学模型作为研究分析太极拳这个动态系统，已经显示了它的优点。因为在解析这个数学表达式时，逻辑地得到了拳论的主要结论。这也就给太极拳的技击效能建立了数理力学的基础。

二、太极球理论的物理背景

现在我们来对太极球做进一步定性的力学分析，搞清它的物理背景。即设计这一动态系统的理论依据，从而为构造太极球的数学模型做好准备。

（一）倒与不倒的力学原理

一个物体处在平衡状态，要想把它推倒，所用的物理量的大小是用力矩来衡量的。因为要推倒平衡状态下的物体，不但和使用的推力的大小有关，而且和推力的施力点及施力方向有关，即与力矩的大小有关。

例如：一个 1.5 米高，直径 0.34 米的混凝土圆柱，重约 500 斤，在推力 F1 作用下把它推倒所需的力 F1 由下式决定（见图 2）：

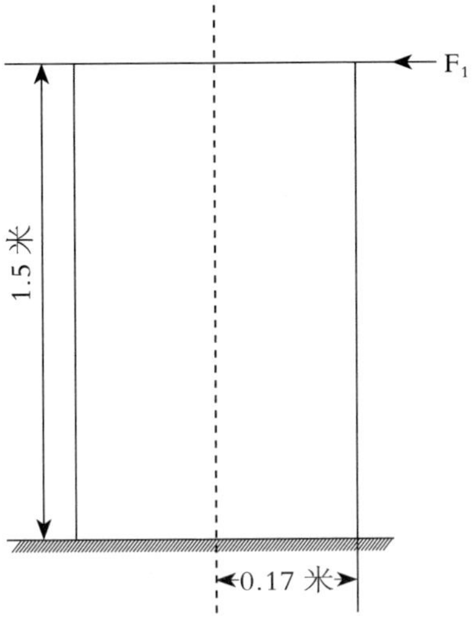

图 2　推倒力学原理示意图

F1 × 1.5 米 =500 斤 × 0.17 米

F1 ≈ 57 斤

因此，一百余斤重的人在同样的地点，要施力推倒他，所需的力大约为 1/5F1 ≈ 12 斤

从这里可以看出，推倒一个直立的人，并不需要多大的力，好像用手轻轻一推就会倒下。这个结论在实践上是不能被人们接受的，因为实践中要打倒一个人并不是一件轻而易举的事。矛盾出现在哪里呢？为了说明这个道理，我们做如下的分析。

通常，物体所处的状态分为三种：

1. 稳定平衡：当物体受外力作用时重心升高；而在外力去掉后又恢复到原有状态。这时，我们就说物体处于稳定平衡状态。如上例，当推力 F1 加在混凝土圆柱上时，如果它重心的射影点没有越过圆柱的底面，则去掉 F1 后混凝土柱又恢复到原有的直立状态而不会歪倒。因为在施力过程中圆柱的重心在升高，在重心射影点未越过底面之前，混凝土圆柱处于稳定平衡。

2. 不稳定平衡：上例当重心射影点处在边缘状态时，它稍稍偏离，重心就会降低，处在一种要倒没倒的状态，我们称这种状态为不稳定平衡。这种状态的重心最高。要想使物体所处状态稳定，重心越低越好。不倒翁就是根据这个原理制成的。

3. 随遇平衡：在外力的作用下，如果物体的重心既不升高又不降低，如平面上的球所处的状态，就是随遇平衡状态。随遇平衡的特点是：在球的滚动过程中（相对于平面），它的重心既不升高也不降低，八面玲珑，随遇随平，没有跌倒之说。

太极拳技击锻炼得到球的随遇平衡的机理，就是处于永无失败（不倒，假如以倒为败的话）的妙境。拳论对这一点有精辟的阐述。如李亦畬的五字诀说：“身滞则进退不能自如，故要身灵。”王宗岳的拳论说：“迈步如猫行。”

有再大的桩劲，也不如立埋的混凝土电线杆子，可是电线杆子也有被车撞倒的，但谁也没听说过球被人踢了一个跟头的。只要有倒的可能，就能造成倒的条件。球无倒的可能，任你如何进击，也造不成倒的条件。所以，把太极比作一个球，其道理就在于此。

物体按其物理本性，又可分成刚体和柔体（弹性体）。刚体在外力作用下，形状不变，如上例中的混凝土圆柱。其特点是施力于其上任意一点，必牵动其重心。柔体（弹性体）则在外力作用下形状可以改变，而施力去掉后又恢复其原来形状。

人体在一般状态下就是一个弹性体。下面我们举一个简化的例子，看一看柔体（弹性体）在施力状态下的情况。

图 3 同样是一个混凝土圆柱，只是加了一个中间铰链 A。在施力 F2 的作用下，只能推歪了上半段。F2 的力再大，也不能将柱子推倒。当施力 F2 去掉后，弹簧 B、C 又将上半段拉回到原有状态。人体是一个具有周身转动关节的弹性体（指一般状态下），在立正状态时双脚的支撑面积小于一尺直径的水泥柱，但很难被推倒就是这个道理。反之，如果人处于一种僵硬的状态，失去应有的弹性，就很容易被推倒。初习拳路

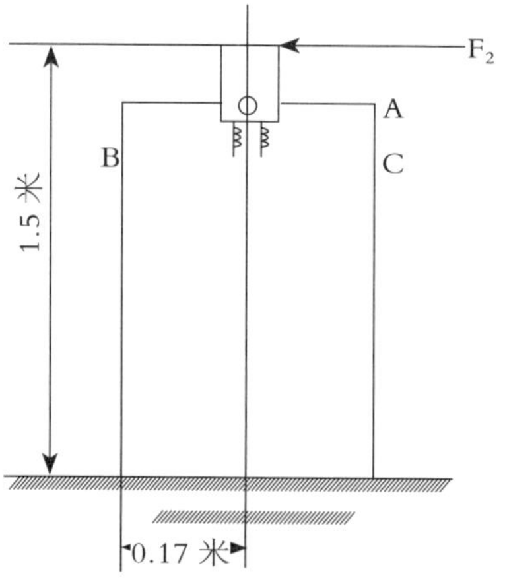

图 3　推不倒力学原理示意图

的人经常听到老师讲“身体要放松，不要使僵劲”，就是这个道理。

（二）太极球数学模型的物理背景

基于以上两点分析，我们回答了第一个基本问题，因此这里已经可以直观地、定性地描述或建立太极拳技击制胜的模型。

前面说过，从“三论”的角度来看，太极拳技击制胜无非就是设计这样一个动态系统：使它不但能排除拳打脚踢的外来干扰保持稳定不倒，而且能对干扰源输出一个毁灭性的信息（打击）。现在看来它应是一个轻灵转动的（浮在水面或空中的）弹力球——一个稳定的动态系统。我们已称之为太极球。

通过对太极图的分析，这个太极球从直观上不难想象，如图 4 所示，它是以位于应击者腰部的人体质心 O 为圈心的球，球面看去无形，实则有形，分为三层，分别是手、肘、身体在空间与圈心 O 等距某点的活动轨迹（球面）。而且这些球面又随关节转动可伸可缩（屈），形成了三个弹性球面，可将它们称为手圈、肘圈和身圈。

根据上面的讨论，显然，应击者在对抗中如果技术上成功地使自身保持太极球的态势，便将处于无隙可乘的随遇平衡状态之中。而且，从前面的分析我们又知道，这个太极球是一个力场或势场，是威

图 4　太极球数学模型示意图

胁进击者的一种存在。综合以上这些分析，便得到我们设计的太极球这样一个动态系统，这个系统的数学表达式就是它——太极球的数学模型。这个模型我们将另撰文进行专门的讨论。

别意与之谁短长

——同门忆旧

回忆师兄生前事，不负泰斗身后名

■ 李秉慈

李经梧是山东大汉，身材魁梧，他的推手劲力沉着准确，拿放自然，一触即发，空劲拿人如引入深渊，发劲如离弦之箭。

十年前大师兄李经梧在北戴河长辞于世，时年八十有五。太极同道无比悲伤，华夏武林顿折栋梁。大师辞世留下的缺憾和空白至今难以弥补，我也不愿回顾那段哀痛的日子。乃至经梧师兄的在京高足梅墨生师侄再三约稿，我却一拖再拖。我是觉得作为武术家的李经梧大师哥，在他的武术事业上表现得太完美了，我们这一辈搞武术的人在世无多了，我生怕自己的笔太笨拙，只反映出师兄伟业的十之一二，不是问心有愧吗？常有人采访我：李经梧的功夫怎么样？我的回答是："技冠陈吴，德艺双馨。"而且我相信，问 100 个与经梧师兄同时代的练拳者，100 个人都会有这样的评价。

一、绵绵太庙情，我与师兄的武术情缘

1946 年的春夏之交，北京太庙公园里空气清新，景色优美，真似仙境……

我与同学王光宇（后是师兄）因病（我吐血他肺病）来此遛早儿

■ 李秉慈，著名吴式太极拳家。曾任中国武协技术委员会委员、北京武协顾问、北京吴式太极拳研究会名誉会长，中国武术八段，首届武林百杰，李经梧师弟。

20世纪80年代李经梧（前排右二）与师叔曹幼甫（前排左二）、师弟李秉慈（前排左一）、翁福麒（前排右一）

以疗养身体，每天必到已经是两三个月了，遛累了就在大椅上休息一会儿。时间长了，渐渐被太庙公园内宫外南门右侧柏树林里一群练太极拳的人所吸引。原来，这是太庙太极拳研究会的会员们在晨练。

太极拳研究会是在当时太极拳大家王茂斋老前辈的支持下建立的，会长王厚斋先生是位教育家，第二任会长许明山先生是冯玉祥部队的军长，当时不少社会名流如故宫钱耀华等皆是会中成员，研究会在太庙的位置就是他争取到的。理事数人中有李经梧、李砚之、韩秀峰等。由杨禹廷老师任教师。会员中有人练少林拳、刀、枪、棍、剑等器械，太极拳有陈式、吴式、杨式。当时练太极不分流派，只有大、小架和跟谁学之说，而无某式或某氏之说。当时不分流派，都可以入会，在这儿练功。练功的人群中有一位魁梧、潇洒的中年人，他练起拳来虎虎生风，不时发出哼哈之声，练拳后常有人围着他推手，而他谈笑间发放自如。这就是李经梧了！

虽然我俩喜欢这样的运动，但身不佑人，有心而无力，真是伤感至极呀！我俩的悲观心情让一位老者看出后，他说：你们每天来这里看我们练拳，为什么呀？看你们的面色苍白，身体不太好吧？一定有慢性病吧？稍停了一会儿，老人接着说：我看你们练练太极拳就会好的，先入会解决门票（一年才收一块钱）吧。这位老者就是周老（慕纯），他当时是杨老师的助理，管理教务工作。但他是个文人，便介绍我们向杨禹廷老师学练太极拳，后又学练推手、刀、剑等。

这些日子中，有两个人的拳技把我吸引得入了神！他们是太庙太极拳研究会里太极拳术、推手的高手，是"五虎上将"[1]之中的李经梧和孙枫秋，他们是同门师兄弟，又是同乡、同事，终日在一起工作、练功，共同切磋。大师兄"五虎上将"之一赵安祥也是非常崇拜经梧师兄的。王光宇是山东人，与经梧、枫秋二位师兄是同乡。由于更加亲密了，我们有时上午和晚间两次一起练功，从而与经梧和众位师兄结下了深厚的情谊。

二、高妙太极功，名震京师武林

经梧师兄于 1956 年秋代表北京参加全国 12 单位武术观摩邀请赛，北京队中三位太极拳代表是李经梧（吴式）、汪永泉（杨式）、张燕生。在大会期间，经梧师兄曾向牛春明老师求教切磋推手技艺，经几轮演练后，牛老师因年龄关系和推手方法不适而拂袖作别了。后传出牛老师对李经梧的推手评价挺好，成为佳话。这次大会评选结果，经梧师兄被评为一

1956 年李经梧（中）夺得全国武术表演大会金牌

① 太极五虎上将：20 世纪 30 年代，在北平太庙（今劳动人民文化宫）有"北平太庙太极拳研究会"，杨禹廷为研究会执事，主持研究会事务。研究会中荟萃各式太极高手，其际以推手见长的赵安祥、李砚之、李经梧、王培生、孙枫秋五人被誉为"太极五虎上将"。赵安祥与王培生是杨禹廷弟子。李砚之不是杨禹廷弟子。李经梧和孙枫秋后于 1953 年拜在杨门下。

等奖（与会运动员分一、二、三等奖），从此经梧师兄之声誉大震于京师武林！

1959 年 7 月 1 日，经梧师兄携家眷去北戴河疗养院任职，此后我们以书信保持联系。当年 9 月在北京，隆重举行的第一届全运会和十周年国庆纪念活动，师兄任武术裁判。

三、大度能容事，武德高尚凝聚陈吴同门

20 世纪四五十年代，练习太极拳者都先练拳（又叫盘架子），腰腿有点功夫后再练推手（定步四手）。我和光宇师兄在当时的“五虎上将”的带动下，学练起太极推手，会员中的许多中老年人也练起了推手，一时蔚然成风。

新中国成立后，我俩经常与经梧、王树起、孙枫秋、冯士英、张福有、李砚之等众位师兄一起练推手，有时一天两次在一起练功。晚上在故宫东阙门处，杨禹廷老师和王子英师叔、温铭三等都会参与，大家都尽自己所知，互相交流、切磋，经梧师兄待我们亲如手足。

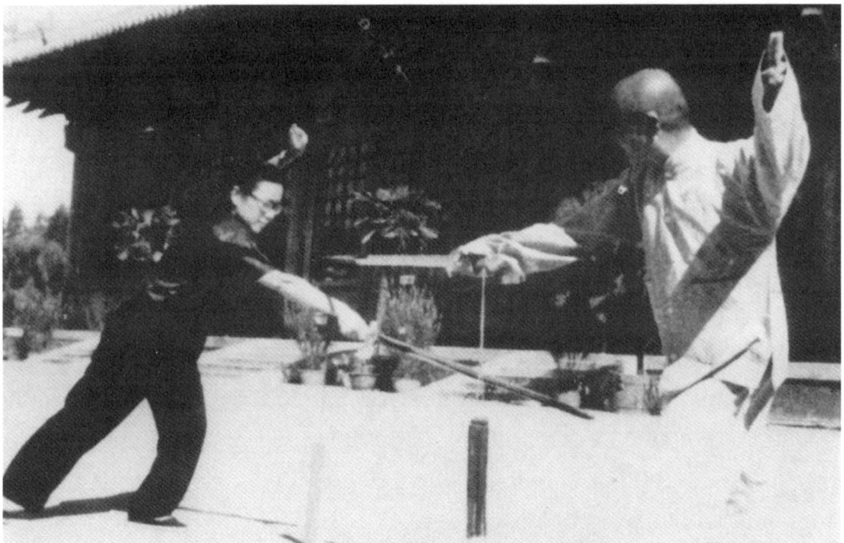

杨禹廷（右）与学生对剑

经梧师兄勤奋好学，先后向赵铁庵、杨禹廷、王子英学吴式太极拳，还向陈发科老师学陈式太极拳和两家的推手方法。1951 年，经梧师兄向胡耀贞老师学练内功，经胡老师的言传身教和他自己的勤学苦练，获得了内功的奥秘，功夫得以上身（他每天两遍功，每次两个多小时），两年后功夫大有长进。众位师兄弟们都说："经梧师兄的内功已上身，内外成一体了。"

1953 年春，陈发科老师和胡耀贞老师合力创办了首都武术社（社址在骡马市大街），陈、胡二位老师任正、副社长，经梧师兄为推手组长。设两块场地练功，一为社里，一为中山公园西门里小树林处。经常来练习推手的人总有二三十人，每天都得与来人"通关"（"通关"是指每人都得推一轮）推手后方可散场。当时经梧师兄是陈、吴两家太极圈中推手技术的佼佼者，可他对追随他的年长的师兄和年少的师弟们，如李道一、田化宣、雷慕尼、田秀臣、张祖培、张子原、孙枫秋、冯志强等人，总是尊敬、谦恭，和蔼相待，讲推手技术时精讲而多练，推手时点到为止，从不出手伤人，从不以强欺弱。即

1953 年首都武术社成立时李经梧（二排右三）与陈发科（一排右三）等同门合影

使是与门外人交手切磋，他也是以礼相待，不伤和气，以研究为主，借以认识各家武技之区别，原则是“以武会友”。此间，经梧师兄百忙中还抽时间去戴玉三师兄家向其父“金针戴老”学习针灸。

经梧师兄调到北戴河疗养院后，积极工作，努力学习专业技术。如孙、武、杨式太极拳，针灸、按摩疗法等，以满足工作和治疗患者之需。他对待每一项工作或社会任务都能出色完成。可是他自己儿子的婚姻大事却又委托师兄弟们代理。

1963 年春，接经梧师兄一信，委托我与枫秋、马汉清三人共为其子树峻完婚的证婚人，理由是院中的工作太繁重而不能脱身，且已与女方父母商议妥当，同意此办法。儿子结婚这样的大事，为了不耽误工作，而不亲自参加，真是少有。

四、风云三尺剑，叹昔人已乘黄鹤去

大概是 1955 年夏，在中山公园来今雨轩后面十字亭里，众拳友们在围观杨老师手中的一把宝剑。这剑是经梧师兄新购置的。杨老师手持宝剑赞不绝口，好剑！这是一把好剑啊！剑的饰件是黄金的，长、重度适中，剑刃锋利，是一把开口即可使用的宝剑。大家边议论边欣赏着剑，我更是看得入神！散场后，我问经梧师兄何处可买到这么好的宝剑？师兄说：“你想买吗？”我说：“我想买，我现在还没有自己的剑，用的是杨老师的剑。”师兄说：“前两天我看到了一把好剑，咱们去看看。”于是我俩来到隆福寺古董文物商场里选购了一把名为“折花宝剑”的剑，据商人讲，“折花剑”是用不同韧性的两种原料拧成麻花，折叠打造出剑身上的清晰花纹。此剑白银饰件，重量称手，长度合适，就此确定下了。可惜这口宝剑在“文革”时上缴被炼了钢。

我和经梧师兄结缘 50 多年，由于身处两地，难于亲近。20 世纪 80 年代末，我退休离岗后，每年为师兄祝寿，盘桓三四日，切磋拳艺，受益颇多。

如今仙人已逝，斯人犹在，有时思忆良久，不觉恍若隔世。可叹！想到师兄一生播种的桃李已硕果累累，被社会公认，师兄在天之灵可含笑了。

太极往事

■ 冯志强

陈发科先生练拳的姿势正常自然，他也从没要求把姿势蹲得很低，并没有“低架”这个概念，那么低是错误的。低就不能圆裆，无法做到“地门常闭”，不利于养生。

李经梧是我很好的师兄，他人品好，功夫也好，只是新中国成立以后彼此见面的机会少了些。通常是我在机电厂下班后，有时到师兄家住的地方（什锦花园）练推手。我们都是陈发科和胡耀贞的学生。

同在陈发科、胡耀贞两位老师门下

陈发科是河南人，练的是家传的太极拳；胡耀贞是山西人，练的是形意拳。他两位老先生互相佩服彼此的功夫，关系也非常好。当时有李经梧、孙枫秋、田秀臣等我们几人，既向陈老师学拳，也向胡老师学拳。陈老师功夫好，但文化不高，不会讲。比如有次陈老师在打坐练功时，我们问：老师你在干什么呢？他回答：“我的肚子里在刮小旋风呢！”我们听得莫名其妙，胡老师解释这叫“丹田内转”。胡老师学问很大，武、医均通，尤善浑圆内功。有一次胡老师把我们几个都教育了，他的教育方法很独特。

那时我们在两位老师的指导下，功夫相当不错，也常在一起练功。有次去胡耀贞老师家，正赶上胡老师在室内练功，我们就在院子里等着。忽然胡老师在室内喊：“快进来，我的腿坐麻了，不能动了，快帮我抬起来。”我们几个进屋就抬老师的腿，但是怎么抬也抬不起来，心里就纳闷，凭我们的功夫，这是很容易做的事，怎么就没法办到呢？这时，胡老师说，松手吧，我的腿又能动了。一边说着一边就自己下了地。接着老师开始教育我们了：“你们平时很骄傲，觉得自

■ 冯志强，著名陈式太极拳家，曾任北京市武协副主席、北京陈式太极拳研究会名誉会长，李经梧师弟。

陈发科（左）与弟子田秀臣推手

已很了不起，多有功夫似的，怎么样？那么有功夫连我的腿都抬不动？”我们忙回答，老师，我们也没骄傲，没认为自己了不起呀！胡老师说：“你们都带着相呢！”这就奇怪了，我们带什么“相”呢？于是，胡老师就一一说起了我们的“相”：

“你，田秀臣，一天到晚总是皱着个眉头，像谁欠你多少钱似的；你，冯志强，撇个嘴，梗着脖子，老想打个仗似的；你，孙枫秋，平时动不动就歪着个脑袋，对谁都不服气的样子；还有李经梧，就爱挽衣服袖子，背着手，很清高的样子。你们说，你们有这些表现没有？这些‘相’是不经意流露出来的。”

胡老师还真是点中了我们的毛病。别人不说，就说我本人吧，我这个“相”是怎么出来的呢——那时，我一天到晚总是想着练拳的事，这一拳怎么用？那一掌怎么打？别人进攻我我怎么防？就这样不自觉地流露出了与人格斗的表情。我分析别人的“相”也有类似的根源。

关于陈式太极拳的“低架子”之说

现在谈到陈式太极拳的套路，有所谓“老架”“新架”、“大架”“小架”、“高架”“低架”等的叫法，有些说法没有根据或欠准确。比如：“高架”“低架”之论，陈发科先生练拳的姿势正常自然，他也从没要求把姿势蹲得很低，并没有“低架”这个概念。那么，“高架”不是后人杜撰的吗？有人说陈照奎或者某某人的拳架子很低，我可以明确说，那么低是错误的。低就不能圆裆，无法做到“地门常闭”，不利于养生。另外，蹲得太低就很难保证膝盖不过脚尖，这不利于对膝关节的保护。陈发科先生不这样练拳，在我的接触中，也没见过传说中的“日练 30 遍”的情况。每天练 10 遍左右的情况是有过的。陈照奎师弟的拳架尚需规范，另外他也没练过“内功”，他去焦作教拳前跟我打过招呼，我不太同意他去，但照奎师弟说对方已经把车票订好了，也就只好去了。我曾跟照奎师弟讲，你快去快回，回来重新规范拳的套路和学习“内功”，没想到他病死在那里没能回来。

关于陈式太极拳的“缠丝劲”等

“缠丝”是陈式太极拳的基本劲法，但当年陈发科先生教拳时，并没有说得很复杂和很详细，比如“内缠”“外缠”、“逆缠”“顺缠”等，都不是出自陈老师之口，有些反倒是出自胡耀贞老师的归纳。陈式太极拳的掌不是平展的，而是稍微内含，内含为养，袒露为伤。“金刚捣碓”的震脚也是如此，是往下松气、沉气、放气，震脚的力度也要随地面的硬度而定，土地地面可重些，水泥地面就要轻些。就陈式拳的演练速度而言，可快可慢，适中为宜。通常说来，慢练为养，快练为伤；和练为养，怒练为伤。陈式太极拳在推手时的放松，不是把劲松到自己的“腰”或“脚”上，而是松到对方的身上。

关于陈发科的弟子和学生

陈发科老师在京授拳多年，所传弟子和学生不少，我所熟知和亲近的有李经梧、田秀臣、孙枫秋等师兄，因为我们同时又都是胡耀贞老师的学生，我们帮两位老先生在 20 世纪 50 年代初成立了“首都武术社”。

陈式太极同门“全家福”，1982年于天坛，右五为李经梧

至于较早出版的《陈式太极拳》一书的两位作者，沈家桢和顾留馨，前者我未曾见过，后者的情况知道一些。顾留馨在20世纪50年代跟陈发科先生学过两次拳，每次约半个月。后来他也跟我学过（这话就别提了）。济南的洪均生也跟陈发科先生学过一段时间，至于有人说他练的拳和陈老师的其他学生练的不太一样，这是可以理解的。因为太极拳博大精深，不可能每个人的领会和体悟完全相同，每个人可以在遵循拳论的基础上按照自己的理解进行有意义的发挥和发扬光大。同时，客观地讲，每个人的资质不同，用功程度不同，老师讲授的内容也不尽相同，也没有必要一定强求千篇一律。我就被陈老师改了七遍拳，每次改拳都有收获。

陈发科先生是陈式太极拳的代表人物，其重要的历史地位是武术界所公认的。陈老师在北京授徒传艺，为推广太极拳作出了重大贡献。陈老师的弟子和学生是普及陈式太极拳的中坚力量，我的师兄李经梧、田秀臣等功不可没。我非常钦佩我的师兄李经梧，他拜过许多老师，陈式拳、吴式拳都很精通，功夫好，武德也好，培养了很多好学生。桃李不言，下自成蹊，我非常怀念我的这位好兄长。

同门之谊胜手足

■ 翁福麒

我是“传统派”，我认老礼（理），我就是这么过来的。

——李经梧

在1956年初春我才开始向恩师禹廷公学太极拳，是师兄弟中入门最晚、年纪最轻的一个，与诸师兄在中山公园十字亭拳场上都混得很熟，和经梧师兄是最熟的，尤其在12省市武术比赛会之前还有特殊的来往。

经梧师兄对师长的尊敬、孝心，对师兄弟们的友谊、深情，我早有耳闻。他从陈发科老师学陈式拳之后，就尽心尽意地孝敬奉养老师，在生活上百般关照，尤其在陈老师去世时帮助师弟陈照奎发送安葬了老人，尽到了弟子的孝心。1959年经梧师兄虽然去北戴河工作，还是经常回京看望杨老恩师和王子英师叔。1982年11月，他闻听恩师仙逝之讯，急忙率领十多位弟子赶来北京吊唁。1987年11月，为了杨老师百岁诞辰和五年忌辰，他又带弟子赶来参加纪念活动，在百忙之中还到海淀区肖家河看望师弟戴玉三，临走时又到东城温铭三师兄家中拜访，他和温师兄是山东掖县的同乡。此外，他经常到钱粮胡同王师叔家中一起学拳，他二人的交往十分密切。

经梧师兄对师兄弟们也是非常热情、尽力关心和爱护的。无论哪一位师兄弟有了困难，他都实心实意地伸出援助之手。当初王培生师兄家中人口多、收入少，他只要知道其家中有困难都会帮助照顾，还

■ 翁福麒，著名吴式太极拳家，曾任北京吴式太极拳研究会名誉会长，李经梧师弟。

尽量组织学拳班为培生师兄创收。

1984 年夏天我回东北的原单位，巧遇一位老同事要去北戴河办事，我顺便写封信带给经梧师兄。这位同事回来后看到我，就非常激动地说起北戴河之事。他到疗养院的当天晚上，经梧师兄就将十来个弟子找来当众说：“这位是你们翁师叔的老战友，现在来北戴河办事，不管去你们哪个人的单位都必须认真帮忙。对待这位同志一定要和对你们翁师叔一样尊敬！”我这位同事说：“当时让我感动得坐立不安！”8 月中旬我回京路过北戴河，就下车到疗养院拜会经梧师兄，赶巧碰上了跟他一起在哈尔滨向刘子源老师学拳的郭文彦（比我大十来岁，我应当称师兄）。郭师兄从 1983 年退休之后夏天盛暑之时就来北戴河海滨，吃住在经梧师兄家中。那次我们师兄弟三人就高高兴兴地在他家过了十多天。我因为还有事回京办理，就依依不舍地告别，临行时约定，以后的每年夏天都来北戴河聚会，共享兄弟情谊。是我食言未能如期赴约。

最让我感动的是，1992 年 11 月间第三次为经梧师兄祝寿时发生的事。当时郑时敏师兄和我家中无甚忙事，我就陪郑师兄在秦皇岛多玩上两天。有一天晚饭后不少人围坐在经梧师兄身边说拳聊天。不知因何引起，他想起一位师弟（我的师兄）在困难时期的处境，当即向众弟子讲述说：“你们那位师叔现在在太极拳界中的地位很高了，这都是他努力奋斗的结果。他在那段艰苦时期困难到什么地步你们根本想象不出来。他还是站直腰板挺了过来。1967 年冬天我去北京给你们杨师爷拜寿，到王府井附近一家菜站去找他。当时因为‘文革’时期破‘四旧’，他不能担任太极拳教师了，被迫去做临时工，在菜站负责运送储存大白菜，每天工资一块五毛钱。无法生活又将老伴也拉了出来，在菜站做临时工择菜，每天工资一块钱，两个人加在一起才挣二块五毛钱，要维持一家九口人的生活！当时，我看见他从西直门外推回来一三轮车大白菜，这八九百斤的重载在平坦的路上还能骑一会儿，如遇高岗、下坡就得弯腰、拱背地推着走。只见他满脸汗水，把一顶破帽子推到脑后，穿一身破旧的棉袄、棉裤，怕破棉袄干活时碍事，用一根草绳子拴在腰中。他脚上穿了一双破棉胶鞋，为了蹬车时脚踏板不滑还绕上了两根草绳子，当时真是筋疲力尽。当他一眼看

李经梧 1982 年与太极同门师兄弟合影，左一翁福麒、左四王培生、左五李经梧、右三戴玉三、右二郑时敏、右一李秉慈

到了我，就跑上来双手抱住我，满面笑容地问我好！我当时心痛得不敢掉下眼泪！”经梧师兄在讲述那段情景时双眼含着泪水，我也听得满眼是泪。我不只为这位师兄难过，更为经梧师兄的兄弟情谊所感动。时隔 20 多年的一件往事，如今偶然提起又激起了他的情感，没有深切的兄弟情谊能如此地引起内心的真情吗？

另外，还有一个可以作为武林佳话的真实故事。1982 年在沈阳召开的太极拳研讨会上，有一位黑龙江省佳木斯市的老武术家与经梧师兄会面，他听了经梧师兄的讲解，并交手过招后，就佩服得五体投地，当时就要拜经梧师兄为师。经梧师兄怎能接受呢！其后这位又千里迢迢地跑到北戴河再次登门恳求。因为他只比经梧师兄小两岁，而且在佳木斯市也是一位很有名望的老拳师，经梧师兄依然婉言推辞，热情招待了多日，将他送走。可巧 1987 年全国武术研讨会在京西八大处召开。这位老拳师与我在会议中碰面，他向我讲述了对经梧师兄的景仰和敬重，话语出自内心，感情十分真诚，也让我非常感动。他自我检查说：“我年纪较大，身体笨拙，悟性不高，学习跟不上，所以李老师不肯收我，但是我永远自认为是他老人家的徒弟！”最后这位老武术家在死前留下遗言，让他的儿子和徒弟到北戴河请求经梧师兄，说他活着不能拜在李老师门下，去世后也要归纳在弟子中间！这位如此矢志不移、拼出性命也要拜在李经梧的门下，如果不是有最大的决心和极高的敬仰，能这样做吗？这位留遗言坚决拜师、终生献身武术事业的志愿者，就是在经梧师兄大作《李经梧传陈吴太极拳集》的弟子名单中排在最后的徐步阶！

还有一段就是经梧师兄和孙枫秋（继臣）的友谊，他俩是同乡，又同时去东北当学徒；他俩都喜爱武术，又一同拜在刘子源门下，以后又同来北平第二次同拜赵铁庵为师，第三次同拜陈发科为师，第四次又共拜禹廷公为师，他俩是四次同门的师兄弟，在武林中还真是少见。

他俩还有一段密交，1941 年，两位师妹同时怀孕，他们俩又定了联姻（亲），如果生下一男一女就结为亲家，如果同性，就结为金兰之好（这就是指腹为亲）。以后呢，经梧师兄生下李树峻，孙师兄生下孙伯彦，这小哥俩就结为金兰之好，也都随其父习武。20 世纪 30 年代，孙师兄去世，伯彦就向李师伯习武。

从 1990 年之后，我们在京的几位师兄弟每年都率门人前往北戴河为经梧师兄祝寿，团聚和亲热一番。不料 1997 年五一前他心脏病突然发作，5 月 2 日医治无效与世长辞。我因家中情况所累未能赶去与师兄告别，成为终生憾事！

曾经沧海难为水

■ 李树峻

只有当大师逝去，社会才仿佛认识到大师的价值。

■ 李树峻，北京吴式太极拳研究会副会长，中国武协会员，李经梧次子。

李经梧于私是我的亲人，我的父亲，于公他是京城“太极五虎”，在武林是名声显赫的公众人物。对于我的家庭而言，随着时间的推移，失去亲人的悲伤可能会逐渐淡化，然而对于中华武林、对于太极界而言，失去大师的空白恐怕难以弥补。

只有当大师逝去，社会才仿佛认识到大师的价值，这种遗憾在武术界已不止一次出现过。

萌生上述感慨，完全是由于在家父去世后，不断有人找上门来“要学陈发科的真东西”。他们说：“随着李经梧老先生等一代大师谢世，当今社会真正跟陈发科学过拳的没剩下几位了。”

我的确是自幼跟随家父习武，后来又直接到陈发科、王子英两位太极前辈那里深造，还得到过杨禹廷师爷、孙枫秋义父、王培生师叔的指点，但武术不是我的职业，此乃家父一生为之奋斗的事业。是特定的家庭环境和社会背景造就了一代代太极宗师。

一、从师爷到父亲，武林代有才俊出

谈到父亲的习武经历，不能不提到我的老家山东莱州（又称掖县），这里乡风淳朴，尚武风气很浓，王茂斋、王子英、修丕勋、李经梧、张继修等名门大家均出自这里。

我的祖父早年间闯过关东，在我父亲很小的时候，祖父也让他外出闯荡。家父正是在哈尔滨学徒期间，与同乡孙枫秋义结金兰，并同时拜在当地著名拳师刘子源门下学习秘宗拳。后来他们辗转来京，一同创业，一同继续在武术上的追求。

他们先是拜吴式太极拳名家赵铁庵为师学习吴式太极，并名列京城“太极五虎”榜；后来他们双双跟随陈发科学习陈式太极，成为陈发科的拜帖弟子，再后来他们继续跟随京城太极名家杨禹廷深造。可以说，家父的一生，是追求武术的一生。

他还有一位老师，就是胡耀贞先生。父亲不仅酷爱武术，还酷爱医术，我就亲眼见过他多次用太极内功、针灸、中草药为一些病重的人治好了病。

在我 8 岁的时候，父亲开始指导我练拳，为了提高我练拳的兴趣，他还特意找来我的表哥刘云宽等陪练。先是从压脚、站桩练起，接着是抱七星桩、蹬山桩、单鞭桩等，再学套路和推手。我们家重男轻女，一家人很娇惯我，平时我说啥是啥，但唯独练武时要听父亲的。比如站桩时一气要站够时间，他拿根木剑看着你，哪不标准了“啪”就是一木剑，有时我站得两腿麻木起不来要靠姐姐把我抱到床上休息。那时在练武上虽然受了很大的累，但并未对练武产生逆反心理，主要是有父亲做榜样。比如父亲打“掩手肱捶”时，袖子“啪”一下能打响，就像甩鞭一样潇洒而有气势，足见其内力之饱满充沛。我曾千方百计地模仿。

父亲培养了我五年后又适时将我送到了陈发科师爷和王子英师爷那里各深造了两年。

可以这样讲，在父亲那里我发现了太极拳的天地，在几位师爷那里体悟到了中华武术的不同境界。比如陈发科师爷行拳时非常有气势，当他打“野马分鬃”时，那个抖劲，真像骏马抖动鬃毛一样。王子英师爷行拳时神气内敛，棉里裹铁非常含蓄，他行拳时胸口能兜住一窝汗水，收势起身时，汗水才顺势流下来。

20世纪50年代北京吴式太极同门的“全家福”，二排中为杨禹廷，三排左二为李经梧

现在流行讲“非物质文化遗产”，传统的太极拳就属于这种“心传口授”的宝贵文化遗产。家父常言：“练拳者多如牛毛，练成者凤毛麟角。”这指的是传承不易。我个人的理解是，中华武术源远流长，全赖“入门引路须口授”的民间作坊式的传承。太极拳的人才不是拿鞭子赶出来的，陈发科、王子英、李经梧等都是特定的家庭背景、个人资质和社会环境综合造就出来的。

中华武林需要有大师，需要有领军人物，而大师和领军人物的培养需要尊重武术传承的客观规律。仅以吴式太极拳为例，过去从“南吴北王”到“太极五虎”，精英辈出，影响远播，真是“武林代有才俊出”，但现在却是“待”有才俊出，这个现状值得搞武术的人深思。

二、从理论到实践，真修实练无捷径

有人评价家父李经梧“功德双修”，誉之为“太极五虎”之翘楚和陈发科之首徒、陈式太极拳的“领军人物”，等等。我觉得这些评价都是有一定根据的，并非溢美之词。

当年在京城我家住的什锦花园甲 34 号院的墙上，长年累月挂个皮袄，那里是家父跟我推手，发放我的地方。这个小院子每天晚间都聚满家父的师兄弟，他们在这里切磋推手，往往我就成了被训练的对象。在漫长的过程中，从他们发我发得很“脆”，到逐渐发不了我，甚至有时我也能化解他们了，他们都为我的成长感到高兴。

这时我的义父孙枫秋和师叔王培生都向家父进言：“师兄你应考虑一下是不是将树峻送到王子英师叔那里，请他老人家继续培养，咱们别把小树峻耽误了。”

他们的话提醒了家父，就领着我拜见了王子英师爷。我家离王师爷家不远，来到王师爷家挂有张三丰图像的拳房，我当时还保留着一口掖县口音，长着与王师爷差不多的高个子。我跟王师爷很投缘，就被师爷收留在门下苦练了两年。

现在有些练拳的人，动辄捧着大部头的理论书钻牛角尖，或者是对所谓“秘籍”之类想入非非。有些武术家也常以“学者”自居，把本来不太复杂的武术搞得很神秘。其实，武术是技击实践的产物，要练好武术首先要多实践，尤其是初学者。就我自身而言，无论是从 8

岁到13岁跟家父学拳的五年间，还是继而先后跟陈发科师爷、王子英师爷学拳的四五年间，耳濡目染，感觉他们都是练得多，讲得少。也就是说，只耍嘴皮子，是不能把功夫耍到自己身上的。家父一再强调，要练好拳，不蹬坏几双鞋，磨坏几双袜子是根本不可能的。那时到什锦花园来的师伯师叔们，很少袖手聊天，都是一搭手就练出一身透汗。

我这样讲，并不是否认理论的重要，而是恰恰想说明，理论是朴素的，理论本身没有那么花哨。

有时理论朴素得就是一句话或一段简单的歌谣。比如王子英师爷在教我练拳后特意嘱我一段歌诀："接手如有胶，起腿不过腰，发劲箭射雕，太极本无手，浑身都是招。"我觉得后人的千言万语，也不如这20个字准确。陈发科师爷教我拳时，没有一句理论，就是一门练，"关门练拳，背后受罪"，功到自然成。师爷的言传身教，在我的勤学苦练中得到了体现。

传统的太极拳与任何一种民间技艺一样，不可能是大帮哄出来的，一定是师父带徒弟，给徒弟喂手喂出来的，让徒弟挨摔摔出来的。我就亲眼见过陈发科师爷与家父推手，几个回合过去，师爷骤然一抖，将家父发了起来，砸到了在一旁看书的陈照奎的书桌上，把照奎师叔的单人床都砸坏了。不经过这样的摔打而自诩为大师的人，是不会推手、不能实战的"大师"，是"理论的高手，行动的矮子"，离真正的武术家相去甚远。

三、从普及到提高，发展不能靠忽悠

太极拳既是一门技艺，又是一门学问。是学问，就不能只是实践而不谈及理论。只实践是傻练，常言道"只练不学傻把式"。但是又不能空头讲大道理，那样又成了忽悠太极拳了。这两种现象和代表人物家父都见过，均一笑置之。

譬如前者。有一次我和父亲在什锦花园练拳时，进来一个人，开门见山就要让父亲指导拳，说是慕名而来。父亲先问他的老师是谁，他回答了，但不是很有名气的人，我们没记住。接着父亲又请他练几个拳势看看。我见他练的"抱七星""揽雀尾"等，有板有眼，动作

的确是太极拳的动作，但拳架子低到几乎趴在地上。这种情况下父亲还能怎么说呢？父亲婉转地说，你没少下功夫，可惜不是太极拳，这么练的话，我也没法指导你。来者告辞后，父亲对我说："这个人可惜了，但他的老师那么教他，咱也没办法。"

再说后者。不少人知道20世纪60年代初，武术界有过一场关于"太极拳缠丝劲"的大讨论。确切地说，某些人编写了关于简化二十四式太极拳的教科书，教科书中有这样的观点，说是要用缠丝劲来打二十四式太极拳。这引起了一些吴式太极拳和杨式太极拳家的不同意见，他们认为以杨式为主的"二十四式太极拳"的劲法是"抽丝劲"，而非陈式太极拳的"缠丝劲"。双方的争论几乎到了白热化的程度。国家体委的李天骥为了平息这场争论，特意邀请在北戴河工作的父亲撰文来做个结论。李天骥的用意很简单：李经梧既是陈式拳的权威、陈发科的大弟子、《陈式太极拳》一书的作者之一，又是简化太极拳的权威，直接参与创编该拳，是全国首部简化《太极拳》科教片的演示者，他的意见应该是值得争论双方尊重的。应该说李天骥的用意是好的，家父发表的文章在一定程度上也起到了这个作用。可是有人拿什么"力学""公式"来讲，再后来个别人又有点人身攻击的味道了，已经偏离了武学探讨本身，讨论陷入空疏不实了。

前者无知，后者无德。无知者固执，明明练拳不得法却偏要那么练，道听途说"在桌子底下练拳"，追求所谓的低架子。家父把这类练拳者形容为"卖弄腰腿的"——你的腰腿练得再好也超不过京剧武生，人家穿着戏袍、厚底靴子还能做朝天蹬呢，当然，对无知者，父亲能够客观地对待，"那不怨他，怨他的师父"。

无德就不只是固执偏激的问题了。无德者轻则不懂装懂，误人子弟；重则拿着不是当理说，而且振振有词，扯大旗当虎皮，甚至不惜剽窃、盗用别人的科研成果，往自己脸上贴金。他与李剑华、唐豪等人合著的《陈式太极拳》一书原稿，原始资料被人拿走，改头换面公然出版，家父也只能是一声叹息。当知情者让家父诉诸法律时，家父宽厚地不再追究。

习练太极拳，需要有一个氛围，从普及到提高，需要有不同的阶段和步骤，每个阶段都要下足功夫，不然难以达到更高境界。很多学

50年代李经梧与次子李树峻推手

生跟随家父学拳，都会有这个体会，现在这些学生在各自的领域都有建树，这是因为他们都是从那个阶段扎扎实实地走过来的。这些学生如果继承了家父的武学遗产，他们一定会在太极拳的事业中作出更大的贡献。

家父一生追求武学，研习太极。在父亲生前，每当我从北京去北戴河看望他时，他都主动提出要我跟他摸手——家父爱武、习武、追求武术的精神令人钦佩。

然而家父也非完人，他有时太重义气，讲究礼数，照顾情面，规矩大而性情耿直。我大哥小时在北京当学徒时，因某事被人误解，当误会传到家父耳中时，家父不由分说就痛打了大哥一顿。我也曾因在一次交手试技时推倒一位师叔而遭到家父的痛责——这直接导致我对江湖规矩反感而淡出武林。

在淡出武林以后，我也偶尔跟父亲交换过对当时武林现状的看法，我曾对父亲直言："太极拳界出现了这么多假冒伪劣，您有不可推卸的责任！因为您是陈发科的大徒弟，陈师爷曾对您寄予厚望，但您却不肯出山拨乱反正。"现在我后悔当时说那么"冲"的话，这是我阅历浅，不知武林凶险的缘故。荒漠武林，积重难返，靠家父一己之力怎能扭转乾坤？就是陈发科师爷、王子英师爷等在世，又能奈何？

好在，太极前辈辛勤耕耘，有识之士全心向学，一批有真才实学的太极种子会在和谐的社会环境下茁壮成长。

陈式太极拳的忠实继承者

■ 田秋田

李经梧是北京陈式太极拳的忠实继承者和主要代表人物。

我多次听家叔田秀臣提到李经梧师伯，讲到师伯的为人和武功。

■ 田秋田，北京陈式太极拳第三代传人，北京陈式太极拳研究会原秘书长，田秀臣弟子。

说师伯是陈发科师爷的重要弟子。说他们感情很好，当年常在一起练拳。

田秀臣在北京家中练拳[①]

一个门派的发展必须有拳艺高超、德高望重的创始人，而且需要一批德艺双馨、承前启后的继承人，李经梧师伯就是北京陈式太极拳的忠实继承者和主要代表人物。

他早在 1956 年就以高超的拳艺执教北京劳动人民文化宫太极拳训练班，1958 年执教北京武术队。1957 年陈发科逝世后，他又于 1958 年受国家体委委托与李剑华共同执笔编写《陈式太极拳》一书。所有这些活动都说明他是当时太极拳界最重要的人物之一。

1959 年是李经梧师伯的人生发生转折的一年，他被调到北戴河气功疗养院。此后他后半生辛勤活动在教学第一线，普及太极拳数万人，为太极拳的发展培养了一批师资骨干，培养了一批太极拳大家，为中国太极拳作出了巨大的贡献（但是他后半生远离了政治文化中心——北京）。

我与李经梧师伯相识于 1954 年，由我叔叔田秀臣带我到师伯家拜访。1956 年曾有一次随叔叔拜访李师伯，并推了手。李师伯的手就是厉害，反正你怎么着都不舒服，都不得劲。李师伯的胳膊非常沉，他真的做到了“我顺人背”。改革开放以后，我又多次与他见面聆听他的教导，在《李经梧传陈吴太极拳集》出版后他还赠书给我，让人很感动。他为中国的太极拳事业作出了巨大贡献，不愧为中国 20 世纪的一代太极宗师。

① 原图有缺损。

严峻慈祥总相宜

■ 吕德和

恩师李经梧在讲手时，并不“讲”，只是让你在他身上一遍遍地多体会，说得最多的就是“走走脑子”。

我于1972年跟随恩师李经梧学拳，直至恩师去世，整整25个年头。今天回想起这20多年与老师在一起的无数个寒暑，老师的高功厚德难以言表。在恩师的启蒙和影响下，我亦一生习武，爱拳如命。我曾长年追随老师，恩师的举手投足、音容笑貌早已铭刻心间。但若将恩师的功夫、事迹行文成篇，还真是不知如何下笔。

有几件事情是那样的使我难以忘怀。

一是天津郭文彦师叔去世，还有老师在长春的弟子刘兴基去世的事情。当两次噩耗传来，一向坚强的老师心情无比沉痛。他召集我们这些早期的以及与郭师叔、刘师兄联系密切的弟子，共同研究赴丧之事。老师决定让我和单颖师弟赴天津代表老师及同门前去吊唁，临行之前老师再三嘱咐相关注意事项。待我们完成任务回来告诉老师时，他老人家两眼含泪，好久才说了一句话：“几十年的老朋友又走了。”后来赴长春吊唁刘师兄老师亦是命我“代劳”。我们看到了恩师的性格至“刚”而感情至“柔”、无比珍重太极同门情谊的一面。

二是帮老师找寻他的同门师弟刘金生的事情。刘金生小李经梧老师四五岁，是老师年轻时在哈尔滨学秘宗拳的师弟，后来又一起在北京同时拜在陈发科先生门下，是陈发科首批五个弟子之一。我们这位刘金生师叔，年轻时能耐很大，日语极佳（据说拜师时的照片是他请陈发科师徒在当时北平一家日商开的照相馆照的），风流倜傥，爱惹闲事，没少让师兄操心。刘金生于新中国成立初期原因不明地离开北京，便与同门师兄失去联系。直到20世纪80年代，刘师叔偶然在一

■ 吕德和，河北省北戴河工人疗养院干部，秦皇岛市武协副主席，德国、澳大利亚“德和国际太极拳学院”名誉院长，李经梧弟子。

份杂志上看到李经梧老师的消息，因杂志上的地址不详，只知道在北戴河，便抱着试试看的想法写了封信，这封信几经周折才转到李老师手里。老师回信后又石沉大海，原来刘师叔又搬了几次家。老师跟我讲起这事，叮嘱说以后有机会去大连的话，替他找找刘师叔。1987年老师与我共同举办了一期太极拳师资培训班，学员中有位大连的学员冯丽珍（后来成为老师的弟子），她回大连后费尽千辛万苦，终于找到了刘师叔。消息传来，别提老师有多高兴了，立刻派我专程去大连看望刘师叔，并邀请刘师叔来做客。

大约在 1989 年冬天，刘师叔在冯丽珍的陪同下，专程来北戴河与他的师兄见面。那天老师一大早就来到大门口等待，见面时老哥俩的手握在一起，你看着我，我盯着你，久久不肯分开，情景非常感人。几十年的分离，有着说不完的话、叙不尽的情。我在一旁看得出他们师兄弟感情极深，比如讲到年轻时他们跟刘子源老师练秘宗拳时如何辛苦，又如何有趣。老师很开心地讲："你刘师叔最怕我的拳了，只要我的拳粘着他，你刘师叔再大的本事也没个跑！"这时刘师叔也把话接过来："你老师最怕我的腿，只要我的腿扫到，你老师准趴下！"说完两人开怀大笑。看得出，这位刘师叔和老师的关系确非一般。后来他们又讲到在北京如何跟陈发科老师学拳，又如何在陈老师六十大寿时拜师……讲着讲着，老师又"幽"了刘师叔一"默"："你刘师叔在北京总爱招惹是非，常跟人打架，甚至敢和日本兵交手，三五个人占不到他便宜"，等等。老哥俩的话没完没了，我跟随老师这么多年，还从没看到他老人家这样高兴过！我想，同门之谊胜手足，我辈师兄弟应该学习前辈义重于山的武德。

第三件事，也是我永生难忘的，是老师与我的最后一次通电话。那是 1997 年 4 月间，我生了一场大病，想瞒着老师，病间有 20 多天没有去看望老人家。没有不透风的墙，老师自知道我生病后非常挂念。记得是 4 月下旬某天早晨 6 点多钟，我家电话响了，当时我还没有起床，拿起电话，听筒中传来熟悉的声音："德和。"我听出这是老师的声音，天这么早，老师有什么事呢！我忙问。老师说："没事，得知你有病惦记你，心里难受啊！"我一字一句听完，忍不住眼泪直往下掉。老师告诉我："别着急，既来之，则安之。"我请老师放宽心！过后老师的女儿美江大姐告诉我，你老师天没亮就起床戴上老花镜，并拿上放大镜给你打电话。我和老师通过无数次电话，没想到这是最后一次……

在通电话的第二天，老师就住院了。当我知道消息后，马上去医院看望老师，美江大姐伏在老师耳边说："德和来了。"躺在病床上的老师立刻睁开眼睛，仔细看着我说了句："德和来了，你的病好了？"这是老师最后一次叫我的名字，跟我做的最后一次交谈。我见老师精神状态蛮好的，暗中企盼恩师恢复健康、早日出院。

谁知天降不测，第二天，也就是五一节上午 9 点多钟，我接到同事的电话，"李经梧老师病危！"我听后犹如五雷轰顶，脑子一片空白。我硬挺着从床上爬起来赶紧去了医院，当时老师已经昏迷不醒，老师的亲人、同事和同门众师兄弟悲戚不已，我多么盼望老师再睁开眼睛看看我，多么想听老师再叫我一声"德和"！我祈求苍天！

但是苍天无情，苍天无语。次日，老师就这样在谁都不情愿的情

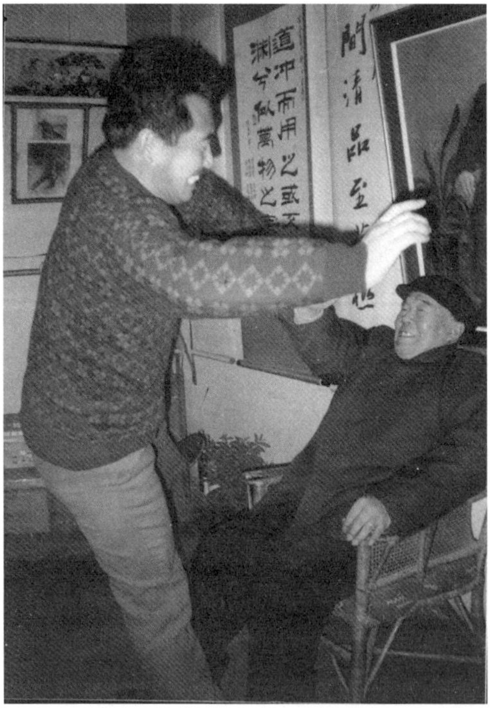

1995 年李经梧与弟子吕德和在家中推手

况下，无言地走了，永远地走了！老师留下了他未竟的事业——太极拳的一片青山，也留下了他所播撒的希望——太极拳的传人和再传弟子。但是，老师有没有留下遗憾呢？

对于我而言，老师是非常具体的——有时是严师，有时是慈父。他有训责我的时候，常人难于想象；也有跟我开玩笑的时候，往往出自天真。记得有天傍晚下着大雨，他老人家跟树椿大哥打赌："我一个电话不说啥事，德和得来，你信不信？"结果我浑身湿漉漉地来见老师，老师却让我赶快回家。你说这玩笑开的！但我喜欢老师偶尔流露出的这种"顽童"本色。然而老师有时又非常抽象——抽象得简简单单，从不多言。比如在讲手时，并不"讲"，只是让你在他身上一遍遍地多体会，说得最多的就是"走走脑子"。记得恩师多次参加过我的收徒仪式，再传弟子们目睹师爷的风范，亲耳聆听师爷的教诲，无不欢欣鼓舞。恩师曾不止一次地对我说过："你行！"——这也是很抽象的两个字，我将这两个字视为恩师对我的勉励和期望。我一直在用这两个字鞭策自己。

在纪念和缅怀老师去世 10 周年的日子里，我们都有太多的话想说。追忆恩师，如果每人只能用一句话来表达，那么我就用这样一句话奉献给恩师——"严峻慈祥总相宜"。

我读李经梧

■ 梅墨生

我仍然觉得老师是一座山，仰之弥高；老师也是一汪海，俯之弥深。

我无论如何也不敢说"曾经沧海"这四个字。不过，以我四十余年的浮生阅历，也算经见过不少人和事。有些人和事，真的就是过眼烟云，早已随岁月而淡忘，而有些人和事则不然，岁月愈久，反倒常常忆起，难以释怀。

一代太极宗师李经梧先生仙逝已近十年，然而去年一年内我竟四次梦到老人家，其中三次是为我说手，一次是他抽着香烟，坐在沙发上笑眯眯地看着我。每次觉醒，不禁怅然若失，以至双眸微湿。

我是一个深信缘分的人。与恩师的缘分达十二年之久，可惜，后来我到了北京，见老师的机会少了。

当我命笔之际，忽觉先生显隐行藏的一生我是既熟悉又陌生，对于老人家的道德与功夫修为，我究竟知道多少？尽管，数年间曾经亲承謦欬，多蒙教诲，然而，我仍然觉得老师是一座山，仰之弥高；老师也是一汪海，俯之弥深。回想老师的风范与为人，点点滴滴，就算我再次阅读一本厚重的书，记下一点笔记，以供与我一样景仰前贤热心太极文化的人士同享。

武功没有天下第一

几乎没有人不对中国武功抱有几分神秘感。中国武功本身就是传统文化——包括神秘文化的产物。我的武术蒙师俞敏先生在我少年时代也确实展示过神奇的功夫，比如点穴术，亲眼所见，不能不信。少年时读古代武侠小说，也不禁神往于那些神奇的超人本领。至今我依然认为中华武术的特征之一便是“在内不在外”，它的神秘性是与它的武学文化基础密切相关的。由于重内功，所以人难见其妙而常易领受其外发，于是以为神。《易》云：阴阳不测之谓神。人的小宇宙与天地大宇宙合其德，所以常人不解其道，故神奇而神秘。

一次，经梧先生对我说：世上没有天下第一的武功。怎么证明你天下第一？你与天下所有的高手都比试过吗？无法全比试。当然也就无法证明你无敌手。所谓的“无敌”都是相对的，在你能遇到的人中你取胜了，但人外有人，天外有天，更厉害高手也许你根本就未遇到。杨露禅号称“杨无敌”，陈长兴被誉为“牌位大王”，说明他们有真功夫，功夫过人，但也不能说天下第一了。功夫有假的，那是走江湖卖艺的，也许他谋生混饭吃，不得已。而真功夫呢，也不一样，有一人敌，三人敌，十人敌，百人敌，千人敌，甚至万人敌。万人敌，也是形容。所以，功夫不可夸大。但功夫确实没法穷尽。一个时代有一个时代的武功高度，高手多的时代，大家都高。真正的高功，不战而胜，不用动手，人家就佩服了，你是最高的功夫。什么东西能如此呢？只有道德、德性。以德服人，是最高的太极拳功夫。

当时我听了老师这番话，以为就是《孙子兵法》的思想。今天仔细想想，不止如此，其中还有老子的思想，既辩证又朴素、又深刻。这是迄今为止，我听到和读到的最好的“太极拳论”。老师毕生修炼太极功夫，人们说他功夫高，多是说他的手高，其实，我今天才明白，老师是心高、品高，也就是人高。别看他普普通通，老人家的不普通处人或未见到。正因为有了这样的认识和境界，经梧先生的人生才那么平常而超常。对了，他末了还说：就算你功夫再好，给你一枪试试？在今天，练功更不是为了打别人了。打什么人也不行，都得偿命。练太极就是为了强身健体，修心养性，有一种乐趣。我忽然明白，老师对武功的求真背后，还有一种超脱的认识。难怪他老人家的后半生，那么随和平常，与世无争。

述而不作

经梧先生活了 86 岁，练武 70 年，拜师访友与武林中人相识颇多，20 世纪 40 年代即为“太极五虎上将”之一而声噪京城，50 年代又折桂北京与全国武术赛事荣获金牌，还出任过北京武术队教练和全国比赛的裁判等，不但精通陈、吴式太极拳，同时研练孙、杨式以及一些国家竞赛套路。但是，他竟然从不著述。我多方搜求，也只找到二三篇文章，再就是他在耄耋之年在弟子们帮助下整理出版的《李经梧传陈吴太极拳集》和《太极内功》了。此外，50 年代中后期，在国家体委的组织下，他曾讲述了（李剑华执笔）《陈式太极拳》第一路的动作说明（此书稿初版时写上了李师的名字，后来再版时则无李师之名了）。除了上述这些“著述”，先生就几乎没再写过任何别的东西。一代太极高手却只有片言只语留下。而且，《李经梧传陈吴太极拳集》一书，约 30 万字，汇集了先生毕生演练的主要拳械，然而遍阅全书，老人家竟然一句心得也没说！这实在让人费解。试看如今坊间所出太极拳书籍，优劣混杂，东拼西凑的东西比比皆是，误导着学习太极拳的人，而先生艺融四家，深通内功与医道，却无一点心得体悟？绝不可能。然而事实就是如此。是不会写、不能写吗？也不

本书编者梅墨生1988年与老师李经梧合影。梅墨生（左）说：一年内四次梦到老师，每次醒来双眸微湿。

是。本书所收先生《练习太极拳的要领、要求和特点》一文，不仅阐理精要，文字也极简约通达，读者可参看。《太极内功》一书虽有学生帮助整理编写，但其逻辑结构之严谨，述说表达之清晰也是事实。客观上说，先生文化水平确实不算高，只在早年读过私塾，前半生多在经商，比起一些文人墨客自然不长于文墨。但是以先生之聪慧与水平，写些习武经验是毫无问题的。不然，他为什么能反复阅读赵铁庵老师所赠《太极拳秘宗》一书，并从其“太极阴阳颠倒解”一篇而悟创“太极内功”呢？

一些太极拳同道包括一些同门师兄弟都曾对此表示不解或遗憾。

一次，先生说完手，我问：您怎么不多发表些习拳文章？先生笑了笑说：老师肚中没墨水，不长于写啊。不像你王培生师叔，会写、能写。我说老师太谦虚了。先生又说：不是谦虚，是自已量力。我说：老师多写些可以启迪不少人啊。先生深深吸了口烟，吐了一个烟圈，便一直沉默不再答话。老师为什么不想写？这成了一个谜。

在老师辞世后，每当我翻阅《李经梧传陈吴太极拳集》，想从中找到老师的一些经验性文字时都会有些“失望”。这本书当初老师也是不肯出的，是众多弟子一再劝说他才勉强同意的。书既然出了，却只写了传统套路，收录了一部分《太极拳秘宗》，其他发挥性文字一句也没有。真是干净。一次，李秉慈师叔也向我表示了对这本书的一点遗憾。

为什么？当我在书坊翻着一些含金量不够的太极类书时，总不免会想到老师为什么会如此“吝啬”。要知道，他一生教过的人逾万，学生逾百，弟子也有数十人，老师是不算保守的啊。

孔夫子是“述而不作”的。世间事就是如此。无知者、小知者、浅知者总会大言不惭、美言哓哓，真知者都选择了不说。这缄默让人难以捉摸！老子说：大道无形。古人又说：圣人行不言之教。我现在似乎慢慢懂得了先生的“述而不作”。记得有一次老师对我说，我教给你们的都是你师爷们教我的东西，我基本上保持原貌传给了你们，是原汁原味。当然不能说里边没有我的体会。拳是练出来的，更要有悟性。当年你陈师爷教拳很少说什么，师傅领进门，修行在个人。书上写的都是知识，要多学习，但也不能迷信书，要是光靠看书就练好了拳，那不都成了家了？

我不知道先生这段话是不是可以为他的“述而不作”作个注脚。天下的事，本来就不可能都弄明白，老师此举可以任人猜想。世间的书太多了，有用的也很少。老师这本书，出了也像没出，它是本无字书啊。至于我们从中领会到什么，全在自己了。

不拍录拳照

不爱拍拳照，这是经梧先生给弟子们的一个鲜明印象。到目前为止，我知道老师留下的拳照只有 1982 年大勇、德和、益建、徐翔、志明等几位师兄组织拍摄的一套陈式一、二路拳照，算是老师最完整的一套拳照了。2003 年我从中选出 21 张发表到《中华武术》第 4 期上，立刻引起了不大不小的轰动，一时间，许多网站都转载了。国际音像文化交流出版社出版的《陈式太极精粹》VCD 介绍先生，也是选用的其中几张拳照。要知道，老师从 20 世纪 50 年代末移居北戴河以后，很少外出，更不宣传，他炉火纯青的拳艺，外人也难以得见。

此次刊发的先生拳照虽仅是露了冰山一角，然而已足让人大开眼界。

另外，徐翔师兄自费出资在 1980 年也给老师拍过一组陈式拳照，约有 30 多张一、二路定式，这是目前所见老师最早且有系统的拳照了，可是，先生时年已 68 周岁了。

而吴式拳，先生竟然没有一套拳照留下。似乎仅有 20 世纪 60 年代初的那张“退步跨虎”一张！80 年代后虽也偶尔拍一两张拳照，几乎都是陈式一两个动作。

我曾多方搜寻，也仅止于此。演练器械的照片更近乎无。

那么拍摄录像呢？就更少了。我目前收集的先生录像资料该是最全的了，然而，也很有限，不少都是老师晚年坐在椅上与弟子或徒孙们说手了。

客观地说，那时节拍照、录像费用较高昂，一般人家都做不到。但是师兄弟们凑钱也不是不可以，关键是老人家主观上不愿意拍。印象中，每次一说到这事，老师都是不同意。为此，我专门询问过先生，他的回答也简单直白：我老了，拳打不出当年的神气，有些姿势也做不到位，留下拳照会让后人笑话，更怕贻误后人。

我听后愣了半晌。没办法，先生就是一个完美主义者。他不仅想到了自己的体面，更想到了贻误后学的责任。

我曾在友人的帮助下，费尽周折，经过一年多的努力，终于找到了先生最早的录像（实为电影）资料——1958 年应国家体委之邀由老师示范演练的二十四式简化《太极拳》科教片的原始录像。那一年先生 46 岁。这是先生最早的演拳影像资料了。通过它，我们可以看到先生中年的打拳风姿。

有时，我看到太极拳家的出版物上有那么多拳照，十分羡慕，觉得老师留下的打拳资料太少了，不禁觉得有些遗憾。可是，现在想想，世间的好东西总是不会太多。正是因为它稀有，才弥足珍贵。况且，窥一斑而知全豹。就先生留下的有限拳照，我们已经能够一瞻大师风采了。若是相比于杨露禅、武禹襄那代人，老师已很“幸运”了。我们也该知足了。

先生早已远行。但先生遗世的有限拳照和录像资料就如书艺中的碑帖，后学可以不断学习、欣赏、玩味其中的内蕴，我们也可以满足了。王羲之的墨宝当然不可多得。颜真卿不也只有那么几件墨妙留下来吗？

不愿拍录拳照，更让后人向往。这也是经梧先生的淡泊隐退吧。君子不器，大象无形。

没有门户之见

历来练武之人，多有门户之见。此种习气很少习武者能不沾染。所谓先入为主，既有成见在先，就不容易见人之长处而虚心学习。于是门派纷争，同行是冤家，既不利于武术界团结，也极大地阻碍了中华武术的良性发展。我甚至认为这种习气之有无，正是体现一位武术家道德修养的试金石。

李经梧先生从无门户之见，他虚怀若谷，善于发现别人的长处，因此才能练成过人的功夫。20 世纪 40 年代初期，经梧先生已经是吴式太极门的“五虎上将”，但他听说陈式拳很厉害，在北平有个陈发科与人较技从无败绩，于是便前往拜访，试手之后输给了陈发科，便

李经梧（后排右四）1946 年拜陈发科（前排左三）为师时与同门合影，后排左四为孙枫秋

1933年北京吴式同门合影，前排右一赵铁庵、右二王茂斋、右三郭松亭、后排右三王子英。此时吴鉴泉已去南方教拳，因此“缺席”。

从此带艺学习陈式太极，直到陈发科去世。

据说，陈家拳原来只在河南陈家沟陈姓家族传授，1928年陈照丕邀请陈发科到北京传拳，始渐为人知。虽然许多来试手者一一败北而去，但是真正从学于陈发科的人却不多。其中原委，一是民国时期在北平人们只知太极拳是杨家、吴家所传，尚不了解陈家太极；二是陈家是河南农民，社会地位不够高，也被世俗社会看不起；三是陈发科没什么文化，又讲的是满口河南土话，人家听不懂，况且他也不善讲话，人们佩服他的功夫都无法从学。据经梧老师讲，当时许多学生、徒弟都不敢跟陈师推手，因为他功力太大，放人时一般人都受不了。只有经梧师、孙枫秋、田秀臣、李剑华等极少几个徒弟敢与陈师推手。1946年是陈师六十大寿，经梧先生与田秀臣、孙枫秋、宋麟阁（一说还有刘金生）四人正式磕头拜师。据说，这是陈师第一次正式举行收徒仪式，此前，陈发科不知道如何举行收徒仪式，是经梧先生提出按吴式门规而办的。前后经梧先生从学于陈发科十三四年之久，尽得真传。

那时，经梧先生已是北平太庙太极拳研究会理事和推手组长，与杨禹廷师叔早已熟悉，但未拜门。抗战胜利前夕，经梧先生的第一位太极蒙师赵铁庵隐遁，他开始同时习练陈式拳，时或向杨禹廷师叔请教，1953 年又正式拜师入门。这里要交代一句，杨禹廷虽然也练吴式拳，但因师承不同，拳架也不同于赵铁庵。赵铁庵是吴鉴泉、王茂斋共传大弟子，这从 1933 年的吴式门合影可以看出他的地位。那时吴鉴泉已去南方，而全佑的三个弟子中的两位弟子都在北方。照片上王茂斋、郭松亭师兄弟居中而坐，左右侧则坐着赵铁庵和张子和，而王茂斋的儿子王子超、王子英以及吴季康等都是站在后排，可见赵铁庵在弟子辈中的分量。赵所传授的拳架是吴鉴泉的架子，与杨禹廷所练的王茂斋架子同中有异。经梧师先从学于赵，现在又从学于杨，足见其善学、好学与虚心。此外，经梧师的推手功夫又多受教于王子英。王子英是王茂斋次子，功夫高超，但性情刚烈而孤僻，因此传人甚少。作为师叔，他对经梧先生厚爱有加，倾囊相授。经梧先师生前多次提到王子英，感恩之情溢于言表。在陈发科那里经梧先生又结识胡耀贞先生，胡耀贞是山西心意六合名家，学通易医，内功深厚，经梧先生曾向他请教气功之学，后亦拜门执弟子礼。由上述可见他的取人之长、好学虚心、研艺术真之一斑。

淡泊名利

世人皆崇淡泊，然而一到名利关头，大多守不住。在我所认识的人中，真能达到此四字的委实不多。然而经梧先生该是一个，他确实是宁静从容、淡泊自甘，不攀附、不追逐、不炫耀、不经营、不计较，平淡地生活，本真地练功，坦荡地做人。我作为他的不才之弟子，在这一点上对他是十分佩服、由衷地敬重。到了今天，我想明白了，老师的武功高首先是他的品格高、心性高，他的“中定”功夫近乎深入骨髓，对一切利益基本上做到了不动念、不起心。从这点上说，经梧先生永远是后辈学武者的楷模和典范。

——20 世纪 80 年代中华大地兴起“武术热”，苏联、日本、新加坡、瑞典等国家和地区慕名邀请他出国教拳，待遇丰厚，名利可以双收，经梧先生一一谢绝。那时，老人的婉拒理由很简单：人已老，教不动了。其实，今天可以披露事实，他不出去教拳自然有上面的原因，但更主要的是他无比珍惜“国宝”太极拳。他这一代武术家从旧社会走来，经历过民族屈辱，对自己民族的遗产十分珍爱，是不愿意轻易传给外人的。这一点我不必为老师讳。今天，国门洞开，国际文化交流频繁，人们争先出国传播中华武术，自属正常，但是，像经梧先生的想法，也代表了一种观念，也理应尊重。就在 80 年代中期，一位与经梧先生较技而败北的日本拳师，此前就曾宣称：太极真功已在日本！尽管他败后十分礼貌虔诚地欲拜师于经梧先生，先生自是婉拒。此日本拳师迅即改口说：太极真功仍在中国！此事让经梧先生印象殊深。他曾对我说：要教我也一定是先教中国人。难道老师不知道那时出国的荣耀与好处吗？甚至，有外国友人表示可以让他携眷定居国外，经梧先生也不过是一笑置之。

——还是在 80 年代，有一年国家体委曾函邀经梧先生赴广西桂林，请他带两名弟子去为全国太极拳师资培训班授两月课，来去坐飞机，报酬数千元。经梧先生仍然是谢绝。以至于有些弟子背后着急，说：老师怎么什么好事都不去？

年轻时的李经梧

——1984 年，江城武汉举办“首届国际太极拳邀请赛”，大会特邀当代太极拳专家与会作表演和报告，李师位列“十三太极名家”之中，大会还给每位受邀名家单印了一本小传，会前报纸已发了专版介绍。面对如此荣誉，经梧先生仍然是辞谢不赴。

我很佩服先生这种定力。浑身本领，偌大名望，而不以功夫谋一点名利，这就是李经梧。说实话，老师也不富裕。自 1959 年移居北戴河，他与师母、三个女儿一直住在疗养院内的家属宿舍。后来分给了他院外的宿舍，也不过是三间小平房，院子是一窄长条，家什尤为简单平常。他住在那里直到去世再未离开。先生在新中国成立前可是北京西单“五洲百货店”的老板，挺阔气的。在40年代与陈发科师爷的合影中，他都是西装革履的。论名呢？四五十年代先生已享誉京城了。所以说，经梧先生是以一生修习太极功夫并证悟太极文化的“得道者”，他的生平履迹是从显到隐，真正以平常心修证了“大道”。

“凌空劲”与“发功”

关于太极有无“凌空劲”，说法不一。当年从报刊上看到这一说法，不免好奇，于是专门向经梧老师求教。先生说：老师不懂凌空劲，你几个师爷也未教过凌空劲。所谓凌空劲，据说是两人不挨身便有一方会被击倒，甚至可以被放出一两丈远。对此神奇功夫，我曾觉得十分神秘。旧武侠小说上便有“隔山打老牛”的功夫，此或类之，然而那是小说啊。我以为老师功夫精湛，见多识广，又曾广拜名师，一定会知道或者会此功夫。不想，老师的回答让我“失望”。也许，我原来的“希望”本身就不值得肯定。但我不甘心，仍想再探究竟，听听老师对此的看法，结果，经梧先生一点也不故弄玄虚，他对太极功夫深信不疑，十分崇敬前辈的功夫，但对自己不知道不认同的说法，毫不含糊。经梧先生说：就我所知，两个活生生的人，挨着身你还不见得能把对方如何呢，何况不挨身？这不符合科学道理。再神奇的太极功，也是要“借力打力”，不借力而放人丈外，那不是玄乎吗？你陈发科师爷功夫那么好，也从未说过凌空劲。

其实，太极拳理虽然十分深奥，论到功夫本身，仍然是十分具体的，实实在在的，也是很朴素的。不过，功夫出神入化时，也难免有“神来之拳”。先生说，他有一次和我一师兄推手，由于彼此劲力特别熟悉，而且当时老师神意旺足，似乎未及接上手，那位师兄已从老师的肩上被翻身扔过。老师说，他自己也说不清楚。那位师兄惊出了一身冷汗。老师说，事后再专门要出现这个场面和效果，就没有了。为此，先生说，功夫是实实在在的，练上身与未练上身不一样。功夫上身后，在特殊的对手面前偶然有特殊的效果是可能的，但这种状态可遇而不可求。那次老师发手颇近于所谓“凌空劲”，好像他还未触到师兄的手，似接未接，也算是一种功能场吧。但老师并不以此而认为是“凌空劲”。那次他还为我讲述了师祖王茂斋的过人功夫，但老师强调仍然是师祖“听劲”至为虚灵而已。

20 世纪 80 年代大兴“气功热”，许多气功大师讲“发功”，即利用自身能量为他人治病。为此，我也向经梧先生请教，他肯定地说：老师不懂。他说这个话时，十分自然平淡，言从心出，表里如一，也没有任何唯我独是的轻蔑意思。由此，我认识到老师虽不大讲科学（一如他不大讲玄学），但他是用实事求是的科学态度对待太极拳功的，绝不会自欺欺人，更不会故弄玄虚。人品即拳品。另一面，先生也用非常客观的心态向我讲述了功夫可以出神入化，可以练至师祖吴鉴泉“一羽不能加，蝇虫不能落”的境界，然后，他告诉我：今人多不肯下苦功。功夫前人好，理论今人高。我对此事印象殊深，终生难忘。通过此事，也使我进一步了解了经梧师，同时也进一步了解了太极拳。

支撑八面

太极拳经讲“中正安舒，支撑八面”。要“支撑八面”，首先要管好自己，重要的是中定功夫。笔者以为，中定说来易做来难。练太极者人人知道“中定”，然而知而不能至者多。为什么？人皆有争强好胜之心，贪念随时即生，一起胜负之贪念，则非丢即顶，非软即刚，做到真正的不偏不倚、不丢不顶、不贪不欠，殊非易事。在我看来，“中定”不止是一种功夫，更是一种心态，是一种境界。鱼之咬饵、犬之入套，皆因有贪欲之心。显现在功夫上是自己丢中失中，体现在生活中是不能把握自己。老子说：“多言数穷，不如守中。”守住中定，才能八面支撑，从容中道，人不可犯。

经梧先生一日与某师兄正面说手，某师兄欲一试老师“八面支撑”的真功，突然从后身向李师击一掌，霎时间，前面的师兄人被放出，而后面的师兄也同时被老师强大的内功所击倒。必须说明，“偷袭”的师兄毫无恶意，他只是想验证一下老师的理论与功夫到底是否一致，好奇心与求知欲让他为此付出了代价。事后知道，他的膝盖骨被摔伤了，治疗休息了三个月才好。后来李师告诫弟子们：千万不要试这样的手，因为我在没知觉的状态下，受到外力击打，身上完全是自然反应，不在自己的控制之中，很容易伤人！

现实生活中的经梧先生，同样是“支撑八面”的，特别是晚年的先生，淡泊自甘，奉公守法，无私教拳，无欲无求，那种定力，确实少见。什么闲言碎语、是非荣辱，都不动心。高干领导，伙夫百姓，三教九流，凡与先生交接，他都一视同仁，都是一团和气，“谦虚谨慎”一点不走样儿。对人对事，周全体谅，一丝不苟，外示圆融，内含方正，真的让人无“懈”可击。你说这不是真正的“支撑八面”的“中定”功夫吗？如今回想与师相处的日子，实在是温馨亲切和平美好的时光，让人怀念。我以为太极拳的修为必须上升到太极文化境界，那才叫“技进乎道”。

尊师重道

李经梧先生习武 70 年，早年寻师访友，殷勤向艺，聪明好学，在其长辈那都是出了名的。算起来，先生的递帖老师就有刘子源、赵铁庵、陈发科、杨禹廷、胡耀贞，还有虽未递帖却纯属师生之谊的师叔王子英。据知情老辈说，师爷们都十分喜爱经梧师，不仅因为他聪明好学，更因为他尊师重道。

刘子源是他的秘宗拳老师。他年轻时在哈尔滨，当学徒受风寒才从师习武，孝敬师父没得说。太极拳就是这位师父告诉他的。师傅临别叮嘱，将来有机会一定去学习当时还不算普及的太极拳。带着刘师的叮嘱，他用上了心，后辗转到北京，终于有缘得窥此拳，并幸运地拜在了赵铁庵门下。赵师乃吴式开山祖师全佑的儿子吴鉴泉和其师兄王茂斋的共传弟子，深得两位大师真传。为了习武，赵铁庵一生未婚，功夫精湛，但甚少收徒，当时为京中高手，是吴鉴泉的顶门大弟子。从学数年后，值抗战结束，赵铁庵将隐去，临别将手抄本《太极拳秘宗》赠给了经梧先生，足见器重。笔者曾搜查资料，除经梧先生为其嫡传弟子外，至今尚不知还有什么人曾师承于他。我想，若不是有经梧先生光大其传，如今太极拳界恐知之者不多了。

对于前后师从 14 年之久的陈发科老师，经梧先生多方面的关照，更是为人称赞。记得有一位练陈式的同行告诉我，当年，他去拜访发科公之女陈豫侠，陈豫侠对他说：李经梧对我们家是有恩情的。那时，陈发科无生活来源，靠教拳为生，但种种原因收入有限，经梧先生既入师门，无微不至地接济生活，直至陈师辞世。记得经梧老师在世时亲口告诉我：你陈师爷的丧事都是我一手操办的。只此一句话，经梧师再未多做过任何表白。倒是我后来听一些长辈多说到他对陈师的孝行，让人感动。那年月，大米白面实在是稀罕物，但李师每月都要给陈发科送两袋米面。

陈师既逝，经梧先生又投帖拜在杨禹廷门下。此前，两人为吴式门的师叔师侄关系，也经常见面。杨禹廷为太庙太极拳研究会执事，主持会务，经梧先生为理事。当他欲入门时，杨师推却说：你功夫那么好，我没什么可教你的。李经梧说：那我就跟您老学做人吧。杨禹廷于是欣然收下了这位高徒，一直器重有加。1982 年杨公去世，经梧先生已七十高龄，仍不辞远途赶到北京送别。

收徒入门时，经梧师都是要求徒弟们先向赵铁庵、陈发科、杨禹廷师爷们的遗像叩头或鞠躬，然后再给他行礼，此规矩至老未变。先生暮年，做过前列腺手术后腿脚不便，但徒弟们经常看到他颤巍巍地自己亲手擦拭师爷们的遗像镜框。令人感动的是，经梧师的“太极堂”内从不悬挂自己的头像，只挂师爷们的头像，而把自己的像挂在卧室里。

从师习拳的过程中，徒弟们经常可以感受到经梧师对长辈的尊敬，那是发自心底的。老师是从旧社会过来的人，旧社会的武行有不少规矩。对此，他有弃有取。如尊师重道的“礼数”他取，如门户之见的“门规”他弃。对学拳的疗养员、学生、爱好者，他一视同仁，耐心细致地教拳，分文不取，从无疾言厉声，更没有任何讲究说法；对于徒弟则一向要求严格，从学拳到做人，只要发现过错，毫不留情。就说入门的“礼数”，经梧师完全是按老规矩办，收徒他是谨慎的，拜师仪式要递帖，要有师兄弟做证，他还要给《授徒证》。笔者就从拜门仪式中感受到中华民族的尚武重侠的古风，接收到一脉武学仪规上的馨香，那种庄严热烈的场景与气氛让人深受感染，你会觉得，从师习武是人生一大幸事，你会珍惜那份缘。不过，经梧先生也有变通：改古时候的跪地磕头为鞠躬。经梧师常说：我是“传统

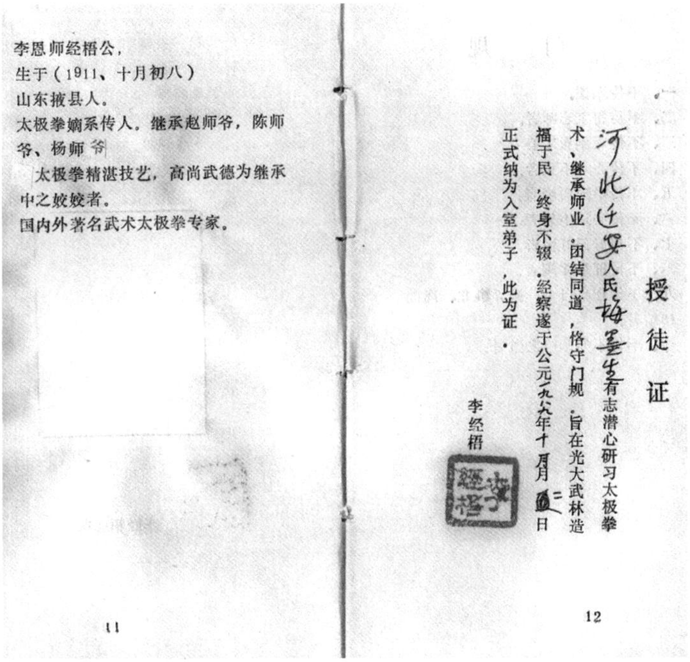

李恩师经梧公，
生于（1911、十月初八）
山东掖县人。
太极拳嫡系传人。继承赵师爷，陈师爷、杨师爷
太极拳精湛技艺，高尚武德为继承中之姣姣者。
国内外著名武术太极拳专家。

11

授徒证

河北迁安人氏梅墨生有志潜心研习太极拳术、继承师业，团结同道，恪守门规，旨在光大武林造福于民，终身不辍，经察遂于公元一九八六年十月二日正式纳为入室弟子，此为证。

李经梧

12

梅墨生保存的李老师发的《授徒证》

派”，我认老礼（理），我就是这么过来的。

有两件事在此须写上一笔。一是经梧师曾向胡耀贞先生请教内功心法，并多有所得。但有一次为了一个难题再次请教时，胡耀贞说：“经梧，你拜师吧。”为此，经梧先生只好在西单一个好酒楼请了两桌客，正式递帖拜师。事后，胡公才将那个方法传给了他几句诀要。老辈讲“传法不传窍”，大概即是此意。所以说，胡耀贞也是李经梧的业师之一。不清楚什么原因，经梧师晚年不大提起胡耀贞。因为是历史事实，有必要写出来。老师也是性情中人，也有个性，也不能说是完人，不必为尊者讳。时过境迁，胡、李皆已作古，晚辈认为，胡耀贞的做法有他的理由，李经梧的态度也有他的性情。古来武功传承，尤于秘诀要求“六耳不传”，笔者早年从俞敏师习形意时，他也是如此做的。珍秘之因，其来有自，并非皆无道理，恐“妄传匪人”即一端。当然，胡公的方式让李经梧有什么不解处，我们已不得而知。不过，晚年的李师有一次对我说：我的内功主要是受益于你胡师

30年代陈发科（右坐者）与家人

爷。经梧先生是十分诚实的。

还有一事是，经梧先生的吴式推手功夫颇得益于师叔王子英。四五十年代居京期间，李师经常去王师叔家推手，王子英十分喜欢经梧师，几乎是倾囊相授。刘光斗高足刘晚苍先生之徒刘培一先生告诉我，晚苍先生说过，那时他们常在王子英家相遇推手切磋。王子英是宗师王茂斋的次子，乃一脉嫡传，推手功夫饮京城一时之誉，但性情孤僻而刚烈，极少收徒，更不当人打拳。经梧师独得钟爱，深受指点，但未拜门。虽未拜门，而经梧先生毕生以师礼事之。笔者以为，王子英与李经梧已是实际上的师生关系，不是一般的师叔师侄关系。王子英几乎没有传人（容或我寡闻），李经梧则是他的重要传人。

融会四家

近代武学巨擘孙禄堂融形意、八卦、太极三门于一家，乃一代大宗师。此外，也有不少武术家是内家外家共修的。一些太极拳名家也是出入诸多太极拳流派的，然大多兼习两式者，同时习二式太极者已较少见。当然会有个别“大名家”号称兼能各式太极，但实际上

"能"与"通会"还有距离，真功如何别人无法妄谈。唐代大书法理论家孙过庭在所著《书谱》中说："通会之际，人书俱老。"此虽论书，移以论武，理为一贯。我们常见不少"拳混子"，什么都会，今儿学这个，明儿学那个，样样通样样松，什么都学得不精。不精也就不是真通。每一家学得不真通，也就谈不上"会通""通会"了，此理甚明，不用多辩。

杨禹廷九十高龄练太极

经梧先生兼擅吴、陈、孙、杨四式，尤精吴、陈二式，堪称兼能又专擅，晚年大成，臻于通会境界。前已言及，李师吴式从学于赵铁庵、杨禹廷、王子英三位老师，40年代中期已饮誉于京城，被誉为"太极五虎上将"之一。要知道，那个时期的武林，没有真功夫是不行的。整个居京的四五十年代，前后约20年间，李经梧游访于京津武林，识见颇广，所交流切磋者非仅限于太极一门。但由于经梧师极少谈及"当年"往事，从不自吹自擂，对于什么"过五关"守口如瓶，我们也就无从知道他的"英雄"轶事。但是从他传拳时的只言片语里，从武林同行或太极前辈的记述中，我们总能感觉到经梧先生的武学知识颇为广博精到，让我们感到他的"深"，深而不炫耀，不轻露。

李师的陈式拳，前后从陈发科公学习14年之久，每周还请师至家"教馆"，独得真传，甚至被陈师晚年首肯为传脉之弟子。而李师的孙式拳乃与李玉琳长子李天池友情换拳而得。李玉琳乃山东省国术馆教务长，从学于郝恩光与孙禄堂。60年代初，李师在哈尔滨表演过一次陈式拳，李玉琳看后紧紧握着经梧师的手称赞不已。可以说，经梧先生的太极功夫基础是吴式和陈式，后又吸收了孙式和杨式之长，经过漫长的融会贯通过程，在他约60岁后渐臻化境。

李师1959年48岁时移居北戴河，此前是他学习吴、陈、杨式和国家推广简化套路时期，也是他广参博采，交流切磋，接受大量的太极与武学知识的时期，是他的初成和储备期。但是，由于正值盛年，又身居京都，自己又有生意要经营，所以不可能专心致志于研究太极拳。自移居北戴河以后，则每天在气功疗养院的工作就是教拳，可以静心专心于拳功之中，而且，中年所有的知识储备此时都可以充分反思研究，得天独厚的工作条件与优美的自然环境，更开阔了他的心胸与心智，成为经梧先生拳功升华的客观因素。60年代初，他又学习了孙式太极，日常中又逐渐有了弟子追随，可以成为他试手的对象。尤其重要的是他的年龄开始进入理解中华文化的黄金期。这一切造就了李经梧"通会"诸家的可能性。

笔者曾仔细将李师陈式拳照与陈发科公拳照相较，发现李师拳照明显比陈照含蓄，劲力更内含一些，姿势更收敛一些，胳膊不挺得那么直。显然，李师在陈式拳中加入了吴式劲路，减少了陈式的"刚"劲，增加了吴式的"柔韧"与内敛，我相信这是李师的有意变化。所以，我认为李师不是仅止于学吴像吴，学陈像陈，而是有所取舍，取精去粗，用长舍短，力求融会并贯通之。可以说，李师善于从其他诸式中汲取东西，先专后博，由博返约，达到高级的"一如"境界，而其中的主体是李师的吴式拳功。在某种程度上，无妨说李师是用吴式来"同化"——约化诸式，使之形成自己的拳术风格与推手特点的。此一认识当然是我的个人拙见，征询诸师兄，却也得到了他们的认同。

记得李师晚年教我们专门说过，打陈式拳要减少震脚和发力动作，要区分练与用法。在一次讲课时，李师言简意赅地介绍过诸式太极特点，他说：杨式开展，吴式轻灵，武式紧凑，孙式灵活，陈式则最刚劲。所以看过李师打拳的人一致认为其拳风浑厚饱满，气势大，中正安舒，沉着又轻灵，足见其容纳性。凡与李师推过手的人都会感到他内力充沛、莫测高深、手法细腻。可见，吴式与陈式的劲力主导了其拳功，而杨式的开展大方、孙式的开合灵活也体现了出来。这即是活学活用。

李经梧八十大寿与弟子冯志明推手时的“放人”镜头

在推手方面，李师更是融功力与劲法于一身，将陈式的缠丝螺旋与吴式的轻灵内敛完美结合，令人不可抗拒，引进而不觉，放人于无形，听劲至微，接点即走，自然而从心所欲，技进乎道而显示为艺，以至于不知者不相信其真，知者不禁叹服。李师强调推手“挨哪哪说话”，而接触点上的处理又无比巧妙难言，是他数十年纯功的体现。80 岁生日庆典上，他应邀表演推手，三位年富力强的师兄均倾跌再三，被放于数步之外，观者惊叹，是难得一见的太极功夫。中国文化，大器晚成，老而弥坚，此之谓也。绘画宗师齐白石、黄宾虹，“当代草圣”林散之在书画方面同样是愈老愈成。李师晚年盘架已不及壮年英姿，而推手却是雄风不减，或更自然从容。太极文化学者余功保先生看罢李师 80 岁推手录像后慨然赞曰：“李先生敷、盖、对、吞之功的确出神入化了”，允为知言。

综之，“天下太极是一家”，此其通也；但诸家太极各有特点与妙处，此其分也。言其分，必求专深；能其通，终为化合。由一至万，由万归一，始近于道。李经梧先生正是现代太极名家中真正能够融会诸家、专深而通达的一代高手，因此，笔者相信，就此一点而言，李经梧是现代太极拳史上一位举足轻重的代表性人物，有着特殊的研究价值。

关于内功

毫无疑问，太极拳既有健身作用，又有技击作用。求啥有啥。以养生健身为目的的练法，与以技击搏斗为目的的练法，自然不同。太极是理，太极拳是体，太极拳法是用，而太极拳功是兼有体用的。用于健身和用于技击，都可以，关键在练法。所谓“种瓜得瓜，种豆得豆”也。武术界谚语说：“练拳不练功，到老一场空”，此已主要是说养生了——你练武一辈子，如果只会耍弄拳脚而不懂内功，很可能不养身反而伤身，不益寿反而折寿，关于这一点，历来武者验证已多。

许多太极拳家功夫上了身，但一味较力斗狠与人比武，不注意持养，以致寿命并不长。还有不少太极拳家并不能真正实战，主要是在门内“说手”，心思在于保健，所长在养生。古拳谱所谓：“详推用意终何在，益寿延年不老春。”能在养生保健和技击实战两方面有所成

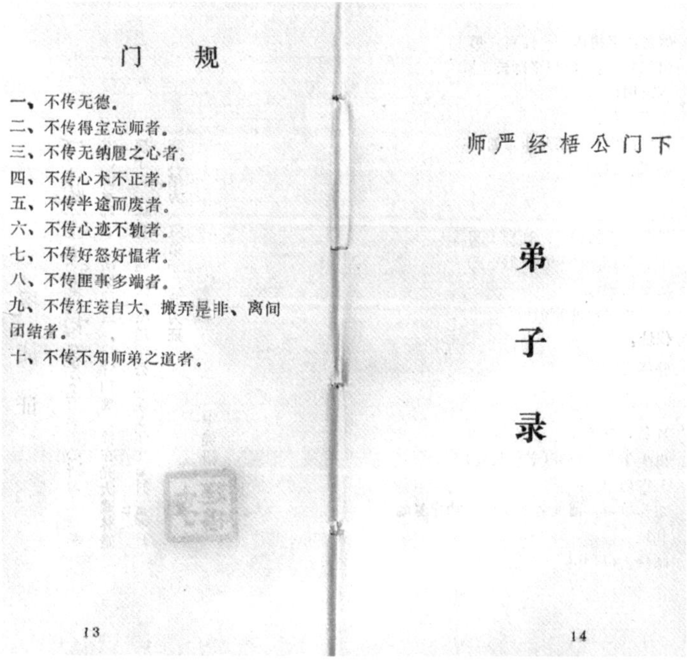

门　规

一、不传无德。
二、不传得宝忘师者。
三、不传无纳履之心者。
四、不传心术不正者。
五、不传半途而废者。
六、不传心迹不轨者。
七、不传好怨好愠者。
八、不传匪事多端者。
九、不传狂妄自大、搬弄是非、离间团结者。
十、不传不知师弟之道者。

13

师严经梧公门下

弟子录

14

《授徒证》上的门规——十不传

就者委实少见。我以为经梧先生乃其中之一。

1986 年 10 月，人民卫生出版社出版了李经梧先生所著《太极内功》一书，在其“前言”中李师写道：“由于个人科学理论水平所限，过去又是在武术界练太极拳，从 1959 年转入到医疗体育战线。”在此，先生非常明确地表明了自己的练功旨趣前后有所变化，也就是前半生更热衷于技击，而后半生更重视养生了。平日教拳，李师对爱好者、疗养员、学生等非入室弟子主要是讲授健身内容，几乎不谈及任何技击方法。只有在教授弟子时才会提到推手、技击方面的内容。这个分水岭，在先生而言是再清楚不过的了。他的授予施舍是极谨慎明白的，内外有别。

如果说李师一辈人没有“保守”思想，恐不符事实。然而对于其“保守”要正确看待。历来武家都十分重视传承关系，内家功夫尤然。“十不传”的门规就印在李师的“授徒证”前面，“不传无德”乃第一不传。在我的印象中，李师随和得很，但讲规矩。比如长辈到来，晚辈绝不可以先落座，等等。

李师晚年将自己毕生习练研摩所得的“太极内功”公之于世，不是没有经过一番思想斗争。在这本薄薄的小册子中，是他数十年甘苦所得的练功结晶啊！可以看出，李师在书中侧重介绍了祛病保健强身的功法，而对技击性练法则较少介绍。这与新中国成立后李师不断受到国家政策感召、提倡全民健身运动有关。他认为和平时代广大人民群众就需要这个，这也是太极拳这门古老运动对新时代的贡献。因此，他不多谈技击练法也是顺应时代潮流和社会需要之举，并不仅限于“保守”意识。当然，不必讳言，对于武之魂的“功法”，练家历来视为至宝，秘不示人，已是武界习俗。从民间武术界走来的李经梧经历过民国革命、军阀混战、外敌侵略，也经历过历次政治运动，阅世历人经验不少，他深知世故而做人却不世故。其鲜于披露技击功法的想法，最主要的乃在于怕“传之匪人”，而为罪愆。李师生前曾亲口对我说：将东西给了不该给的人这是贻害无穷的事。坏人得了好东西，免不了要做坏事。而好东西不给好人，让祖宗的好东西在你手上失传，也是对不起祖宗的。话语至为朴素，然理深语重，足见一代大家的责任感与薪火传人的使命意识。

如上所言，李师的“保守”之想不排除“私心”，但更多的考虑乃在于为世人计。

自清末民初杨家几代人先是教王公贵族健身后是教百姓健身以来，近百年的太极拳一直倾向于向保健发展，尤其是新中国成立后推广简化太极拳，使之日益成为老年人的运动。同时，由于太极内功为武家珍秘，所以渐传渐少，世多鲜知，以至于有人认为没有这个东西，或者没必要练这个东西。“真传一句话，假传万卷书”，武术诀要在任何一门功夫中都有，只是重要的心法，知者自知，不知者自不知而已。就说杨家太极功夫有没有内功？我请教过一些杨式传人，他们说没有。可是，一些文章信誓旦旦地说杨家有。这些暂且留待考证再下结论吧。这里只说李经梧先生所传，他是主张练内功的，不仅主张，而且他特别看重内功。不是入室弟子，他是不传授内功的。而且他强调“分级、分段、分步、由浅入深”，不可躐等以求。在我理解，太极拳术“极柔软而极坚刚”，“外示柔软内含坚刚”，那么，既然四肢外体都要柔软，是什么东西能让它“内含坚刚”？它的“坚刚”从何而来？结合习拳实践与得功者的成就，我认为只能是内功修炼。内功可以称为内丹、内气、内劲，名谓不一，实质则一。内家拳尚内外双修，甚至更重视内修。

李师在世时，曾批评许多在公园习太极者为练“太极操”，在一些大赛中的表演为“太极舞”，站在太极拳家的立场上，先生的批评是否值得深思？太极体操化、舞蹈化，都可以，但其实质已变了，本质的属性已淡了，我们还继承和弘扬什么？

内功的增长就是体能的增长，是精气神日足，然后有体健，有身轻，有坚强，有敏感，有过人之力量与胆略。“招不打功”，此之谓也。功夫无息，日就月将，积而后得。某种意义上内功为武之本，内功胜则健身自在其中，技击还有用法（打法），不限于仅有功夫，但没有功夫的打法是用不出来的。

李经梧先生重视太极拳和气功的结合，此是古传之法。太极拳功为道家思想的产物，一切功法、境界，都要符合道理。从虚无求实有，从柔弱求刚强，从外柔求内刚，最后以至于返虚入浑，练虚合道，实非过来人不可知。中华武功，乃体证体悟之道，非身知心到不可。从未接触过高深内功的人是无法真正理解的，那种感受必须亲历才能体验。笔者与李师推手多次，当然是李师教我，那种感受难以言说，妙不可言，人的身体很微妙灵敏，“言语道断”。

经梧先生的内功无比深厚。一次他让我用手抚摸其腹腰一圈之带脉，竟有宽约半尺坚硬无比的东西，当时他面带笑容看着我，从容而自然，根本不用努气之类。在一次太极拳讲座中，李师强调如何理解拳经上的“不使气流行于气”这句话时说：古人明示我们，有两种气存在，一是呼吸的口鼻之气，一是无关呼吸的丹田内气。此话是说不让内气与呼吸之气一致，是两种东西。李师传我内功时说：方法是循序渐进，结果是产生鼓荡气——鼓荡气才能作用于推手和较技。李师推手时，往往有一种气概发出，放人瞬间，丹田内转，神通于背，灵机于顶，偶有低沉的哼哈之音，甚至耄耋之年扔人丈外，令人惊叹，正是得力于他充沛的内功功夫。

经梧先生享年 86 岁，也算高寿了。集养生与技击于一身，且 80 余岁时仍然能搭手之间顷刻发人，甚至暮年手术后腿脚不便，坐于椅上也能展示推手功夫，不能不说是其内功的作用。记得我一次去看他，他说我老了，不中用了，连一篮子鸡蛋都提不动了，但是，如果有人给我作用力，我还是可以利用内功引化发放。大概这就是反作用力。不过这种反作用力是长久练习才能运用的。这就是功夫。功夫若上了身，是一辈子都丢不掉的，甚至躺床上也能使用。末了，老师说：内家的内功，一旦有了，终生不退，这就是内家拳的独到之处。

孙禄堂《八卦拳学·太极学》言：“以体言则为太极，以用言则为一气。”内家秘钥，此语已揭。又于《太极拳学》言：“太极即一气，一气即太极”，其所阐拳学奥义，在开合收放。而其所谓开合，李师告曰：“是内气之开合，而非指形体动作之开合。”察今人以形体动作为开合不能说不对，亦不能说全对。至于某些“名家”误指灵山，告诉习太极者以动作配合呼吸，又谓顺逆之类，实为以不知为知，误尽苍生，害人不浅，奈何奈何！

笔者亲身领教过经梧师之神奇内功，惜修习功浅，不敢再作深谈。但我坚信，只要是真修实练之人，必知吾师之无欺，其暗合深契道家仙学之旨，正有待来者不懈以追之。

就笔者浅陋之见，李经梧先生在太极拳修炼中强调内功，内外双修，养生技击兼得的方法，不仅是传之古法，而且也在他自身得到了令人信服的证明。从此角度，我以为，经梧先生的太极拳学思想是值得我们后人认真研究学习的。我也相信，现代太极拳史也必将记载下李经梧先生的传承与探索之功，并逐步确立起其应有的武学地位。

李经梧的太极内功除了受前辈的传授，主要得益于他过人的领悟力。李师反复研究赵铁庵所赠《太极拳秘宗》一书，他在其中“太极阴阳颠倒解”一篇中所悟颇多。是篇谓：“盖颠倒之理水火二字解之可以明矣。如火炎上水润下者，能使火在下而用水在上则为颠倒。”气功认为人之意为“火”，精为“水”，故李师内功在“凝神采气”时将此“意识”（即火）直接送入会阴穴，此即取火在水（肾水）下之意。神下行，精上行，水火既济，气通全身。

经梧先生通医知易，长于针灸经络之术，因此，所创内功严谨缜密，其功理功法科学可行，只要按步骤习练，便无流弊。其特点是动静兼有，内外合一，以抓闭呼吸为基础，且要行气通督脉。核心在抓闭呼吸和充实带脉，用意识守窍，重点在命门，通过前后丹田内转呼吸之锻炼，使水火相济，五脏六腑之气各归其原，达到百脉充实，神旺气足，病去身强，然后神通于背，灵机于顶，在技击中可以发出超强的爆发力。如此，健身为基础，技击为进一步的功候。在体势上有卧、坐、靠式，适宜祛病健身；还有站式、活练式，适宜强体增长技击功力。低、中、高三级功夫，深合道家“炼精化气、炼气化神、炼神还虚、练虚合道”的大道。经过大量的临床实践证明，太极内功对于神经衰弱、失眠症、高血压、早期脑动脉硬化、阳痿遗精、早泄、胃下垂、胃溃疡、冠心病、肺结核、自主神经功能失调、关节炎、月经不调、附件炎、风湿病等许多疾病都有不同程度的治疗作用，只要持之以恒，一般练习 3 个月以上皆会有效果。

在太极拳与气功相结合方面，李经梧做出了自己的大胆探索，创造性地运用在卫生保健与武功技击上。他的这一创造与贡献在太极拳界也是筚路蓝缕的，开一先河。

应该说，继承传统气功、武功、医理、易理而编创的太极内功已成为李经梧太极功夫的一个组成部分和武功特点，其启示于后人的东西仍有待于我们不断研探深化和学习继承。

最后，以诗一首怀念恩师：

日悟阴阳日悟空，从来大道自然通。
平生显隐行藏内，旷世方圆进退中。
技化四家真妙手，丹凝一粒有神功。
开合意气浑元境，流水行云最羡翁！

要认清什么是真功夫

■ 高壮飞

我的感觉是他的手走出一个无形的圈，我是进不去的，手是有形的，但圈是无形的，这在我一生中都值得研究。

老一辈的武术家李经梧师伯和我的老师王培生都先后仙逝，这是自然规律，但对于我们晚辈来说，却是不情愿的，同时对武术界也是一个损失。作为弟子，我们如何对待，也是一个对老一辈的功夫如何继承和发展的问题。

在 20 世纪 30 年代，当时的赵安祥师伯、李经梧师伯、李砚之师伯、孙枫秋师伯和王培生老师号称北京的“太极五虎上将”。他们都是以功夫尤其是手上的功夫（太极推手）而闻名的，又都是杨禹廷师爷的入室弟子，而李经梧师伯同时还是赵铁庵的入室弟子。当时陈发科先师来京，因为李经梧师伯在西单有一个五洲百货店，在经济上也说得过去，有力量供养陈先师，又于 40 年代拜陈先师为师。据老师讲，当时在五洲百货店楼上，陈先师教拳王老师也在，老师说陈先师有一口很重的河南口音，并不善言谈，但功夫纯厚，功力很大，用一个下势（蹬一根子）对方就飞到墙上了。只有李师伯还能和陈先师推手，但据说有一次李师伯也被打起很高并碰到天花板上。由上述情况可知，李师伯得到陈先师的口传身授是没有疑问的。李师伯也受过王

50年代王培生（左）
与弟子高壮飞推手

子英师爷的太极推手的亲传。

我第一次见到李师伯是在十字亭杨禹廷师爷的教拳处，当时北京要开运动会，李师伯来京，杨师爷告诉我：这是你李师大爷，并请李师伯给我说手。就在十字亭的南边空地处，我请李师伯给我说手。我的感觉是他的手走出一个无形的圈，我是进不去的，手是有形的但圈是无形的，这在我一生中都值得研究。我比较了一下，杨禹廷师爷的手是根本摸不到，王培生老师的手轻柔，而赵安祥的手进攻力很强，赵师伯给我说手时，每次都把我由十字亭中间攻到另一头。据我的体会，李师伯的手有王子英师爷的真传，但其形成的手圈是无形无象的，而王子英师爷的手则给你一种不可抗拒的感觉。后来看到李师伯推手的录像，更加体会到他推手的威力就在于有一个无形的圈，使对方发出的力碰到他的无形圈上，而绝不是李师伯的力。

在纪念杨禹廷师爷一百岁诞辰时，李师伯、我的老师、戴玉三师叔他们还在世，现在也都相继去世了。对于老一辈武术家的功夫，我们是要继承，但首先要认清什么是真功夫，这是主要的，否则将来是什么样的局面可想而知。

谨以此纪念李师伯和其他已经逝去的武林前辈！

大风横空兮，应物自有声

■ 冯益建

一个人练拳要德性好，如果你的德不好，就很难心正、气顺、身正，就很难放松，更不可能入静而达自然之境界。

——李经梧

天行健，君子以自强不息；地势坤，君子以厚德载物。太极拳有时就像风行于地而无形无象，顺万物而生天籁，庄子所谓之自然箫声。行云，风云变化之妙。流水，水顺物而成之有形，善利万物。老子曰："上善若水"，此为自然之性。观老师李经梧行拳、推手常使人不由得想起行云流水应物自然之妙。

作为河北省北戴河疗养院家属的子弟，我自幼随李经梧老师习练太极拳，高中毕业后在山海关桥梁厂工作，1978 年在李经梧老师的亲自关照下调入河北省第一疗养院，并一直跟随老师身边教拳。在几十年与老师学拳和朝夕相处的日子，我被他老人家虚怀若谷、严己宽人的高尚品质和崇武尚德、尊师敬业的精神所深深感染。现在我在传播太极拳的过程中，还时时想起老师当时教我们习拳的话："拳以载道，练拳必须重德，尊师重道，虚心好学。"李老师经常告诫我们："一个人练拳如果德性不好，是练不好太极拳的，太极拳的练拳要领要求中正安舒、松静自然，如果你的德不好，就很难心正、气顺、身正，就很难放松，更不可能入静而达自然之境界。首先是必须尊师重道。师者，传道授业解惑者也。没有老师的教授和校正，不可能把拳学好。"老师一生师从多人，对每个老师均尽心侍奉，虚心学习，从不存一丝门户之见，对每个门派的技术均认真学习揣摩，从不懈怠，为我们后人树立了光辉榜样。

1912 年阴历十月初八，李经梧老师出生在山东掖县过西村的一

■ 冯益建，国家医学气功北戴河教育基地气功康复部主任，北戴河太极拳协会会长，李经梧弟子。

个工匠之家，其父在 40 岁以前曾远走海参崴，从事沙发行业，挣钱辅助家庭农业生产。由于家贫，李经梧只念了四年私塾，便在 14 岁那年离乡背井“闯关东”，到哈尔滨鸿记洗染店当学徒。店老板待人不凶，但活儿特别累。由于生活清苦和东北的严寒，体质孱弱的李经梧不久就患了风湿性关节炎，且久治不能痊愈。后来他听说习武可以祛病，遂产生了拜师学武的念头。经介绍人与店主通融，他获准在业余时间习练武术，以强体健身。也许是因祸得福，17 岁那年经人介绍他拜在当地名师刘子源门下学习秘宗拳。几度寒暑，一番苦练，他的病全好了，而且练就一身功夫。

在洗染店学徒出师以后，他曾辗转上海、哈尔滨、海拉尔等地近十年，为生活所迫竭尽全力。但不管多么疲惫，他每天下工后都坚持练武术。历经十余年，他的武功大进，同时他也发现了正在兴起的太极拳。以练武的体会，他感觉太极拳奥妙无比，无论是强身健体，还是防暴御侮，都更为适合自己的身体条件。于是，他萌生了学习太极拳的愿望。

1940 年，他在同乡的支持下，到北京西单北大街开了一个五洲百货店。那时，吴式太极拳已在北京立下门户，自吴鉴泉大师南下后，其师兄王茂斋成为在京吴式太极拳的传人，当时有“南吴北王”之说。李经梧通过老乡介绍，拜在王茂斋和吴鉴泉的顶门弟子赵铁庵门下，学习吴式太极拳。他有练武功底，又聪慧好学，深受师父喜爱。赵铁庵传给了李经梧太极拳，也传给他一本手抄《太极拳秘宗》，为他以后研练和创新奠定了基础。

那时，北京太庙有个太极拳研究会，会长是冯玉祥将军的部下徐明山。该会的委员和教练中有一批太极拳高手，其中有位叫杨禹廷的教练，是李经梧的同门师叔，经常将拳术传与他，于是他又正式拜杨禹廷为师。在练拳过程中，由于李经梧人品好、悟性高深得前辈喜爱，太极拳推手名家王子英（王茂斋之子）曾精心指点李经梧练习推手，为以后李经梧成为名震京华的推手名家，打下了坚实基础。王子英虽为李经梧的师叔，实际上已亲如师父，但考虑到与之年龄相仿，便未正式收他为徒。李老师勤学苦练，很快成为同门中的佼佼者。

后来，陈式太极拳十七代宗师陈发科至京授拳。为广采博收，期于大成，李经梧不存门户之见，复慕名拜陈发科为师精研陈式太极拳。几乎每周他都用车接陈师至家住一两天，朝夕向陈师请教技艺。陈师艺高手快，众所周知，所以学者往往难窥其奥（曲高和寡，后学难望项背）。李经梧用心体会老师口授身传，功夫精进，故殊为陈师器重。

老师严于律己，善于教人。他要求严格，常嘱咐我等习武首重武德，并告诫我们不要搞门户之见，不要背后议人短长。老师的发劲，给对方的感觉很自然，没有一丝别扭，对方被发出很远也感到舒服，心服口服。在推手时有的杀伤性很强的手法老师也有选择地进行演示说明，但强调与人切磋功夫时绝对不能使用，徒弟们推手练习时好奇想试其威力，被老师知道后一定会严厉批评。

老师人品高尚，他常说，练拳的人都是朋友，要相互尊重，不可争名逐利。每次见老师与人接手时都表现出一派中正安舒之气势，处之泰然，而对方则很难站稳，前俯后仰，老师则恰时而止，并不发劲。老师说，点到为止，能让人体会到太极的落空劲则足矣，何必使人难堪？都是练武之人，多年习练不容易，要相互爱惜。可谓入木三分，语重心长，使人心服口服。

对于我们师兄弟来说，师门就是一家人，不论入门先后，技艺高低，年长者即为兄，天经地义，无可非议。同时老师还常提醒我们，一定要团结，师门内要团结，对其他门派的人也要团结，每个人都有他的长处，要善于向他人学习。记得有一次，某拳师让老师给他指点，老师观看他练习后，淡淡地说了一句：汗都还没有出透。其意即是如果练习太极拳没有下到功夫，汗都没有出够、出足，无论怎么说也只是纸上谈兵。语虽简而义则深。

老师对传统武术有着自己的理解，因此，从不妄自篡改，在继承上一丝不苟；同时，他也要求我们从传统的套路和练习方法中学习和体会先辈们的宝贵经验。传统的就是传统的，因为传统里积淀了老前辈们的智慧和心血。因此，要不折不扣地继承，创新并不等于无原则地乱编。

老师的拳技之高，众人皆知，老师的高尚品德更加感人，泽被后生。

愿老师的德艺永耀世人！愿太极拳永远造福人类！

回忆老师

■ 赵振生

北戴河是小地方，但它因为有了李经梧的太极拳，而变得大起来。

1959年，威震京都的太极拳名家李经梧先生被气功大师刘贵珍院长请到了北戴河气功疗养院任教，开创了太极拳与内养气功相结合并用于医疗临床实践的先例。

李经梧老先生在北戴河工作生活了近40个年头，这位名震京华的太极拳大师将正宗的作为武术的太极拳，带到了北戴河、秦皇岛，并辐射到了全国以及世界各地。在计划经济时代，到北戴河的疗养人员，多是全国各级劳模和县以上领导干部，那时的体育运动和文体活动项目很有限，各个疗养院在体疗方面几乎是清一色的太极拳，而工作在各疗养单位体疗岗位的同志都有幸成了李经梧老师的学生。李老在北戴河工作期间，不仅呕心沥血培育出了一大批太极拳骨干，而且运用他神奇的太极内功和精湛的针灸技术为很多病人（包括疗养员）进行了治疗，解除了痛苦，让古老的武术与医疗保健结合起来，开创了中华养生的新篇章。40个春夏秋冬，李老在武术园地上风雨无阻、辛勤耕耘，为国内外培育的太极英才不计其数，其中不少已经成了国家级的教练和专家。我是这么认为的：北戴河是小地方（我曾生长在这里），但它因为有了李经梧的太极拳，而变得大起来，甚至改变了人们的看法——它不仅是疗养的圣地，也是新中国太极拳的摇篮。

我在20世纪60年代初期开始跟随先生学拳。原因极为简单，就是因为我虽然是个女孩子但却像“淘小子”一样顽皮好动、脾气火爆，无论在家里、在外面还是在学校，都难以管教。我的姑父刘贵珍只好把我交给武术家李经梧老师严加调教。

我本来天不怕、地不怕，但对于人人敬重的李经梧师我是打心眼

■ 赵振生，供职于原中国核工业部186研究所，李经梧、孙剑云弟子。

里惧怕。他身材魁梧、相貌堂堂、一脸正气，不怒而自威，我看着不由心里发怵。人人欣赏李经梧老师身手不凡的武艺，却不明白为什么他不用劲就可以把一个个年轻力壮的小伙子拨弄得东倒西歪、跳来跌去。就在这种尊敬中伴着害怕的心理状态下，我开始跟先生学拳了。

寒来暑往，日久天长，相处久了，我感到李老师其实是一位极其和蔼安详的忠厚长者。他教拳时话不多，往往是点到为止而且又是山东口音，就使你印象十分深刻。渐渐地我打消了惧怕心理，由对老师的喜欢而喜欢上了太极拳，并由敬重太极拳更加敬重老师。

李老师发现我是个一刻也静不下来、闲不住的人，就引导我把过剩的精力用在习练拳术上。凡是师兄弟、师姐妹们学拳练功，老师都会把我安排下场，跟着别人练。在武术上有一句话："不挨打不记拳"，是说武术师父在教拳过程中有时为了让学生记住拳而不得不采用打骂的手段。但在我们记不住动作或做错了姿势时，老师从来没有斥责打骂过我们。当然老师有时也批评我们，但批评归批评，绝没有听他当面或背后挖苦、贬低过任何人（包括门内的弟子以及其他门派习练武术的人）。对于自己的学生，在练武方面老师从不当面表扬赞许谁，却在教拳时会根据每个人的自身特点，扬长避短地进行指导和肯定，有时还会在背后赞扬一些人以及这些人做的值得肯定的事情。

我后来离开北戴河来到北京工作，并在这里和其他地方接触过一些武林前辈和知名武术教练，也结识了许多武术同道，亲历过有的武术老师不讲究时间场合将自己的学生训得无地自容的场面。这时我就更加钦佩我们的老师，他是上上人。上上人者，功夫大而不发脾气者也。

可以说，是老师"润物细无声"的教拳育人方法，启发和影响了我的人生取向，也改变了我桀骜不驯的性格。

我从 1964 年学拳、练拳、教拳，至今已有 40 多年，每当我和拳友切磋拳术时，从不评论谁是谁非，对学生多肯定、鼓励。对于其他的武术爱好者，我会根据其不同体质、不同性格、不同资质而因材施教，耐心地一点儿一点儿地让大家在学习锻炼中提高兴趣，达到练拳健身、修身养性的目的。我想我这是在不知不觉地效法和实践老师对我的教诲。

提到老师对我的教诲，不由使我想起了学拳时的很多往事。

“文革”期间，老师被批斗，我们只能偷着坚持练拳，但也偶有耽搁。“文革”后，武术的春天来了，我想把“太极十三刀”让老师给重新规范一下，特别是想把我“擅自”（或不经意）改了的地方让老师过过目、把把脉。因为这趟吴式太极特点的刀法套路，是在师兄弟们之间互相传着学练的，规范不规范，老师是权威，说了算。但老师对我说：“不用打了，有机会正规地学学吧！”可是，在一旁的几个师兄、师弟却起哄要瞧瞧我这当师姐的（或师妹的）演练这趟刀，老师只好允许演练，场面“刷”地安静下来。

我壮着胆子，气沉丹田，扎、扫、剁、砍，一招一式地将这趟刀从头至尾演练了一遍，收势后大家默不作声，只等老师点评。我心里更是没底，眼盯着老师的面部表情而心里打着鼓。“行！我承认这趟刀是我传的。如果有人照这种打法，就是振生教的。”

老师轻轻地点了一下头，说了这么一句耐人寻味的话——这句话我真真切切地记到现在，可想而知在当时，这句话对我是多么大的鼓励和肯定啊！老师的认可，使我信心百倍，而且感到万分的荣幸。

还有一件事给我印象极深，那是“文革”前的事了。记得刚参加工作不久，家里用我一个月的工资给我买了一双凉皮鞋。穿上这么贵重、这么漂亮的新鞋，我心里这个美呀，真恨不得晚上睡觉都穿着它，因此也不免总想在人前显摆显摆。

那时每天上午 8 点半，老师总是带着我们师兄弟提前把松树林边的篮球场打扫干净，等待全院的职工和疗养员（当时大多数是高干）在这里操练。有时还会有全国各地的专家学者来本单位观摩、学习、交流。此时我正穿着漂亮的新凉鞋，这对我来说，是个多么难得的展示机会呀。

于是，有人发现我在表演的这天里，破天荒地穿了件鲜艳的“布拉吉”配着一双光亮的新皮鞋，我也出奇地文静、矜持，别人直夸我新鞋漂亮，我美不可支。

当大家马上要列队做准备活动而我也跃跃欲试时，李经梧老师走到我的跟前悄悄示意我坐到场边长椅子上观看——这种事有时也会发生，老师说过：“拳不但要练，还要多看，比较一下，取长补短。”

我乖乖地坐在场外观看。

几趟拳下来，老师没有一点让我上场的意思，整个一上午我就这么傻乎乎地坐了三个多小时。这对于我来说是从来没有过的事情，我急得差点儿哭出声来。

演练过后，不苟言笑的老师走到我面前轻轻地说了句："打拳不要穿皮鞋，小心崴了脚。"

从此之后，我牢牢记住了老师这句话，不但自己恪守师训，也要求我的学生练拳时不但衣裤要宽松，而且要穿软底便鞋，避免发生意外。

20 世纪 80 年代，李经梧老师已年过古稀，身边的一群徒弟大都是 30 岁上下正值当打之年。每当推手时，他们一个个跟老师"车轮战"，老师常常用一根手指就把他们拨得团团转，甚至东倒西歪、蹦蹦跳跳站不住，有时竟像扔东西一样被扔出去。这些师弟都比我小许多，也跟我很亲，常师姐长、师姐短地叫我。

有一天，我脑子一热，"坏"主意一闪，偷偷把几个师弟叫到一边儿，小声叮嘱他们："你们几个围着老师，乘他不备，四面一齐进攻……"

其实老师早就看出我恶作剧的念头，立刻大手一摆，阻止了我们。然后，老师严肃地告诫我们："练过功的人和平常人不一样，有些动作都是本能的反应，就像人们眼皮子对待突然飞过来的小虫、沙子一样，马上眨下眼。这是不由自主的自卫防御手段。对于外来的突然袭击，我是无法掌握分寸的，这样会伤人的！今后不管是谁，这种玩笑可开不得！"

老师转脸对我说："你练打轮也 20 多年了吧，让我试试你手上功夫怎么样。"

老师左手夹支香烟，右手伸出一个食指（这是老师的习惯动作），我右手搭住他的手腕，左手贴住他右肘，彼此刚比画了半个圈，我自己都不知道是怎么回事，就半蹲着往后倒退了十几步。我拼命稳住身子，总算没让自己来一个"四脚朝天"的大跟头，但同时我的后腰眼处像被电击了一下。

老师哈哈一笑，竟随手把我拽了起来说："还可以，没倒下。"

我面红耳赤，活动着腰，嘴里嘟囔着说：“就是这儿有点疼。”老师帮我揉了几下，指点着说：“是这儿吧——打的就是腰。”

后来老师跟我讲解：“咱俩一接（触）上，我就感到你气有点儿盛（急于求胜），所以让你再吃点小亏，杀杀你（的锐气），你以为推手先发制人就能胜吗？”

听了老师的话，再想想为什么老师跟我们推手时，从来没见把谁打得满地爬，有时还随手把飞出去的人闪电似的拉回来，从不让对手受伤，这就是“点到为止”呀！

这件小事让我悟出了老师对我们的呵护，对弟子的关爱和启发：在任何情况下都不要仗势欺人，恃强凌弱！

我身为女子但性情刚烈，不是身上的武功多了不得，是倔强的个性使自己的嘴常常得理不饶人，从来不吃嘴上的亏，难免不注意而伤人。老师不止一次语重心长地教育我：“自己受点委屈不会怎么样，做人要多想到给别人一个台阶，伤人心比伤人身更厉害，你的脾气要改改啦！”

是老师多年的言传身教，使我的脾气有了好转。在跟随老师的学拳实践中，让我一次次体会到了他老人家的大师风范，武功盖世而虚怀若谷，心地善良而又心胸博大。他不但教会了我们功夫，同时也教会了我们做人。他像苍松一样巍然屹立于中华武林，他永远活在包括他的弟子、学生在内的武林中人的心间！

“太极拳就是用小力气打大力气”

■ 周忠义

——“打你疼不？”

——“他又没打我。不想伤你，发出去再远也不会疼的。”

李经梧老师已去世近十年，我很怀念他。

■ 周忠义，供职于河北省老干部局北戴河休养所，李经梧弟子。

记得1982年一次偶然的机会，我见到了李经梧老师。当时他正在疗养院别墅楼的前廊上给澳籍华裔杨茉莉女士讲拳，在场还有十几个他的入门弟子。讲什么是内家拳，什么是外家拳，并说太极拳除与中国上百个拳种一样有强身体、攻击防御功能外，还有内外兼修的内养功能。杨女士问："太极拳怎能和技击性的武术比呢？"李老师讲："太极拳就是用小力气打大力气的。"杨女士笑："小力气打大力气？"李老师没解释，把谷平海叫了过去。他仍坐在藤椅上，慢慢伸出右手，平海的手刚搭在老师的手上，就双脚离地横向"飞"了出去，双手扑向木栏杆，弹出两米远，坐在了地上。我是看傻了，半分钟内说不出话来。王大勇问杨女士："您以前看过这样的功夫吗？"杨答："见过，那是在香港的摄影棚里，人是被吊在钢丝绳上飞来飞去的。李老师下次您要提前通知我，好用摄像机录下来。"李老师说："有机会，有机会。"

几天后，我见到甄维方，问："李老师是怎么把谷平海打出去的？"甄说："那不是打，是发出去的。"我说："反正人是出去了，我怎么没见李老师的手动呢？"甄说："你看见手动还叫功夫了？手腕一转人就出去了。"问到谷平海，几乎是一样的回答。我又问："打你疼不？"答："他又没打我。不想伤你，发出去再远也不会疼的。"看来我问的都是外行话。

几年后，我有幸被收纳为李师门下弟子，更深地认识了老师的功力武德及人品。

在老师家老师给我说手，常把我发放到沙发上，倒下后，总有两三秒钟想起来又起不来的感觉，问老师是怎么回事，李老师说："这叫长劲，劲长才能发得远。学太极拳要练意不练力，要意到气到，气到劲到，才能做到形断意不断，手已离身，劲还在身。"

练拳时李老师说："陈、杨、吴、武、孙各式太极拳，各有特点和劲道，要仔细观察揣摩一招一式，练太极拳要讲求悟性，就好像吃几道菜，用嘴去咀嚼、品味，到胃里消化，不能把几种拳打成一个味……"我受益匪浅。

在没被李老师收为徒弟以前，我就听说过一件事：他的一个弟子平白被人打了一嘴巴，却连手都没还。师姐李美江看到后很生气，回家告诉了父亲李经梧，李老师说：“他做得对！别人打了他没什么，但他打别人就可能把人打坏，练武之人更要修身养性。”

这些事虽小，却无不体现着老师高尚的武德。每当提起这些，我都会十分感动。

打太极拳要“舍己从人”

■ 孟庆昌

> 我不能去（外国），给多少钱也不能去。你们要抓紧学，我要把这些都传给你们，要传给炎黄子孙。
>
> ——李经梧

今年是恩师李经梧先生仙逝十周年的日子。十年来，每当回忆起和先生在一起的日子，想着他练拳推手的高超技艺及平易近人的音容笑貌，心里总会涌起一种暖烘烘的感觉。作为先生的弟子，我觉得有义务也有责任把自己亲自感受到的这一切记录下来，既作为对先生的真情缅怀，也作为对自己和弟子们的鞭策。

出神入化　太极绝技世人惊叹

李经梧老师面容慈祥，忠厚和善，但打起拳来却是潇洒自如，神气饱满，真似行云流水。推手发人更是无形无象，随意而发，对手不管接触他身体的哪个部位都会立即凌空失重，身体不能自主地被发出。

记得1984年初夏的一天，我们师兄弟几人去北戴河看望老师。当时老师正与吕德和师兄“说手”，见我们来了便让我们也推推手。我们几个人便轮流与师兄推手，但都不是他的对手。这时老师站起来告诫我们：推手要不丢不顶，乘势借力，不可用蛮力。说着老师便和

■ 孟庆昌，秦皇岛市太极拳研究会顾问，秦皇岛市武当拳法研究会副主席，李经梧弟子。

吕师兄搭上手，但瞬间就见师兄的身子腾空而起，直向着我站的地方飞来。我赶紧坐腰扎马，想把师兄的身子接住，可是偏了一点儿，师兄的身体斜着从我身旁飞过，“呼”的一声贴到墙上。大家围过去一看，师兄毫发未伤，但他衣服的布纹却清楚地印在了墙上。老师说，这是他生平第一次主动发力。我们都惊得目瞪口呆。

1994 年，我新收了几个徒弟，带他们去北戴河拜见李经梧老师——他们的师爷。老师首先领我们一齐向赵铁庵师爷、杨禹廷师爷和陈发科师爷的遗像行礼，然后又谆谆告诫我们练武做人的道理。说话之间，老师开始给我们“说手”。此时，老师已是 83 岁高龄了，因腿不方便，坐在椅子上。我伸出一只手，我的手刚搭上老师的手，就感到全身失控，脚跟离地。老师轻轻一动，我便不由自主地摔倒在地上。我起身再来，又被摔倒，连续二十几次。我的师弟贾玉彬身强体壮，和老师搭上手刚一使劲，就被老师乘势借力，一只手一翻一转，便把他 187 斤的身体腾空发起，摔倒在屋门外。只见他一脸茫然，不知所措。

还有一次，我和师弟左致强在老师家推手，左师弟的功力比我强得多，我自然不是对手。这时，老师站在我身后，右手搭在我的右肩上，我立即感到右臂好像不是我的了，不但感觉非常舒服，而且处处得机得势，又稳又准，打哪有哪，得心应手；引化拿发，毫不费力。可是老师的手一离开，我就又回到了原来的状态。老师的功力真是鬼斧神工，我们难以望其项背。但由此我在练功中也找到了感觉。

传艺授业　春风化雨　诲人不倦

记得我开始练拳时，肩、胯都松不开。老师见此说我是“板凳肩杈子腿”，这样是练不好太极拳的。为了让我形象地感受太极功理，老师让我买了一个会翻跟头的小猴玩具。这小猴两腿两肩都用一根线串着。我明白，这是老师有意让我学小猴，把肩、胯松开，就像一根线吊在身上一样。老师还嘱咐我，睡觉时两只手举着，两胯分开。开始时，我睡醒一觉，肩胯疼得都动不了。可是坚持一段时间后，我的肩、胯都逐渐松开了，这为我日后提高太极拳的水平打下了扎实的功底。

我们的住处在秦皇岛的海港区，离老师住的北戴河较远，去学拳时不方便，老师就安排我们海港区的师兄弟一律都跟大师兄王大勇学拳架，每个星期去老师家一次，由老师亲自指导。我当时身单力薄，推手提高不快。老师就亲自指导我练习太极拳内功。刚开始我站不了5分钟就两腿酸痛难忍。后来老师告诉我可以依着床铺或椅子，总之要尽量多坚持一些时间。老师说他可以站25分钟，我从心里敬佩老师的热心和毅力，下决心坚持练，终于小有成就。

平时，老师为了让我们学得懂，学得快，常常把深奥的太极拳理用通俗、形象的话语讲出来。例如他常说的“牛舌头劲”，就是搭手像牛舌头卷草一样，用摩擦力使对方脚跟离地。还有“木楔子劲”，是既不丢也不顶，意念直指对方中心。此外，还有“缠丝劲”“弹簧劲”“渗透劲”“挺拔劲”等，都是一边讲解一边演示，直到我们弄懂为止。

给我留下深刻印象的还有老师特别强调的“点”上说话，不管“化劲”和“发劲”，都要在接触点上下功夫。要通过接触点的变化达到“听劲”和“懂劲”。这就要求我们要“舍己从人”，要引进落空，不要主动发劲，更不能去顶去抗。化劲时要身手分离，发劲时要身手合一，这就是“开”与“合”的具体运用。他还教导我们，不管练拳还是推手，都要注意几个关系，即前和后要以后为主，上和下要以下为主，内和外要以内为主，意和形要以意为主。要把身体各部分练活、练松，在各种状态、各种角度都能发出各种劲来。他强调要把太极练在身上，太极拳没有招，但处处都是招，全身无处不太极，撒遍满身都是手。当时我们对这些弄不太懂，现在回想起老师这些话，感到含义深远，用它指导我们练功，受益匪浅，事半功倍。

在老师的精心传授下，我在1993年全国十五城市太极拳剑比赛时拿了第一名，并得到了优秀奖。2005年我为香港康向会太极拳研习团讲课时也受到好评。我深知，这一切是与老师的授业分不开的。李经梧老师的传授是我终身受益的宝贵财富！

武德高尚　一代楷模

“要团结，要谦虚，要讲武德”，这是李经梧老师多年来对我们的一贯要求。他自己是这样说，也是这样做的。他为人宽厚，淡泊名利，热爱祖国，在此仅举一例即可说明。

由于老师武艺超群，尤其在1985年轻易折服日本太极高手高桥贤后，曾有日本、瑞典等国人士用高薪聘请他出国教拳，但都被他婉言谢绝了。他意味深长地对我们说："我这么大年纪，教拳架是教不了啦。他们请我，无非是要我的'手'。别看你们多次教都学不会，可是人家用先进仪器四面八方拍照，一下就能研究出来。人家学会了将来会打你们。所以我不能去，给多少钱也不能去。你们要抓紧学，我要把这些都传给你们，要传给炎黄子孙。"老师的肺腑之言和博大情怀我始终铭记在心，成为我练功的责任和动力。

我体会最深的是，老师要求的"武德"包括"口德"和"手德"，即不出口伤人，也不要出手伤人。老师还特别希望弟子们团结。他常说，人的十个指头不一般齐，功夫也有高低，要互相团结，互相学习，共同进步。

最后，我向老师献上一首小诗，表达对老师的怀念：

尊师重道德为先，学拳练功心要专；
明理懂法求真知，苦练深悟不怕难；
良师益友多请教，取人之长补己短；
功深艺高身体健，倍感师恩重如山。

恩师八年教，自身一世修

■ 吕压西

师叔说："太极拳推手，就像跑动的人突然踩到一个滚动的皮球上。"老师当时就加了一句："这个皮球一定要有轴。"

■ 吕压西，华北电管局北戴河疗养院体疗医师，李经梧弟子。

敬字当先 襟阔胸宽

我是1989年拜在李经梧老师门下学习太极拳的，拜师后每星期六，弟子们都不约而同地到老师家学习推手和太极拳架。跟随李老师八年，我几乎每周都去，和李老师接触比较多。李老师待人宽厚和蔼，敬字当先。无论门人弟子还是远道来宾都以情相接，以礼相待。记得我刚入门时，第一次在老师面前打拳，非常紧张，练完一趟二十四式已是汗流满面。老师看完后面带微笑地说："打得不错，要是再放松一些就更好"，并指出了拳架中的几处问题。老师的指导让我心里暖融融的。我之所以能把最初的理想坚持下来，和老师的谦和、诚信、以人为本、因人施教的教学方法是分不开的。

那些年常有来自全国各地的门人、弟子和客人来拜访老师。老师每次都是亲切地接待大家，并让师姐李美江（老师的大女儿）为大家让座、倒茶。当大家请教一些太极拳方面的问题时，老师总是有问必答。有时为了让大家更明白，不顾80多岁的高龄和双腿已不便的状况，站起来亲自示范动作并推手来阐明拳理。

以老师的经历应该是历尽磨难，饱经沧桑。但老师的心性和为人却是一尘不染。他胸襟宽广，待人厚道，不计前嫌。每当师叔和前辈们为老师经历中的一些事情愤愤不平时，老师总是付之一笑。王培生师叔为老师的书作序时对老师的评价是："为人正直，和蔼可亲，尊师敬长，崇尚武德。"这正是老师人品的真实写照。

师道尊严 一语中的

李老师在教学方面言语不多，常以点化为主。在从师的过程中，我觉得老师说出的话字字千钧，每句话都是语重心长。在老师家学拳时，老师说得最多的一句话就是要放松，几乎每次都在强调放松。什么是放松？怎样放松？练了将近20年我才渐渐明白：放松是禅语，是开启"人法地，地法天，天法道，道法自然"的门径的一把钥匙，是阴阳相济的身体状态。我初练拳时，是把太极拳当作毕生事业来追求的，虽然那时我已30岁了，以前又没有练过武术。为了练好太极拳，每天我都要练八个小时，没有星期天，没有节假日。练了四年以后，在老师那里和同门及来访者推手时仍没有半点优势可言。我对老师说：“不想练了，要是干别的，我下这么大功夫已经小有所成了。”老师说：“千锤百炼，你才打了几锤呀？”一句话让我领悟了学习的深刻含义：十年育树，百年育人，活到老学到老尚嫌人生苦短，才几年的工夫就想功成名就，岂不是笑谈？还有一次，我练得枯燥乏味，有两个星期没有去老师那。老师打电话问我为什么没去，我如实说了，老师说：“你着魔了。”我联想到《西游记》里唐僧取经经历九九八十一难，那不就是人生的经历吗？心魔、业魔、情魔……我们都要经历过，才能到达事业的彼岸。又一次，在老师那里练拳时，老师说我：“逆水行舟不进则退。”那时，正值单位优化组合，我工作

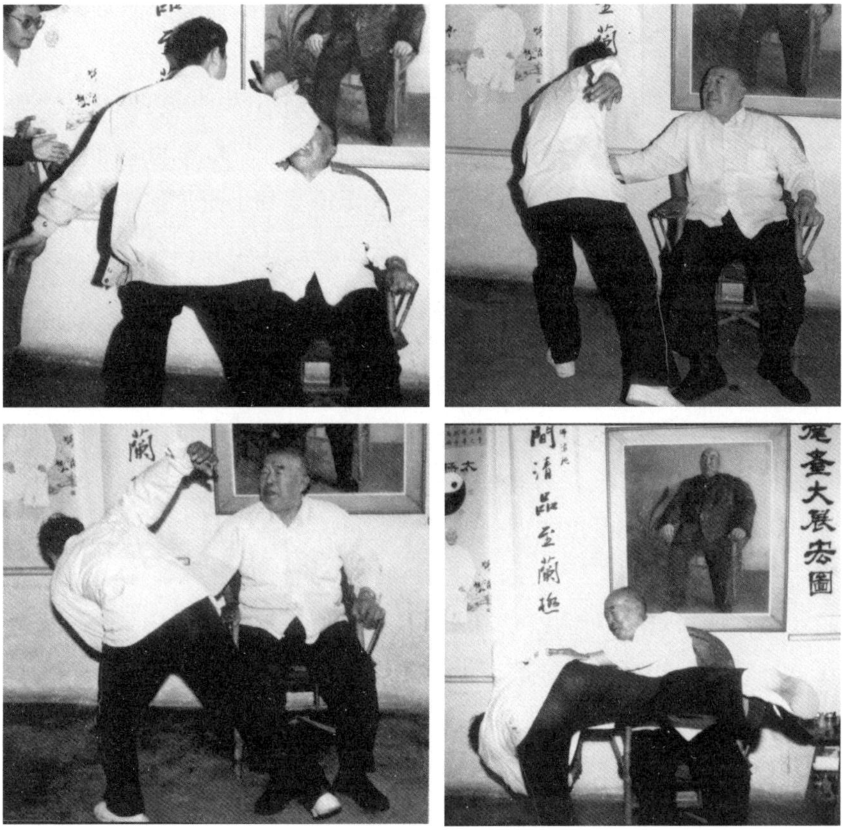

晚年李经梧安坐椅中与人推手

较多，心思烦乱，打拳的时间少了一点。老师一句话点醒梦中人。回家后，我又开始严格要求自己。

在一次老师过寿时，前来祝寿的一位师叔对我们这些后学说："太极拳推手，就像跑动的人突然踩到一个滚动的皮球上。"老师当时就加了一句："这个皮球一定要有轴。"事后一想，这句话真是画龙点睛之笔，没有轴就没有八面支撑啊！

我们知道，太极拳虽为小技实寓大理，由拳及理，由理悟道。但大道可教而不可授，李老师教拳对弟子与门生一视同仁，教而化之，然"道者同于道，道亦乐得之；失者同于失，失亦乐得之"。师道尊严，得失一念间。

勤学不辍　技艺高超

晚年的李老师两腿已有疾，行动不便，尤其是做了前列腺手术后，走路已离不开手杖。即使这样，老师仍然每天坚持练功、教学。在老师家，经常看到他闭目打坐或颤颤巍巍地演练着太极拳势，老师说："我和你们一样，每天都有着自己的收获。"晚年的老师深得太极拳的精髓，功夫已入化境，推手功夫无论立卧坐挺、何时何地，只要接触到他就会被他把真气提起，即使不被放出去也输得让人心服口服。记得有一次我和师弟程显坤一起去老师家，老师在教我推手时，程师弟从老师的身后突然推了老师一下，老师在把我放出去的同时，也把程师弟打了个跟头。事后老师对师弟说，别轻易出手，否则会伤了你。到 1995 年我已练了六七年，脚下有了些根基，在和老师推手时较了几下劲之后，突然被放了出去，那时的感觉像一张纸一样从空中落下，没有一丝自控能力，被重重地摔在了暖气片上，手上被硌出来的印迹两个星期后才消失。一个 30 多岁的壮汉和一个 80 多岁老翁的较量，那真是难以想象的结果。跟随老师多年的师兄们常说：老师在行拳时周围的空气仿佛都被带动起来，浑厚无比、气势磅礴。

老师的推手让人看得见摸不着。有一次，我突然按住老师的前臂，老师没动，我的手却像折了一样，整个人被连根拔起来了。老师说："推手时要放松，要舍己从人。他来劲你给他，他的劲就没了，然后你就可以随心所欲了。到那时你给多少，怎么给，这就是功夫了。”

老师的功夫是70余年勤学苦练的结果，是尊师重道以诚待人的结晶，是用心体悟、天人合一的大道硕果。在老师身上，我看到了太极拳的真正意境，了解了太极拳理的深奥广博，更坚定了我一生追求太极拳的信心和决心。

时值老师去世十周年纪念，谨以此篇表达自己对恩师深深的怀念和崇高的敬意。

拳如其人

■ 梁宝根

一个人没有武德是绝对学不好拳的，只有扎扎实实练功，老老实实磨炼，心静神怡才能悟到身上功夫。

——李经梧

我1950年拜杨禹廷大弟子赵安祥为师学习吴式太极拳。1961年应征入伍到河北秦皇岛市北戴河。赵老师知道后很高兴，说：“你师叔李经梧就在北戴河疗养院工作，给你写封信跟他学去吧，他是当代武术界的名士，武德高尚，为人正直，你能向他学拳也是你的缘分和福气。”我在1962年见到了师叔李经梧，从那以后，有时间我就到老师那里学拳。

在20世纪90年代的一天，老师和我闲聊时说：“一个人没有武德是绝对学不好拳的，目中无人，争强好胜，就全完了。今天为什么对你讲呢？因为赵师兄把你推荐给我做弟子，我很高兴。我跟你陈发科师爷学拳14年有余，体会到只有扎扎实实练功，老老实实磨炼，心静神怡才能悟到身上功夫。”

从自己的亲眼所见，我体会到，老师功法崇高、功力惊人、造诣

■ 梁宝根，原邢台市武协副主席、邢台市健身太极拳社社长，中国武术六段，李经梧弟子。

精深、情操照人，正是拳如其人，形美感目，神美感心。由此，我也进一步领会到了老师说的道理。练好太极拳是为了强身健体，修身养性，塑造高尚的人格，变化气质，延年益寿。李老师本人就是这样的例子：他为人严以律己、宽以待人，处处为他人着想，行事光明磊落；武术上他文武双修，拳术技击和理论造诣颇深；传艺提纲挈领，极富魅力。

常念恩师的教诲，他当年倾心相授，为我学拳奠定了坚实的基础。50 多年的教拳练功实践，使我深深体会到，只有品德、武德好，谨遵师训，潜心揣摩，自求自证，才能深造独特的内功拳法。练功要讲求松静自然、身心俱融于天地自然，物我一体，静养灵根气养神，练功修德见天真，别无他求。要尊重各个门派，博采众家之长。

在以后的人生道路中，我把恩师的教诲铭记在心。在数十年中虽屡遭不公，但总能保持平常心态，淡然处之，只求太极拳高深之意，无求富贵享受之心。为了将太极拳发扬光大，在 80 年代我将自己的两个学生赵海泉、柳军珂送到李老师那里学习，老师对他们精心培育。后来赵海泉在 1984 年邢台市太极拳推手对抗赛中获得冠军。柳军珂也成为河北省太极拳界的佼佼者，1989 年开始三次代表省队参加全国比赛，分获太极剑、推手、吴式太极拳亚军、季军和第四名等好成绩；1991 年在全国部分省市迎亚运太极拳观摩表演赛中，一举击败 180 多名选手，获男子总分第一名。他们都没有辜负老师的一片苦心。

比武要点到为止

■ 刘玉兰

不一定要把对方打倒打伤。把对方拿起来放下就得了，这是练武的最高境界。弄伤了对方，自己的人格就没了。

——李经梧

■ 刘玉兰，辽宁省武协委员，锦州市陈吴式太极拳研究会会长兼总教练，北京吴式太极拳研究会名誉副会长，李经梧弟子。

恩师李经梧先生离开我们已经十年了，但他老人家的音容笑貌、一举一动还深深地印在我的脑海中，他老人家高尚的武德、纯正的武（门）风，精湛的武（拳）艺和突出的贡献将永存于世。

一、武德高尚有口皆碑

恩师一生注重武德修养，严以律己课徒，堪称楷模。他总是身体力行，教育我们重口德、重手德，不出口伤人，不出手伤人。他与人推手比试，一般都是点到为止，从不伤人，甚至是在对方即将跌出时就收住了手。有人不理解，说老师功夫好，怎么不把对方放出去？老师总是说，“对方明白就行了，何必给人难堪？不要让人难堪，别人学到这个程度也不容易”；推手较技“不一定要把对方打倒打伤。把对方拿起来放下就得了，这是练武的最高境界。弄伤了对方，自己的人格就没了。”因此，老师还经常告诫我们，不少劲儿能打散对方的内气，甚至能伤及对方的内脏，除非万不得已不能用，更不要出冷手。

每次老师带我和师兄弟们去参加外地各种活动，临行前总要再三叮嘱，在外面要谨慎，别惹祸、别讨厌；武术界能人多，高手多，不

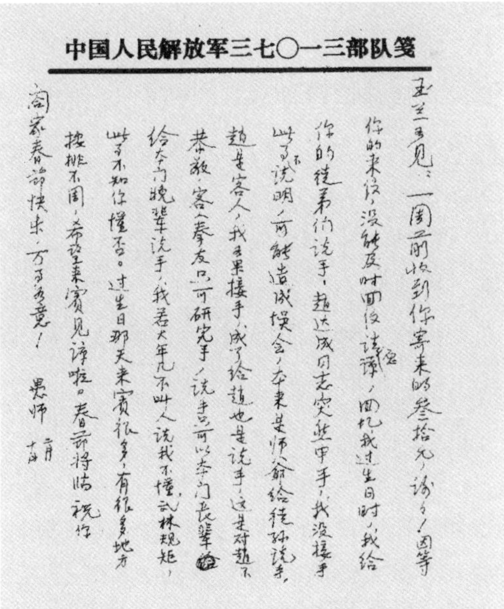
中国人民解放军三七〇一三部队笺

玉兰弟见：一周前收到你寄来的叁拾元，谢谢！因等你的来信，没能及时回信，致歉，因九我过生日时，我给你的徒弟们说手，赵达成同志突然甲手，我没接手此事不说明，可能造成误会，本来是师父给徒孙说手，赵是客人，我如果接手，成了给赵也是说手，这是对赵不恭敬，客人拳友只可研究手，说手只可以本门长辈给给本门晚辈说手，我若大年九不叫人说我不懂武林规矩，此事不知你懂否。过生日那天来宾很多，有很多地方接排不周，希望来宾见谅啦。春节将临，祝你阖家春节快乐，万事如意！

愚师 二月十五

老先生常说：我就认老礼（理），从此信可见一斑。

要和有徒弟在场的老师推手，不要折了人家的面子。特别是到了几位师叔那儿要谦虚，可以学学打轮，但不要推手说手，不要发劲把人家扔出去。到什么时候都不要忘了，练武之人口德和手德最重要，不要恶语伤人，更不要恶手伤人。他老人家以德养拳、德艺双修的理念，深深扎根在我们心里。直到后来，我们无论取得怎样的成绩，都不会张扬；我们每个人收徒，都记着老师的教诲，首先看德，拳打得差点儿可以练，人品差了惹是生非可不行。

恩师一生淡泊名利、心存高远，不计得失。众所周知，老师早在20世纪40年代就已享誉武林。1956年他参加北京市武术运动会一举夺魁，获太极拳第一名，不久又在全国武术运动会上荣获金牌奖，被评为优秀运动员。之后他急流勇退，淡出赛事，转而致力于太极拳的研究与教学。1959年秦皇岛市委请调他到北戴河气功疗养院任教，老师二话没说就去了。本来说是临时的，可这一去就是30多年，直至病逝。其间，国家体委也曾几次想调他回京，还可以带一个子女，他却不肯，说："北戴河这儿挺好的，回去干啥？我这么大岁数了，别给国家找麻烦了，就在这儿养老了。"《陈式太极拳》一书中"陈式太极拳传统一路的动作说明"是他和李剑华执笔完成的，但后来出版时却只字未提老师的名姓，第二版时更是未提此事。这在武术界引起很大反响，知者皆为之不平，可老师却淡然一笑了之；弟子们也十分气愤，老师却坦然地说："无所谓，搭谁的名还不一样？关键是把老陈家东西发扬下去。咱尽到义务就行了，搭不搭没什么用，百年之后也就这么地儿了……"多么宽大磊落的襟怀！这不是一般人能做得到的。

恩师一生谦虚礼让、舍己从人，备受尊敬。他是全国太极拳名家，可他从不摆名家的架子；他是河北省第三、第四、第六、第七届人大代表，秦皇岛市政协常委、武协主席，可他从不搞特殊。每天提前上班，按时下班。有外国友人来访武术界名流，请他去北京表演或参赛，国家体委给他报销车票他都尽量不去，说"北京有人接待就行了，我去还得买车票、住宾馆的，别给国家浪费了……"即使在秦皇岛有类似的活动，他也这样，或推脱或让弟子代行。因为他很有名望，常有人带着礼物来看他，他总是拒礼不收；实在推不掉收下了，还要回敬一份。他常说："无功不受禄，我也没教人家什么东西，怎么能收人家的礼呢？”我没拜师之前，也一样。那时冬天疗养员一走，北戴河商店就关了门，他想买背心也买不到，只好让我代买两件，但说什么这10元钱他也得给我。遇有来访客人，他总是迎来送往，以礼相待，客客气气，让客人坐下之后他才落座，并令身边弟子沏好茶奉上。话里话外，从不张扬。

当时都是县团级以上干部在北戴河气功疗养院疗养，年龄较大，动作迟缓。老师叮嘱我们，教拳要耐心、细致、认真，他老人家以身示范，百问不烦，一式不明，细致讲解，反复示范，深受疗养员的爱戴和尊敬。

后来他听说我要应邀在锦州开场教拳，便一再嘱咐我：“在锦州，你起步晚，要谦虚，不管练啥拳的，都要尊重人家，人家也会尊重你。”这些年来，我谨遵师训，和锦州市武术同人、各界朋友和睦相处，谦虚待人，从未有过什么纷争，也得到了他们的认可，为推广和普及太极拳创造了良好的外部环境。

二、武技精湛惠及后人

恩师一生毫无门户之见，博取众家之长，集大成于一身，是非常难能可贵的，因而深得武林同人的敬佩，也为我们及后人树立了虚怀若谷、学无止境的榜样。

那时，我们在北戴河和疗养员们一起练拳时，来了电话谁也不能去接。老师说：你走了，劲断了，意没了，你还练啥？他以身作则，常是一摆手以回绝；也不能唠嗑儿。老师说：“这儿练拳你唠嗑，是对人家不尊重，不虚心。100个式子，人家有1个好的，就应汲取，他掌握得好，你跟他练，不也提高你自己吗？不好就告诉人家，你有责任。”师兄弟们在一起练拳时，他也时常教导我们，要谦虚，他早练一天也是你的老师，要互相学习，取长补短，共同提高拳艺。

恩师一生勤奋习武，毫耋不辍，为人师表。老师从十几岁起就开始习武，在武林圈中，几十年如一日，刻苦练功，不避寒暑，勤奋授业，诲人不倦，即使到了晚年也是如此。那年我们去看他，他已80多岁了，手术后身体很虚弱，但每天坚持练功从不间断。看到老师如此刻苦，我们深受教育。至今我还清楚地记得，有一年，我腿疼，没去北戴河跟老师练拳，给老师写了一封信。不料老师很快就回了一封信，告诉我："坐着练一样是功夫，照样能提高，但你别不练。外头不去练了，心（屋）里还得练。古人说，一日不练一日松，三日不练丢功夫。"练拳如逆水行舟，不进则退的道理，我记在心里，并一直鞭策自己克服困难，练功习武，从不间断。现在我也 70 多岁了，但我以老师为榜样，每天第一个到拳场，带领大家常年坚持晨练，并和弟子们研习拳艺，提高功夫。

三、功成名就　桃李满园

老师用他一生的勤奋和刻苦成就了他太极巨擘的地位，成为一代名家。老师的 70 多个亲传弟子在太极拳上多有建树、成绩斐然；数以千计的再传弟子，也不乏出类拔萃者；而跟他学练太极拳者，亦有几万人之多。老师对太极拳的发展与贡献，是不可估量的。而我能够成为老师的第一个女弟子，也是十分的荣幸。

我开始习练太极拳，后经我的启蒙老师、师兄谷平海引荐，在北戴河拜见了老师。每年我都在北戴河住上一年半载跟老师学拳，同时，也得到师兄弟们的指导和帮助，受益匪浅。尤其老师在退休后，为了学拳练功方便，让我吃住在他家。美江师妹上班很忙，我在练功之余就做些家务，老师经常夸我做的饭菜好吃。几次我回东北家里取换季的衣物没住多长时间，老师就写信给我。那时在老师身边学拳的日子令我终生难忘，他老人家待人和睦仁厚，教拳一丝不苟，一招一式口授心传，对我要求相当严格。一个云手我就走了 20 几个来回，不达规范不收势。记得有一次正值夏日炎炎，我在庭院站桩练内功，由于初练不得要领，累得我大汗淋漓腿发抖，老师见状让我休息一下，我执意还练，老师便拿了木凳悄悄放在了我的腿后，笑着说："好了，好了。"有时我也想让老师多休息一会儿，趁他老人家吃饭喝水的时候，在院子里独自练拳。可他不知什么时候就会出现在我跟前，仔细观察，给我讲拳、说手。在老师的身边，耳濡目染、潜移默化，我渐悟太极真谛，得以步入神圣的太极殿堂。

我从 1972 年至今 30 多年在锦州市义务教授太极拳，组织和带领上万人习练太极拳；1996 年创建锦州市陈吴式太极拳研究会，现在会员已有 1600 多人；为各类大型活动、集会等组织 500 人以上全市性太极拳表演 20 多次，受到社会各界好评。今天，我的弟子和再传弟子近百人，多人次在全国、省市各类太极拳赛事中获奖。这些成就都是恩师赋予我的，恩师的亲切教诲，我至今难忘！

“即引即发赛霹雳”

■ 楚家俊

他谈吐高雅、心胸宽阔，一派大家风范，对太极拳及人生的见解，流露出哲人的高贵。

我在少年时酷爱武术，曾习练过几个拳种，由于种种原因都没有收到理想的效果。参加工作后遇见一位工程师，每天都在宿舍前的空地上坚持打太极拳，经多日观察，感觉这种拳虽然动作缓慢却充满生机与活力，蕴含着智慧与艺术。那动中寓静、柔中带刚的气势充分体现着中华民族坚韧挺拔、不屈不挠的性格，展示着自强不息、奋发进取的精神风貌。受其影响，我也爱上了太极拳，从最初模仿动作到跟着学练。可是好景不长，我的启蒙老师因工作需要调离了原工作单位，此时我失去了依靠，只有自己边看书边学练。由于太极拳没有言传身教极难把握它的精神内涵，没有人点拨，没有人陪练，到头来练的只能是糊涂拳。因此我练拳的兴趣渐渐淡了，接下来又赶上“文化大革命”十年，就把所学的拳彻底放弃了。

由于工作劳累加上营养不良，1973 年我不幸患上了肝炎，因治疗不及时又转变为慢性肝炎，病情时好时坏反复发作，只好长期 185 病休，健康状况一天不如一天。我那时正值而立之年，大好的青春年华难道就这样被病魔给葬送了吗？我很不甘心！于是尝试用体育锻炼的方法来强身健体，又重新捡起多年不练的太极拳。随着练拳时间的递进，

■ 楚家俊，在北京铁路局秦皇岛建筑段工作，秦皇岛市武协委员，李经梧弟子。

每况愈下的健康状况逐渐好转。在练太极拳后一年多的时间里奇迹出现了，慢性肝炎也不治而愈，从此就与太极拳结下了不解之缘。学拳的欲望不仅仅满足于练几套拳了，更大的心愿是能拜到一位德高望重、内外兼修的太极拳名家，进行正规系统的太极拳习练，真正学会推手、撒放、落空劲及四两拨千斤的技巧、太极拳的理论及法则。我曾花费大量时间，四处寻访名师、高手指点迷津，可是所有的努力均为无功而返。习练太极拳的人到处都有，但谈及打手和深奥道理便皆茫然，正应合了八字歌上所言："掤捋挤按世间稀，十个艺人十不知。"

1984 年我调到秦皇岛工作，感觉在公园或小区空地上到处都有人在习练太极拳，而且水平还很高。后来听拳友讲北戴河气功疗养院有位著名武术家李经梧先生，功夫了得，特别是太极推手造诣颇深，威震武林，堪称顶尖高手。得知这个好消息后，我甭提有多高兴了。不久有缘结识了先生的大弟子著名太极拳师王大勇先生，并向他学习陈式太极拳。经他引荐终于见到了恩师李经梧，他谈吐高雅、心胸宽阔，一派大家风范，对太极拳及人生的见解，流露出哲人的高贵，给我留下了极深的印象。从此我下决心刻苦习练、加倍努力，争取得到先生的认可，能被接纳为他的入室弟子，成为陈、吴两家的传人。1989 年，我的夙愿终于得以实现。

我认识老师时，他已经年过七旬。我暗想，他名气再大，功夫再好，毕竟岁数大了，还能那么厉害？总想找机会试试。我对老师说："我研究太极拳好多年了，好多论述和歌诀都能背下来了，可惜没遇到名人指点，也从未见过高手示范，始终对以静制动、以慢制快、以柔制刚有怀疑。对打手歌中所说'牵动四两拨千斤，引进落空合即出，沾连粘随不丢顶'也不大相信。"老师笑着说："刚开始都不相信，你现在来试，我不摔你，只是让你体验一下，你随便对我打来、推来都行，不要犹豫，你打不着我。"于是我猛地一拳打去，老师轻轻一引，我顿觉失重，想丢丢不开，想逃又逃不掉，身体前俯后仰，上下起伏，一会儿像卷入漩涡，一会儿像落入激流，没过多久就累得气喘吁吁，满身大汗。再看老人家，谈笑风生，气定神闲。老恩师果然名不虚传！我狠下决心，一定要刻苦练功，绝不给老师丢脸！

经老师精心指点，师兄弟耐心陪练，我进步非常快，经常得到老师的表扬。几年过去，老师已经80多岁了，我总想找机会检验一下自己的功夫，也想试试老师的威力是否还像当年。有一天，我对老师说："我想试试现在能不能推动你。"老师说："行，不过你可要小心挨摔。"于是我全力猛推过去，可还没有接触他身体，一股巨大的力量就扑面而来。我"嗖"的一下向后飞出，撞到墙上，眼冒金星，顺墙瘫在地上，后脑勺撞了个大疙瘩，墙上的暖气管把脊椎硌得疼痛难忍，半天动不了，还是老师把我扶了起来。老师的功夫果然深不可测，不减当年。

老师一生淡泊名利，谦虚谨慎，从来不抬高自己，贬低他人。"三改牌匾"感人至深。1990年，老师的生日要到了，因为是八十大寿，我们要为老师举办隆重的庆典。有关领导及很多武术界朋友也要光临，给老师祝寿。我们要提前把老师的卧室、会客室重新布置一番。梅墨生师弟乃著名书法家，特为老师写了一张"太极堂"横匾。老师让我和大师兄设法给他张挂起来。当时墙上挂满字画，只有左右两个窗户上方有地方挂，尺寸也合适。不过大家觉得挂一面，另一面空着不对称。大师兄建议再做一个镜框，让我写一幅"一代宗师"配上，挂在另一边，我非常赞成。我们的老恩师20世纪40年代已威名远扬，是武林元老，德高望重，桃李遍天下，称为宗师当之无愧！我着手订制赶做玻璃镜框，忙了好几天才镶嵌好，端端正正挂了上去。老师看了对效果还挺满意，只是"宗师"这个称号他说担当不起，如果称"大师"还勉强可以接受，这一张必须得换。没办法，只好拆了出来。回到家后，我想了好长时间也想不出适合老师的词，也无法表达我们的心情。我想，就写"一代大师"吧，虽然这么写总觉得委屈

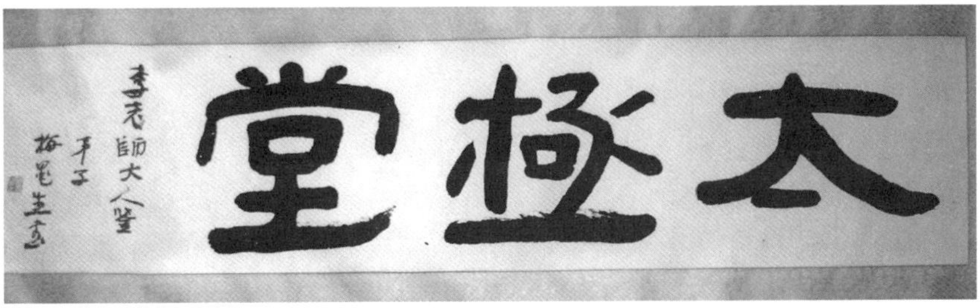

20世纪80年代，弟子梅墨生为李经梧老师题匾，一直悬挂在老师练武房中

了他老人家……送过去老师看了说："你可真听话，你那么聪明的人，怎么就没听明白我的意思？我是说换一次太麻烦，如果第一次要这么写就不让你返工了，你还真这样写。这张不是还没有装上吗？还是得改其他词。"当时可能是看我有小情绪吧，老师就说："来，咱们推推手，放松放松，慢慢想，看有没有更亲切、更实际的词。"一边推手我一边想，到底怎样措这个词能让老师满意呢？忽然联想老恩师给我们传授武功、武德，不顾年高，一遍遍示范动作，手把手教手法的情景。这不正是在培育新人吗？我停下对老师说，写"传功育人"您老看怎么样？老师连连点头说好。

恩师的人格，我想正像匾上描述的那样，他将平生所学、平生所悟、心法及体验毫无保留地传授给了我们这些后学者。

恩师的弟子及传人已将恩师传授的太极拳技法发扬光大，并且在历次、历届国内、国际太极拳年会观摩赛事上战胜各路高手，多次取得骄人的战绩，赢得了世人的尊重。今天我们可以欣慰地告诉恩师：您虽离开了我们，但您老所传承的太极拳艺术已深深地扎根在中华大地上，结出了丰硕的果实。

炉火纯青太极功，出神入化妙无穷。
无形无象难思议，四两千斤信手成。
即引即发赛霹雳，排山倒海鬼神惊。
终生不倦育桃李，缅怀恩师经梧公。

太极有道

■ 左致强

因为我是带艺投师，和师父摸手时，师父都是点到为止，不肯发放我。这是对我先前几位师父的尊重。

■ 左致强，秦皇岛市武当拳法研究会主席，国家级裁判，国家武术七段，李经梧弟子。

我性嗜武，常常听教我八卦掌的王巨章先生说起李经梧先生的轶事，对李先生的道德武功非常敬仰，一直希望有机会能够亲聆教诲。1979 年，我到秦皇岛工作。1982 年，秦市武术比赛，我表演八卦掌和链子锤。比赛的总裁判长是李经梧先生。我十分高兴。表演完后我去找李老师，说欲拜门墙。当时先生并未允许，只说我的东西很好。我不改初衷，以后每逢周末都到北戴河气功疗养院去看先生，顺便跟先生学习。此时虽未入门，我和先生已与师徒无异。一次，我随先生参加纪念杨禹廷先生百年诞辰大会，期间一壮汉向我们挑战，我和他一交手，把他发出一丈开外，当时我的师弟都在场。先生对我很满意。过后，先生对我说，周树生、陈祥林也是你们师兄弟了，言下之意已认我为弟子，我喜出望外。师父说，我过生日时你们再行礼吧。1986 年，我终于和徐汉庭、张蕴山、孟庆昌、丁少春一起得拜师父门墙，执弟子之礼。

入门后师父手把手地教我太极内功和推手，让我受益良多，对我以前练的形意八卦都有促进。师父为人谦和，对我们从不摆师长的架子。因为我是带艺投师，和师父摸手时，师父都是点到为止，不肯发放我。这是对我先前几位师父的尊重。而他自己的徒弟，老爷子发放得非常厉害，不讲情面。所以从师父这儿，我不仅学了功夫，还学会了以太极之道对待人。后来我到全国各地教拳，学员不仅认可我的拳架功夫，也认可我秉承师父传下来的武德。比手的时候，有些蛮汉也曾被我发出去，这时，我有些后悔。在武德上，我不及师父。我们爷俩有十五年的师徒情，师父走后，我一时觉得心里很空，没有着落。往昔的一点一滴，不甚留意，如今却纷纷涌来，恍如昨昔。手把手地教拳、爷俩促膝相谈、为我主持收徒仪式……如今我仍如师父在时一样，前去拜谒，却只能在遗像前凭吊，纵涕泗交流，也不能将师父唤回。人生有命，岁月无常，我也只能在梦中和师父相见了。如果还有来世，我还愿做您的徒弟。

近些年来，我对太极有了些领会，却越发感觉需仰视先生。我的师父究竟是怎样一个人呢？常人提及先生，总称先生之德，我认为先生是有道之人，太极大道。道在德之先，道之不行，始以德服人。先生待人接物，不以德，唯以道化，这是别人想学也学不到的东西。三丰祖师说，太极者，大道也。欲给天下英雄一延年益寿的方法，不徒做技击之术也。先生真正参透了太极大道，其为人，中正不偏，独立于世，与天地相参，是一个顶天立地的人，俯仰无愧。正因为这样，一般人都说先生迂，正当年富力强的时候，早早隐于一隅之地，如虎离深山，龙困浅滩，虽有本领，不能奋飞，声名不显。岂不知，先生有道，始终与别人真诚相对，而不屑与别人虚与委蛇，所以与俗情不侔，才高为世人妒。先生视名利如浮云，来到北戴河，做一些真正对社会有益的事情。当一个个疗养员生龙活虎地重返工作岗位时，是先生最为开心的时刻。当先生对松涛和大海，翩翩运起太极时，好像仙人在起舞，天地与之俱化。

今天，值先生九十五年诞辰，我们聚在一起缅怀您老人家，寄托我们无限的哀思。师父在天可好，徒弟想您。

道法自然，师艺珍贵

■ 刘玉智

李经梧之太极已达到应物自然的境界，与人接触时有一种自然反应：引进落空，借力打人，彼挨何处何处击。

我的恩师，一代太极宗师李经梧老先生辞世已经十年了。十年中每当习拳之时，恩师的音容身形犹在目前。我自 1984 年从师学艺，前后历时 13 载，自得宗风真传，视艺为宝，珍而贵之，且常与众徒分享，获益匪浅。

武功莫测

1984 年我慕名叩拜恩师。师说，外人不知太极这个东西好，今天破格给你们看看。只见恩师聚气凝神，与徒举手搭接，那徒如遭电

■ 刘玉智，在唐山市开滦马家沟矿工作，李经梧弟子。

击，形似野马刨蹄。此一见，顿觉恩师身怀龙泉之利，崇敬之情油然而生。

恩师善实战，扔人非常漂亮。恩师讲过与日本武士高桥交手的往事。高桥当年40岁，壮年气傲，脱衣猛上。恩师年逾古稀，随神意运气，待其到范围之内，据其劲路，转眼间便将高桥扔了出去。

恩师之太极已达到应物自然的境界，与人接触时便有一种自然反应：引进落空，借力打人，彼挨何处何处击。1988年4月，77岁高龄的恩师回到山东老家。一位练太极拳40多年的中医师前来拜访，恩师正坐于屋内椅子上，便起身迎接。那人谦让，用双手按师双臂，示意不要客气。只一接触，那人腾空飞出，摔到屋外晒谷场上。此种效果，仅凭一个耄耋老人招法快又如何能做到呢？足见恩师在长期的太极修炼中，养成了“拳术上乘神化之功，有不见不闻之知觉”，见人则开，遇出则合，看来则降，就去则升，行动自然，随势应用自然反应而已。

恩师混元气质量颇高。观师课徒，抬臂一举，挒人而出。不论触师何处，顿觉师之体内犹如长虫蠕动。一念之间即开合鼓荡，粘走相生。如此效果均出于混元气的高质量，正如拳论所言，“古今求道者众，而得道者累世不一见”。师即其一也。

李经梧拳照

道艺精深

一代形意巨擘薛颠在论“武术”时言：“盖夫武术一途，分内外两家，有武艺道艺之称。练武艺者，注意于姿势，而重劲力。习道艺者，注意养气而存神，以意动，以神发也。”恩师道艺精深，我体悟其要有六。

一为活泼于腰，神通于

背，灵机于顶。恩师创编的太极内功，有一套完整的功法结构。他说："单纯练太极拳，不配合太极内功，便不能使太极功夫深入。"恩师活泼于腰。要求气沉丹田，做到"归原"，在充实带脉、完成筑基的基础上，把腰练成钢轴、铁轴，不偏不倚，不能软似木轴。触之，则神气旋转，打不实、摸不透，却能拿得住你。恩师神通于背。其中气外运上行，达于脊背，带大小臂旋转，贯达手指；下行带大腿两膝运动，达于涌泉，内外上下周身一家。恩师灵机于顶。其神意运行，由夹脊达于上丹（印堂）。全身意气充满，精神贯注，"神以知来，智以藏往"，就有了神明的无形无象的大成之用。已到了拳论所谓"神明"的高境界。

二为以意变手。恩师授徒以以内主外的意气运行法则，主张："始而意动，继而内动，再而外动。"恩师把意守关键窍位作为修炼太极内功的首要，归纳提出了意守锻炼的方法步骤，并强调意守不能死守，主张"连线意守"和"循环意守"，以意导气，达到"遍体气流行"，从而使初练太极内功的人由低级向高级的渐变成为可能。这是恩师长期从事太极内功普及工作取得的研究成果，是对太极内功修炼方法的创新和发展。与师试手，恩师以意变换虚实，轻灵放松，触之则圆，旋转自如，形体似水流，已到了"一羽不能加，蝇虫不能落"的轻灵微妙之境。

三为得中用中。师授予"得中用中"原则，这是知己知彼之道。"中"指方位，"居人之正中"，丹田、命门正在人体之中位。"喜怒哀乐之未发，谓之中"，"中"是内劲动静之枢机，即无形无象之无极，而无极生太极，说明"中"与太极拳的关系十分密切，故拳论早有"中土""中定""环中""守中""命意源头在腰隙"之论。概言之,"中"是一个集合概念。按方位论,"中"为下丹田、命门；按象说，"中"乃无极，是"命意源头"；按用法说，"中"乃一点子；按性说，"中"乃太极，太极为阴阳之母，一也；按人体生物力学，"中"为人体重心；按太极图说，"中"为调动阴阳鱼眼互变之"中"。

恩师注重"得中用中"原则的应用，推手时，爱用命门。一推手，命门上说话；随遇而安，气归丹田腰裆充满，"放时腰脚认端的"。

根据“中”的原理，恩师要求运用吸贴抓闭的方法练习太极腰。腰腹发动，带动四肢，在内功配合下，提高技击水平。正如《太极圈》诀云：“能如水磨催急缓，云龙风虎象周旋。”然世俗竟视“中”为欺妄谈，殊不知，不懂“中”为何物，岂能悟得太极？然蟪蛄不知春秋，曷足怪乎！

四为合即开。拳经云：“引进落空合即出”，恩师秉承拳经，把“合即开”这一论断，运用到了极致。“合即开”是从合与开内在联系上定义合的概念。恩师说，发力是合，是一合出去了。从这个角度讲，阴阳同时合即开。古人把开合用阴阳二字代表，阴阳互为其根，开合相济。“合即开”概括了开与合的统一性，合就是开，即所谓“一圈一太极”。太极拳是圆运动，即顺来势以半圈化，半圈发。道艺越深走的圈越小，甚至无圈，大小圈交替旋转，神意运气成变化万千之太极球。“合即开”，又说明合决定开，在开、合这对矛盾概念中，合是矛盾的主要方面。合的质量决定开的质量。可以说，“合即开”的运用使“合”与“开”更具实践意义。恩师神领合点，随意而准确，松而不懈，紧而不僵，虚虚然，腾腾然。其合点，发其旧力已尽，新力未发之机，或新力已出，避实击虚动若江河。

五为内气鼓荡。师授以“鼓荡”，把它作为太极入门之功传授。师说，以意领气，从命门充实带脉，分两路冲向关元，只稍用意，功夫便来。内在力量很大，配合呼吸便可产生鼓荡劲。又说，鼓荡出点来，鼓荡着走。深悟之：“鼓荡”实为中气以神意内运外出的混合劲。恩师的精辟见解，教人进一步明确了鼓荡与神意的主从关系，鼓荡与带脉充实的梯次关系，鼓荡与内呼吸的匹配关系，鼓荡与点的并行关系，鼓荡与缠丝劲的形质关系，鼓荡与粘走的依存关系，等等。“鼓荡”是混元之气的归原、流动乃至爆炸，得鼓荡劲即可增加爆发力，提高技击能力。记得恩师见人用木棒打人，迎上去用臂一搪，那人便飞出。可见内气鼓荡威力极大。

六为缠丝、螺旋劲。缠丝劲是陈氏太极拳所独有的劲别。恩师认为，腰腹发动，并与意结合，带动上下肢相互配合缠住对方肢体，使对方被缠之处，被缠绕成“拧麻花”状而失败。与师推手，被师沾住一手，即被反拿关节而失去抵抗能力。恩师把呈螺旋运动发出的劲，只击打对方的一点、领其失势或仆倒的劲称为螺旋劲。师授徒由大圈练至小圈，由小圈精至无圈之意气圈，循序而进。师与人推手，顺力小圈一揉，立见跌扑。你攻击他时，未见其动，便处于劣势。颇有“越小小到没圈时，方归太极真神妙”之感。

宗风传真

我对恩师仰慕已久。1984 年欲忝列门墙，怎奈恩师 73 岁高龄，已然闭门不收弟子。见我心诚，遂修书介绍，拜于北京冯志强老先生门下。其间，难忘托付之恩，常到北戴河看望，兼习太极，终得恩师赞许，接纳为再开门弟子。

恩师贫寒不嫌。我是一名普通工人，在追随恩师学艺期间，生活虽然艰苦，但心胸坦荡，潜心习练，始终如一地尊奉恩师，深得其厚爱，亲如家人。有对联称：“百道孝为先，论心不论迹，论迹贫家无孝子”，师徒亦然。

恩师知人善教。恩师常说，我今天给你说手，是这几手，再过几年，再说这几手，理解的味道就不一样了。恩师课徒晓之以理，授之以法，循序渐进，理、法、术、功一以贯之，使徒辈观其小效而渐悟其大成之境。

恩师口传身授。每当个别求教之时，恩师总是耳提面命，以其渊博学识，反复教授。师至耄耋之年，仍以身授之，不辞辛苦。每讲必让我“听一听”内劲。至今，恩师操着浓重的山东口音，口念“出去”、将人发出的情景，犹在眼前。

难忘终生憾事。1996 年 11 月给恩师拜寿时，我俯于恩师耳畔承诺：暑期携徒，再来探望。恩师说，不要再等到暑期了，尽快安排吧！似有所预示。那一次，恩师在美江大姐和我的搀扶下，送出门外，送了老远。那一刻，我不禁有一种廉颇老矣的感觉。孰料 1997 年 5 月 2 日，恩师竟然辞世，噩耗传来，徒辈悲痛洒泪，留给我的是无尽的缅怀追思和永久的敬仰。

值此恩师逝世十周年之际，撰文祭之，以志纪念。

北戴河太极拳

■ 单颖

陈发科不止一次讲过：在我之后，能扛陈家拳大旗的首推李经梧。

古人有诗云："昔人已乘黄鹤去，此地空余黄鹤楼……"表达了时人对仙人的追慕。在我们与李经梧先生的接触中，本来他是现实中一个普通的、非常生活化的凡人，但在太极推手时，他的形象顿时高大起来——神采奕奕，气度非凡。这时的我们，仍是普通凡人，而先生俨然圣人仙者，功夫盖世，神韵难追。

以上的语言绝非文学笔法，而是我与恩师李经梧先生若干年接触的实感。他既是日常生活中的"人"，也是太极境界中的"神"——真的，我就是这么感受的。

先生一句话，学生一趟拳

我与太极拳结缘，要追溯到 1986 年或者更早。更早的时候我是学外家拳的，醉拳、翻子、螳螂、通背、三节棍、九节鞭什么的都弄过，从中学延续到下乡、上大学和再工作。几位武术师传中，印象最深、影响最大的是延边大学的李振玺老师，他是云南武术家沙国政的高足。在我从延边大学调到秦皇岛工作时（1984 年春），他曾有话，听说北戴河有位太极高人，你不要错过学太极拳的机缘。那时年轻的我对武术，只在"叶公好龙"的粗浅境界上，不比对篮球、乒乓球认知和投入更多（这两项运动我都达到了校队的水平），只因为练武不用场地、器械，又能自卫防身，所以才更钟情一些而已。我不喜欢慢腾腾的太极拳，因为我认为它不能技击，因此李振玺老师的话，我真的就当耳边风了。

■ 单颖，中山大学留学生院太极拳客座教授，北京吴式太极拳研究会副秘书长，中国武协会员，李经梧弟子。

1986年，秦皇岛海关学校在派我到青岛工人疗养院学马礼堂养气功的同时，让我物色一下会武术的人来学校代武术课（主要是教散打，当时学校没有武术教师），我物色到了一位曾经六下陈家沟学拳的武友陈奇。陈奇是四川人，在武汉工作，曾学过许多门派的武术，最后改学太极。我听他讲了太极拳的许多技击故事，便对太极拳有所认识，于是把他请到学校代课。那时学校穷，在核算师资酬金（课时费）时不是很痛快，在外聘教师时不免计较一些。恰巧不久《秦皇岛日报》登载了一则“李经梧先生、吕德和老师在北戴河举办陈式太极拳师资培训班”的消息，招收有太极拳基础的学员封闭训练一个月。学校觉得派员参加此班可“一劳永逸”地解决武术师资问题，考虑到我有武术基础又是教学的在编人员，于是把这次脱产学习的机会给了我。

老实说，在此之前，我已先入为主，把陈奇老师所传的陈式一路、二路及陈式太极剑练得非常熟练，也已经在学校开班授课，学校派我参加这次培训的意思就是能拿个师资证书，便于以后教学（持证上岗）就行了。在培训班上，我感觉教学内容与过去所学不同：同样是这套拳，李经梧先生将其称呼为“陈家拳”，一路、二路叫成了“头趟”“二趟”；最主要的是动作走法不同（那时我还不知“劲路”一说），手上没那么多“花”。在培训班的学员中，我不可谓不刻苦，有时甚至“人一我十”地练习，但仍然不能按教学要求掌握规范动作，这事让两位老师有所察觉。

在一次下课后，别人都去准备吃午饭了，我还在对着镜子一遍遍地练“掩手肱捶”。这时李经梧老师把我叫住问道：“这位学员叫单颖吧，你以前是不是还练过其他的拳啊？”我说练过，便飘飘然地把过去所学的说了一遍。老师请我演示一下，我也巴不得露一手，就把过去所学的陈式一路拳“感觉良好”地演练了一遍。我一边演练一边想可能会得到两位老师的赞许，没想到拳没练完便遭到吕德和老师劈头盖脸地一顿训斥：“这拳练得简直没法看，别练了！”而李经梧老先生却心平气和看我练完拳，然后和蔼地说：“单颖啊，这段时间先别练这趟拳了，等学习班结束，你不就有两趟拳了吗？”我想是啊，就潜心把学习班的“陈式头趟拳”学得规范了，而且初步尝到了这趟拳的好处——表现在推手上能力大增，这是以前练任何拳都反映不出来的效果。后来再与武友陈奇见面时，他也深有感触，以至于给李经梧先生致信并请我引见，欲拜李经梧为师，这是后话。

现在想来，当初李经梧先生看似漫不经心的一句话，却开示了一个孜孜以求的太极拳爱好者，使这位爱好者在习武的道路上没有误入歧途，没有半途而废，没有三心二意，没有得过且过，真是功德无量！这是每位武术爱好者可遇不可求的。当然，我也特别感谢仅长我一岁的吕德和老师的“当头棒喝”！感谢他直接引见我拜入了太极大师李经梧先生的师门。

先生一个劲，弟子学半年

回想起跟随老师学拳的日子，真是乐趣多多。李经梧先生的门内弟子甚众，有些早期弟子已是声名远播，并带出了大批再传弟子。记得我拜师（同时拜师的还有国员、玉智师兄和墨生、压西师弟等）之日，老师在他的练功房“太极堂”带我们向王茂斋师祖、赵铁庵、陈发科、杨禹廷师爷（均为照片）行三鞠躬礼，之后我们又向老师行礼，场面非常庄重。老师对新入室的弟子说，太极拳的套路汝等可向师兄们学（大勇、德和、益建、徐翔、志明、维方、致强等都能代师教拳），可随时到我这来纠正动作和学推手。当时主持拜师仪式的王大勇师兄宣读了《门规》，众同门还推举了若干召集人，并由甄维方师兄来做执行《门规》的负责人，这得到了老师的认同。“维方像黑脸包公。”老师幽默地说。

跟老师学拳，多数时间是在周末，老师经常讲的有一个劲就是“单抄手”，即用“抱七星”的手法接招，粘住对方后滚动前臂将其提起（拿劲），再随对方所动（听劲）而随机化、打。据老师讲，此招可以打出“金、木、水、火、土”五行劲来，赵铁庵师爷此劲用得极妙。说着试着，老师顺便讲起了当年向赵铁庵师爷学拳的情景。

年轻时的李经梧，闯关东在哈尔滨当伙计时因天寒冻坏双腿，百治不愈，经人介绍向武术家刘子源学秘宗拳，习拳三年，腿治好了，功夫也出来了。在秘宗门中，还有一位李经梧的师弟叫刘金生，也是功夫了得。这两个人，一个善腿法，一个善手法，在门内并称为“刘金生的脚，李经梧的手”，他们的拳脚都是经过实打实的“实战”考验的。比如，刘金生一次醉酒后跟日本兵打架，一敌三五个并不吃亏；一次去上海进货，同行的伙计在逛十里洋场时被当地流氓暴打，高喊救命，闻声赶来的李经梧奋不顾身，勇猛地击退了七八个暴徒，扬威黄浦江畔。

就是这样功夫的李经梧，在初识赵铁庵的第一次过招时，竟然丝毫占不到便宜。“拳打处处空，最后被你赵师爷的手像绳子一样捆住了。这就是太极拳的五行劲。”老师解释说。我们一起推手的师兄弟，在老师身上体会这种太极劲，感觉奇妙极了，都想把这个功夫学到手，彼此试来试去，反复实践，有时还轮流在老师身上试劲。

“拳”这个东西看起来容易做起来难，这个劲儿，试了大半年，我还是有点儿找不到感觉，每当这时，老师就说“歇一会儿，走走脑子”。有次老师还跟我半开玩笑：“单颖你呀，跟你郭师叔一样，榆木脑袋不开窍！”当时天津的郭文彦师叔也在场，听后大家开心一乐，而我也稍微有点安慰：“郭师叔多少年了，不是还不懂这个劲儿么？假以时日，这个劲儿我要弄懂！”（郭文彦师叔是李经梧老师在东北秘宗拳的师弟，到天津后，他的吴式太极拳、陈式太极拳是由李经梧所教。）

在跟老师学手时，还有一个“劲儿”，当时印象非常深刻，就是陈式拳的拿劲。那是一次去老师家学拳，恰巧碰到师兄李凤君，他刚刚参加全国少数民族运动会并在武术项目上夺牌，特地从他家山海关骑着摩托车到北戴河老师家来报喜。这位师兄是个回族壮汉，学太极拳前，广泛涉猎过其他武术、气功和医术，在当地名望不小。由于我们是同时拜师的缘故，所以见面必推手。我的力量和手法都比师兄略逊一筹，为了抗衡便自觉不自觉地使出一些擒拿和散打。比如我用了“散打班”上学的一招制敌的绝技：“拿腕砸肘打肋”、一二三解决问题。但这在别人身上起作用的招法在师兄身上不太管用，时不时两个人就僵住了。这时老师看着来了兴致：“单颖，你把你那一二三往我身上用用！”我运了运劲，猛然抓住老师胳膊砸了下去，老师哈哈一笑：你都“二”不出来——我已应声而出。摔出去后我想，这是老师把我的第一个劲借上了。“太极破擒拿，真是太管用了！”我这样认

李经梧与弟子推手的精彩瞬间

为，也这样说了出来。

“管用？那你来破破我的擒拿。”难得老师来了雅兴，言语间老人家居然擒住了我的手。

跟老师推手我向来是不敢抗劲的，越抗越麻烦，而且我也懂点擒拿，顶是不行的。于是我便放松着给劲。但松松就松不开了，同样是“一二三”三声过后，我束手被擒。

李凤君师兄在旁边似乎看出了什么门道，也请老师来拿拿他。我见老师握住他的手时，他不是“随”，而是仗着臂粗力大而硬顶，一副“叫劲”的劲头——说实在话，如果师兄这样跟我“叫劲”的话，我的任何擒拿手法都会失去作用——但跟老师叫劲可不得了，只听“叭”的一声，凤君师兄被平拍在地下。我则被眼前的瞬时变化惊得一愣，犹豫片刻才想着上前去搀扶平躺在地上的师兄，以为他定是摔坏了。但搀起来一活动，没事！

我们这才顾得上向老师请教：“这是什么擒拿方法啊，如此霸道，化也不是顶也不是！”

老师答曰："陈家拳的擒拿，领教了吧？"说着，手把手地教了我们。我们相互一试，还真管用，一拿一个准。可惜，字怕不习，马怕不骑，这个招法多年不练，现在已经记不起来了。但愿凤君师兄还能记住这个招法和劲法，但愿其他师兄能记住和还原老师更多的东西。

先生一本书，常留天地间

李经梧先生德高望重、功夫非凡，但与其他拳师相比却著述不丰。在我结识老师后，仅见过拜师前老师与人合著的一本小册子《太极内功》，据说这还是因为那人评职称需要有论文和专著。而此时乃至后来的图书市场上，武术书籍非常火爆，许多人写这式（氏）、那式（氏）的太极拳，并不时冠以"正宗""传统""家传""嫡传"等名号，闪亮登场。一时之间，真假难辨。我纳闷，凭老师的辈分和资历、水平，为什么不出书"以正视听"？

比如就说现在通用的陈式太极拳吧，究竟应该以谁为正宗或正统（规范）呢？从学术和学理上讲，首推陈发科，这大概不会有异议。陈发科在新中国成立前（1946 年陈师六十寿辰时）正式收过 5 个徒弟：李经梧、孙枫秋、刘金生、田秀臣、宋麟阁（也有一说为李剑华）。陈发科的标准像还是拜师之际刘金生请老师在当时日本人开在北京的照相馆中拍摄的（刘金生日语说得极好）。陈发科不止一次讲过，在我之后，能扛陈家拳大旗的首推李经梧。这样的意思也从另外的角度得到过印证——著名武术家王培生先生曾直言不讳地指出："太极同门弟兄李经梧君为人正直，和蔼可亲，尊师重长，崇尚武德。于 40 年代经友人引荐与陈式太极拳宗师陈发科（字福生）相识，后纳入入室弟子。遂经师口传身教，能获陈式拳之精华奥秘者，惟有李经梧一人而已。"（见《李经梧传陈吴太极拳集》的序言）

以上，应该是极权威、极有分量的话。然而在别人高调出马、山头林立，"你方唱罢我登场"之际，李老先生却依然是闭门谢客、淡泊名利。这该是怎样的"定力"啊！

动员老先生著书立说，首功应记在同门师弟梅墨生身上。那是 20 世纪 90 年代初，在《秦皇岛日报》任记者的梅师弟有感于师之年事渐高，师之门徒益众，师之功夫口口相传恐怕在教学上相当不便，因此首先倡议老师应该出书，不是对外去“以正视听”，而是对内作为本门教学规范。梅师弟的倡议得到了众人的一致赞同和支持，纷纷表示“有钱出钱，有力出力”。但起初李老先生并不答应，包括本人在内的诸多弟子没少劝说，老师仍是不允。

这么好的事情、这么应该做的事情，老师为什么会不同意呢？我百思不得其解……后来，不知是哪位高人终于说动了李经梧先生，组织个教材编委会，只出个“内部教材”。此时我们门内的才子梅墨生已“北漂”京城，在书画界打拼，从事教员职业的我就被师兄拉进编委会，主笔其中的一章（此章原名为：《太极先师习武逸事及同门前辈功夫特点》，成书前被先生之子李树峻师兄建议拿掉——怕引起不必要的武林争端），并做些抄抄写写、收收发发的琐细之事。出书这个事，不干不知道，一干吓一跳，还真是有些力不从心。启动资金是必须的（这好像由玉智、国员等师兄垫付），出版社也要有人去跑（朱泽建师侄没少费心），书的内容写什么、怎样写都要费尽思量。我似乎理解了老师为什么不愿出书。但当时的理解是非常表面而肤浅的。随着时间的推移和阅历的加深，以及知道了更多的武林内幕，才对老师有了较深的理解。

这个较深理解源于门惠丰教授的“原序”（说是“原序”，是因为后来见诸该书的门惠丰的序言已由编委会按照李经梧先生的要求作了修改），“原序”披露了一个鲜为人知的事实：曾经热销多年、广为传阅的《陈式太极拳》一书的原作者应该是“李经梧、李剑华和唐豪等人组成的编写组”，而非现在署名的这两个人。因为该书是“由国家体委提议并组成专家组来共同参与研发的向国庆10周年献礼的图书项目”，主要讲解演示者为李经梧，执笔者为李剑华。这二人已经完成了书中的“陈式一路拳”的写作，“二路拳”也初步起草。但此时因唐豪不幸逝世而引起其好友李剑华过度悲伤导致中风，不能继续写作，李经梧也于其时工作调动到北戴河气功疗养院而离开北京，书稿搁置。此书不管以后谁来续写，都不应该抹杀前面的背景和过程。但事情偏偏不巧，该书原来的责任编辑被打成“右派”不知道下放到什么地方改造去了，导致有人自觉不自觉地“糊涂”或有意无意地

“疏漏”，该书就这样被“以讹传讹”了。

深明大义的门惠丰教授，在他的序言和给李老先生的信中写下了这段他所仅知的断断续续的史实片段，并向李老先生表示，请李老写出详尽事实以正视听，“如果需要打官司的话，北京这方面我当尽力”。

门教授这封信使老师很欣慰，但他老人家不同意“打官司”，原因竟是出乎意料的简单：“现在在书上署名的作者已经去世了。”老师口授由我（有时是吕国玺和压西师弟等代师回函）代笔回复门惠丰教授表示感谢。所以这事情我记得很清楚，也明白了老师为什么一直不肯写书，原来这里隐藏着挥之不去的情结和常人难以理解的酸楚。

不管怎么说，编委会经过一大段时间的忙碌，《李经梧传陈吴太极拳集》一书终于问世了。这本书以朴素无华的内容和不加雕琢的面目得到了业内人士应有的评价。当然，这本书绝非尽善尽美，从我个人的角度看，该书缺少了必要和必须的背景交代。这一方面与李经梧先生不愿意突出个人，极力并忠实地维护“陈家拳”“吴家拳”的地位不无关系；另一方面，也与初始倡导者梅墨生离开秦皇岛而没能参与该书的制作，使该书在策划上缺失了一些“高屋建瓴”的创意有关。

若干年来，我“走南闯北”，听过不少习武者对北戴河太极拳的相当高的评价，但也颇有些“武林中人”对北戴河太极拳一无所知。我想，中国的太极拳不应仅伴随着李经梧老先生的在世而辉煌，又因他老人家的辞世而黯淡！有一天，武术史将会记上北戴河太极拳这一笔。

李经梧与戴玉三

■ 简启华

戴玉三说：“我跟李师哥是双重的师兄弟关系，一是共

■ 简启华，首都体育学院副教授，北京吴式太极拳研究会原会长，戴玉三弟子。

同跟杨禹廷老师学习太极拳，二是共同向我的父亲（戴寿益）学习中医。”

李经梧师伯和我老师戴玉三先生同是杨禹廷先生的入室弟子。当李经梧师伯向杨禹廷师爷学太极拳时，戴先生与李先生就成了好朋友，他们二人除了共同研究拳术以外，还有对于中医的共同爱好。戴先生是医学世家，我的师爷戴寿益老先生曾为清朝宫廷御医。他终生从医，医德高尚，医术精湛，热忱待患者，是一代名医。李师伯当时非常认真地向戴老先生学习中医，对针灸、按摩等尤为喜爱。戴先生每每提起往事，都很为李师伯自豪。他说：“我跟李师哥是双重的师兄弟关系，一是共同跟杨禹廷老师学习太极拳，二是共同向我的父亲学习中医。李师哥虚心学习、刻苦钻研的精神给我留下了深刻印象。”

对于如何教授太极拳，李师伯也有很多可贵的见解。他曾对戴先生说，咱们教拳，不能只给学员讲解，还要做出“牺牲”，也就是要让学员听劲。太极拳是很高深的艺术，如果只限于口授，学员很难真正理解和掌握，作为老师，就要在为学员做示范时，给学员当“靶子”，让学员在自己身上摸劲，以找出正确的身体运动感觉，再去自己体会模仿。这时候老师还要检查他做得是否正确，以便及时改正缺点，使学员能沿着正确的方向持续进步。李师伯说，为了培养学员，老师要把高深的功夫放下，用较一般的动作去引领学员，诱发其走出正确的劲路，才能使学员较快地理解和掌握太极拳的正确练法。练拳者都是希望不断进步，都要努力练习高功夫，而作为老师，却是要放下高深的功夫不去练，反而去做初级的动作，这就是牺牲个人的进步与发展以提携后人。这样“诲人”、教育人，已经不仅是不怕劳烦了，更是甘当人梯。这些思想反映了李师伯高尚的艺德和崇高的品质。

如今，戴老师和李师伯等前辈先后离我们而去，但他们谦虚好学、尽心培养后学的传统依然值得我们继承下去。

李传太极，后继有人

■ 项国员

没想到这次分手竟成了永别，真是追悔莫及。

现在每每想起恩师与我见的最后一面，心情久久不能平静。

1997年春节给恩师拜年，临走时恩师送我到门口，我一再地回头看恩师，恋恋不舍，不想离去。恩师的身体不行了吗？回头看到恩师的身影，一股心酸涌上心头，我带着沉重的心情离开了恩师，离开了恩师北戴河的家。以往每年春节我总是会和恩师待一段时间，没想到这次分手竟成了永别，我真的很后悔这次没与恩师多待几天。这次由于自己事忙便匆匆而别，没能多陪恩师几天。

经常在恩师身边的美江大姐是恩师的长女，我们外地的徒弟一般都去家中学拳，美江大姐是最忙最累的人。在此怀念恩师的同时，我想对美江大姐深深一躬以表谢意。恩师练静功之时，大姐常在门口守候，怕人惊扰，如我们恰逢赶上，大姐示意勿进，并将我们让在另室。等恩师练功完毕，再进屋学拳、推手等。

恩师离开我们已近十年了，每每想起恩师的音容，心情不能平静，更激起思念之情。每年的清明节，我家门前的十字路口就是祭奠恩师的场地。每年5月2日这天，我们也开车去恩师的故乡山东莱州过西村为恩师扫墓。过西村生活着恩师的长子李树椿及其一家人，看护着恩师的墓地，我们每次去都受到树椿大哥夫妇的热情接待。特别让人欣慰的是，树椿大哥在法院工作的儿子李洪舜不仅为人忠厚老实、仁义礼貌，并且继承了其祖父的拳艺，颇有恩师的风范，这与恩师生前多年亲传身教是分不开的。洪舜的拳艺在当地拳界享有盛誉，评价很高，可告慰恩师在天之灵。最近恩师二子李树峻师兄摆脱多年繁忙的工作退休了，重新出山回归拳界。这位当年太极拳界的一员虎

■ 项国员，时任河北省武协副主席，唐山市武协主席，唐山市陈式太极拳研究会会长，中国武协会员，李经梧、冯志强弟子。

将沉睡多年，现在再现雄风为太极拳界注入了新的活力，这也是当前太极拳界的一大盛事。

我自己从恩师习拳多年，现担任着河北省武协副主席、唐山市武协主席等职，虽然为太极拳事业做了一些工作，取得了一些成绩，但按照恩师的要求还差很远，展望未来，任重而道远，我要更加努力！

最后，我想用一首恩师生前最喜欢吟诵的诗句来做结束语，以纪念恩师：

大风横空来，触物始有声。
借诗逢知己，得势功则成。

一段童年的回忆

■ 刘亚非

松静是练功的基础，这个基础就如同盖楼房打地基一样，打得越坚实越牢固就越好。

我的童年是在“高天滚滚寒流急，大地微微暖气吹”的年代度过的。1962 年 9 月，当我背着小书包成为一名小学生的时候，没想到一场灾难降临到我的头上，病魔死死缠着我不放。1963 年 5 月，我不得不休学，离开我喜欢的课堂。每天除了吃药、打针和增加营养，就是爸爸教我练习内养功（有时候是妈妈）。起初我不能入静，也不懂如何放松，爸爸叫我脸朝上躺在床上，他用手从我的头部向下轻轻抚摩导引到两脚，同时还不断地轻声重复说：“松啦……松下来啦，静……随着我的手想，别的什么都不要想。”后来我才慢慢懂得这样做能使思维相对单一化，减少杂念，以一念代万念。慢慢地也体会到了放松的感觉，并懂得了松静是练功的基础，这个基础就如同盖楼房

■ 刘亚非，气功养生家刘贵珍之女，时任河北省北戴河医疗气功医院副院长，李经梧弟子。

打地基一样，打得越坚实越牢固就越好。在此基础上，爸爸又教我停闭呼吸法、默念字诀及坐式和站式的练功方法。

爸爸当时很忙，除了行政工作和病人的治疗工作，他有相当的一部分时间是到北京给中央领导和首长进行保健和教授气功疗法。这些在当时都是保密的，由中央保健局安排。一天，爸爸拉着我的手说："亚非，你学太极拳去好不好？"我看着爸爸，眨了眨眼睛，点了点头。爸爸将我领到松林里的练功场上。练功场也是一个篮球场，是百亩松林中唯一的一块无草无树的空地，休疗养员和病人每天上午和下午都有固定的时间在这里学练太极拳。这时正好大家中途休息，李经梧老师看到爸爸来到拳场，笑呵呵地迎过来："刘院长，今天有时间啊。""李老师，我给您送来一个小学员。"爸爸也笑呵呵地大声说。听了爸爸的话，老师注意到了我，微微探下身对我说："是亚非吧？"爸爸摸了摸我的头说："见了老师应该说什么呢？"我原本躲在爸爸的身后，这时便走出来，两腿站得溜直，学着上学时给老师鞠躬的样子，说了一声"老师好！"我这个样子不仅老师笑了起来，围观的休疗养员也都笑了起来。

爸爸和老师坐在拳场旁边的长条木椅上说着什么，可能是在说我的身体情况。拳场上的疗养员开始问我这问我那，我很快就和他们熟悉起来。这时老师叫着我的名字向我招手，我跑了过去。老师用宽大的左臂搂住我和蔼地说："现在正在教二十四式简化太极拳，你先跟在疗养员的队伍后边学着划道道，等拳架学下来了再细致地学。每天都要按时来，不要偷懒也不要太累。"我点了点头，看着学员们手里拿着的太极剑，便大着胆子问："是不是也可以学剑？"老师笑笑说："当然可以，但要一样一样地学。"我瘦弱的身体依偎在老师宽大坚实的臂膀里，好像一棵小豆芽。尽管我当时并不懂自己是受到了两位父辈的呵护与关爱（因为当时爸爸的气功疗法和老师的太极拳珠联璧合，使北戴河气功疗养院驰名中外），但在我幼小的心灵中却感到非常温暖和幸福。

我从此开始了太极拳的学习。老师把我安排在休疗养员队伍里，任我比来划去，顾手不顾脚地模仿。老师给疗养员纠正姿势时，要我认真听，注意观察。我每天都坚持来，不记得过了多少天，只知道

李经梧指导刘亚非（右）练拳

原来的疗养员走了，新的又来了，二十四式太极拳教了一遍，又教了一遍。有一天老师在给疗养员定式纠正野马分鬃动作时突然来到我跟前，他将我上下手的位置做了纠正，又告诉我前腿弓、后腿蹬的正确做法。这是老师第一次给我纠正动作，我非常兴奋，鼓足了精气神儿力争把每个姿势都做好。后来老师又纠正我的倒卷肱，要我提腿不要太高，特别是教我练习云手，他告诉我手与脚怎么配合，眼和手如何相随的正确练习方法。我对太极拳的学习越来越感兴趣了。有时大家休息时，老师也叫我打上一段给他看一看。就是在老师手把手地传授下，我学会了二十四式太极拳。

可能与我身体太弱有关系，老师很疼爱我，对我总是很和气。我记得那时老师经常给振生大姐和大勇兄加课，他们跟老师学了很多的拳理拳法，老师对他们的要求也非常严格。有的动作因难度较大，他们经常练得满身大汗，我常常坐在拳场旁的长条木椅上看他们练拳。

开始学习三十二式太极剑了，我舞弄着大人们用的太极剑不免有些费力。尽管我在开始前挑来捡去地选了半天，想找一个轻一点、短一点的，可是因为剑是统一做的，差别不大，只好将就了。疗养员们看到我拖拉着剑的样子，又都笑了起来。我不以为然，尽管我比剑高不了多少，我觉得还蛮不错。老师看在眼里，便让振生姐和大勇兄给我做一把小剑，大勇兄精心选了木料，没几天剑就做好了。振生大姐把这把剑带回家给了我，我高兴极了！剑做得既漂亮，又适合我的身高。第二天，我拿着心爱的剑跑着跳着来到拳场，老师乐呵呵地对我说："亚非，这回你有了自己的剑，更要好好学呦。"我大声说："我一定好好学！"拳场上疗养员们也你一言我一语和我开着玩笑。我沉浸在幸福和快乐的海洋里，完全忘记了自己是一个因病而休学的孩子。而这幸福快乐的海洋就是老师那宽大的胸怀和他那武功武德所营造出的和谐氛围。这在我的童年中留下了非常美好的印象，我一生都难以忘怀。

一代宗师　一位医者

■ 徐翔

李老师不但是一代太极宗师，还是一位救死扶伤的医者。

20 世纪 70 年代初，我有幸拜著名太极拳家李经梧先生为师，学习太极拳术和针灸医术二十多年。李老先生那炉火纯青的太极拳技艺，崇高的武德修为和深奥的气功针灸医术，给我留下了终生难忘的记忆，为我确立了毕生修炼的目标。

李经梧老师为人纯朴善良，性情耿直豪爽，武德高尚。他的弟子、学员遍布国内外，有身居高位的省、部级领导，有知识渊博的大学教授、艺术家，也有带艺为徒的武术教练，还有身患重症的病人，他都一视同仁。在教学中，他态度严谨，一丝不苟，每个动作都亲自示范，认真讲解其要领，不厌其烦。平时他与弟子、学员都以朋友相待，谈古论今。他虽身怀绝技，却从不恃武凌弱，每与前来拜访者切

■ 徐翔，时任河北省北戴河医疗气功医院副书记，武术五段，国家二级裁判，李经梧弟子。

磋武艺，都是以浑厚的内功，应物自然的太极拳技艺使对方失去重心，绝不挫伤他人，让人心服口服。

李经梧老师不但是一代太极宗师，还是一位救死扶伤的医者。他将多年练就的太极内功与祖国传统医学有机结合，用太极内功结合针灸术，“意、气合一”，为病人疗疾治伤。每当他为人施术，患者都感觉有一股强大的气流通过针体行之全身，起到事半功倍的疗效。

李经梧老师为太极拳事业终生不渝，为把太极拳文化留给后人、造福后世，呕心沥血。他是习武者的楷模。让我们继承老师未竟的事业，为太极拳运动的推广与提高竭尽微薄之力。

“太极真功还是在中国”

■ 孙金星

你什么时候把你胳膊和手上的劲练没了，你就有功夫了。太极拳的一举一动是以心意为主使，以心来牵引，不论收和发都要由腰来领劲。

——李经梧

我原籍沧州，从小习武。幼年曾拜沧州燕青拳（秘宗）名家黄景波练燕青拳。后又跟舅舅刘兴华、刘彦峰（八极拳名家吴秀峰徒弟）学八极拳，后又练习形意拳和八卦掌。1980 年参军到中央警卫团驻北戴河某部任拳术教员，原部队转业后，调武警河北总队武术队任队长兼散打教练。1983 年开始跟李老师学习太极拳，在老师八十大寿时正式递帖拜在经梧老师门下。

我们部队营房和李老师家离得非常近，李老师住在北戴河气功疗养院的老家属院。院领导曾安排李老去新建的楼房居住，他为徒弟们

■ 孙金星，时任河北省武警武术队散打教练、队长，石家庄华龙太极拳专业委员会副会长，国家武术一级裁判，武术六段，李经梧弟子。

李经梧晚年习拳风姿

来习武方便，未迁居新楼，仍住三间平房。西屋是卧室，东屋就是教授弟子的“演武厅”了。那厅16平方米，靠墙摆两张沙发，墙上悬武林同人赠送的字画、锦旗、匾牌，正中敬奉着几张肖像，都是李老师的授业恩师。

我们每星期六下午或星期天到老师家练习推手，老师给我们讲授推手的要领和技击方法。师兄弟相互练习，每当我们不得要领时，他便走上前，顶替其中一人，按我们的定式，身体略动，便将对方弹出去。每当同老师接触，不论推什么部位，一出手就被粘住，想进进不去，想回回不来，还没有反应过来已经被弹出去了。有时老师就像拍皮球一样，我们几个小伙子随着老师转动，被老人引得东倒西歪，那真是老叟戏顽童。一试再试，屡试不爽。这时老师就给我们讲：“太极拳无形无象，不顶不丢，讲究四两拨千斤，要从腰上去找劲，接触点要松，要借对方的劲。”我们按他的指点一遍一遍地练，如可以找到一个劲时，老师便笑眯眯地坐回沙发，点上一支烟并指示谁和谁再推一推。倘若徒弟们对他的发力仍不能掌握，他便说：“你们再听一听！”所谓听一听，是让我们用手贴住他身体的某一部位，感觉他身上的螺旋力。有时我们“听”过尚不领会，他就站在我们身后，把住我们的手或肩，指导与另一个交手，直到“听”懂为止。我印象最深的一次是我们几个师兄弟在东屋练习推手，因我“本力”比较大，底盘比较稳，经常练习臂力抓力，打沙袋，练刚劲多，推起手来进的多退的少，刚多柔少。当时不理解，悟不到，总以为有力量就行，“一力降十会”。老师当时看出了我的心思，非常严肃地说：“金星，你什么时候把你胳膊和手上的劲练没了，你就有功夫了。太极拳的一举一动是以心意为主使，以心来牵引，不论收和发都由腰来领劲。练习太极拳，只苦练不行，要多动脑子，你好好琢磨琢磨。”老师的一席话我到现在仍记忆犹新。

北京武协副主席、中国人民大学教授李德印老师曾经多次到北戴河拜访李老师。1979 年他专程向李老师学习陈式太极拳。在海边、松林中，李老师指导并亲自发力示范，给李德印留下了深刻印象。李德印常说：“经梧老师是我最尊敬的太极拳前辈之一。”十一届亚运会期间，广西武术队教练周树生师兄担任了中国武术队教练，当他胜利完成任务后，并没有立即返回家乡，而是直奔北戴河向李老师报喜和求教。可见老师在学生心目中具有多么大的影响和多么高的地位。

在日本投降后的一年，国民党武术教官张之江（冯玉祥部队的副司令）来太庙太极拳研究会挂匾。李老师为该会的理事，与同道们一起等候。这时，有位魁梧强悍的拳师因推手屡败在他名下，心中不服，趁其不备，从背后双手掐住他的胳膊。李老师却不回头，只下意识地一抖，那人便腾空而起，摔在地上被人扶起。那拳师不怒反笑：“摔死也高兴，我不知是怎么起的空！”

还有一次，他回老家正坐在院内的椅子上给一群练拳的徒弟讲授太极拳理，忽听来人说有位六十余岁的太极拳同道来访，便欲起身迎接。报信人是个小伙子，对老师非常尊敬，见他起身就用手去按，以示阻拦。结果李老师继续起身，就像没有遇到任何阻碍，那人却被弹出十几步远，仰面摔倒，两臂也擦破了。他只想着对来访者有礼貌，万没有想到一起身便是如此后果。这是他第一次意识到自己武功已到了自然而然的层次。

太极拳现在已发展为健身强体和表演欣赏的大众拳术，它的技击作用已不被人重视和提倡。但无论是中国人还是外国人，对太极拳名家的衡量标准都以技击为主。李老师作为秦皇岛市武协主席、太极名家，虽然多次应邀表演太极拳推手，但人们对他的武功到底有多高似乎有疑问。当看到与他交手的徒弟们不时被弹出去，而又看不到他有何动作时，有的人便认为这是师徒编排好的，于是总想证实。有位记者来北戴河气功疗养院采访，为试一试李老的功夫，趁他不备，从背后猛地抱住他。万万没有想到，李老只下意识地一抖，他的胳膊便骨折了。

在李老 76 岁那年，有位名叫高桥贤的日本拳师来北戴河气功疗养院学习气功，其中包括太极内功。当他得知太极内功的创立者李经梧就在这个疗养院任职后，非要与李老师会面比试一番不可。高桥贤 38 岁，练过形意、八卦和陈式太极拳，功夫也是不错的。李老考虑到他是外国人，不愿出手。高桥贤却执意要比。经请示河北省外事部门批准，李老仍然担心，便让他练几套拳，看看功底。大家看到高桥贤练起拳来呼呼生风，出手迅捷，都为年已古稀的李老捏把汗。两人一交手，围观者还没有看到李老的动作，高桥贤已仆倒在地。他仍不服气，脱掉羽绒服，“嗷嗷”叫着向李老扑来，威势逼人。李老虽年事已高，但他深悟太极拳之精华，缠丝劲、螺旋劲贯穿身体各部位，对来力不顶不丢，只轻轻一旋，就将高桥贤弹出数步倒地。这回高桥贤起身向李老深鞠一躬说：“太极真功还是在中国！”外国人想学的和服气的，就是这种真功夫！

1989 年，河北电视台到北戴河气功疗养院拍摄《体坛内外》节目。当时的体育节目主持人蔡猛对李老师说：您的功夫我相信，但是怕观众不信，您能摔倒了我，就更可信了。李老笑着问，你不怕摔坏？蔡猛说不怕，一递手，李老稍发太极劲，将他弹出，差点儿砸了摄像机……

由于李老极高的武学修养和声望，生前受聘担任北京吴式太极拳研究会顾问、北京陈式太极拳研究会顾问、武当山武当拳法研究会特邀研究员。由于他对我国大众体育运动的贡献，曾当选为河北省三、五、六届人大代表，秦皇岛市政协三、五、六届常委。

李老于 1997 年 5 月 2 日仙逝于北戴河。笔者作为李老的入门弟子，对恩师的言传身教时刻铭记于心，以继承遗志、传扬太极德艺为己任，为祖国传统文化的弘扬尽绵薄之力。

祖父的教导

■ 李洪舜

武以悟为得，以德为上，以技击为末……

——李经梧

我的家乡山东省莱州市过西镇，很早就有尚武的习俗，这里的人们白天耕作，业余习武，强身健体，是一个远近闻名的武术之乡。

每次祖父回家省亲，我家的大院里就满是练拳的人。看到我祖父与他们推手，轻轻一动就将对方扔到我家麦草垛上去了，我感到祖父很神秘，太极拳真奇妙，就经常在旁边学着爷爷的动作，煞有介事地比画起来。

家庭的渊源，使我从小就与太极拳结下了不解之缘。

我七岁那年，家父李树椿开始教我练二十四式太极拳，二哥李茂顺教我太极刀。到我上三年级的时候，我们学校有 80 多个同学跟我学练太极刀，我还带领十几个同学参加全镇的小学生比赛，并取得了好成绩。从那时起，我更加热爱太极拳了。

二哥见我是块练武的料子，就开始认真地教我八十八式太极拳和吴式太极拳。当时我祖父每两年回家探亲一次，每次祖父都要手把手地教我，纠正我的每一个动作。在祖父的精心指导下，15 岁那年（1979 年）我又学完了陈式太极的一路、二路。就这样，童年时期的我，虽然对太极拳的奥妙还不太了解，但也是“闻鸡起舞”，一招一式练得特别认真，渐渐地打下了基本功。

■ 李洪舜，在山东莱州市人民法院工作，为山东莱州市武协秘书长，李经梧之孙。

1979 年李经梧（前排右二）与夫人及家人合影

1980 年春天，我终于有机会去我祖父工作的地方，那个一直令我神往的圣地——河北省北戴河气功疗养院。在那里我每天跟祖父一起吃、一起住，心里特别兴奋。清早起床我就跟祖父一起练拳，动作不标准的地方，祖父就一招一式地示范。记得在纠正陈式一路的“翻身二起脚”到“兽头式”的动作过程中，因为较难掌握，祖父示范了两次我还是做不好，祖父严厉地教训了我一顿。从那以后，我对每个招式的起承开合都不敢有丝毫的马虎，直做到他老人家满意为止。

在祖父身边的日子，每天上午我都要跟着师叔冯益建、徐翔、吕德和等到松林里练套路，直到中午吃饭，下午再接着练推手。虽然很累，但我很高兴，闲下来的时候就听祖父讲拳，讲他老人家学拳的经历，讲太极劲的原理，讲王宗岳的拳论。祖父单独跟我在一起的时候，总是叮嘱我：“要想人前显贵，必须背后受累！”从祖父无微不至的关怀中，我看到了祖父对我的殷切希望，我也越发勤奋了。就在当年，祖父还亲自教给我太极内功的练法，教我带功练拳以及内功在推手中的运用。

从1980年开始，我每年都要到北戴河，在祖父的身边住上二三十天，接受祖父的训练，看祖父练拳。从祖父潇洒、灵动的拳艺中领悟、吸收，使我越来越体会到太极拳的博大精深，功夫也大有长进。

看到我的进步，祖父也更加喜欢我，还高兴地拿出珍藏的赵铁庵师祖留给他的《太极拳秘宗》，让我认真地抄录下来，再一段一段地给我讲解、演示。印象最深的是祖父讲述“太极圈”的原理和应用，我茅塞顿开，使圆的向心力、离心力及圆的展开线等理论在太极推手中得到了应用，才真正领悟到了太极推手的道理，体会到“四两拨千斤”的意义。

每当要与祖父离别的时候，他总要叫着我的名字嘱咐我：龙顺（我的乳名）啊，练拳光用功不行，还要多动脑子、多读书，才能有悟性，要记住：武以悟为得，以德为上，以技击为末……

每当静下来的时候，祖父的教诲就会在我耳边回响，我渐渐体会到，太极拳不仅是一门武术，更是一种文化，是我们东方文化的结晶，没有古老的中国文化，就不会有太极拳。

1984年，我又学会了吴式太极剑；至1988年，我对太极拳的拳、械、功法已全部掌握。

时光流逝，岁月无痕，自1997年5月2日祖父离开我们转眼已近十个春秋，现在已是不惑之年的我，每当想起祖父的关怀和教诲，便感到肩负着一种责任和使命。十几年来，我一直恪守着传统古训“夏练三伏，冬练三九”，每天坚持练拳四五个小时。在我的心里，只有把太极拳发扬光大，才能报答祖父对我的培育之恩。

2003年至2004年，我分别参加了多次国际性太极拳交流与比赛，并两次获得太极推手第一名，传统套路也取得了优秀的成绩。2003年秋，莱州市成立了武术协会，我被推选为副秘书长，工作之余还带了40多名学生，每个星期天义务教拳。

古人说：“技进乎道。”这几年在工作之余，我除了练拳、教拳之外，还开始认真研读《论语》《道德经》《庄子》，研究《易经》《金刚经》等，从传统经典里吸取营养。《中庸》教我悟出了“无过不及”的道理；老子的思想让我明白了“有之以为利，无之以为用”的哲理；是《金刚经》的启示，让我懂得了“真空妙有，空有不二”的生命境界，悟出了太极拳所蕴含着的生命规律。

2006年，我的叔父李树峻退休后又重新开始研练太极拳，更加鼓舞了我献身太极拳事业的决心。在家乡，我们还计划成立“李经梧传太极拳道研究会”，决心为继承祖父的精神，为太极拳事业的发展，为我们中华民族的优秀传统的继承和传播，尽我全部的力量。

谨以此篇纪念祖父逝世十周年，以为缅怀。

推手也要周身一家

■ 陆春光

太极拳讲由招熟而懂劲，由懂劲而阶及神明。太极拳讲劲不讲招，打的是劲路。

——李经梧

初次拜见师爷李经梧

自初次见到我的师爷——太极拳大师李经梧先生到今天已23年了，现在回想起来，仍是历历在目。

那是1984年的夏天，刘玉兰老师带着我们师兄弟三人从辽宁锦州市乘火车到秦皇岛，转乘公共汽车到达北戴河气功疗养院。迎接我们的是王大勇师叔，推开房门，见屋内一个中等身材、满面红光、体形魁梧的老者正在与几个年轻人练习推手。这位老者便是我们仰慕已久的太极拳大师李经梧先生。见我们进来，老人家笑容满面地向我们走来。老师把我们一一介绍给师爷，师爷边与我们握手，边操着山东口音说：“欢迎！欢迎！”王大勇师叔把我们介绍给几位师叔后，师爷转过身来对师叔们说道：“他们是东北来的，来一趟不容易，我们给演练一下推手，让他们看一看。”说完，老人家就与几位师叔逐个演练起来。

■ 陆春光，葫芦岛市吴式太极拳研究会主席，李经梧再传弟子。

先是王大勇师叔上。师爷一边与他推手，一边说："你功夫见长啊。"王师叔见有机可乘，右手在前，左手在后，向师爷胸部推来，手刚挨胸部，只见李师爷腰微微一转，王师叔脚跟翘起，随即双脚离地，身体被抛到几米外的墙面上，然后落了下来。师爷关切地问："摔着没有？"王师叔爬起来说："没事，没事。"接下来冯志明、吕德和等几位师叔轮番与师爷推手，结果不是被发到数米之外，就是被拿采得或跪或趴到地上，有时还被采得双脚或单脚在地上直蹦，而手却撒不开。面对这场面，我们几个人惊呆了。这使我想起一句老话："老叟戏顽童。"这就是太极推手吗？太神奇了！

推了约半个小时。休息时，师爷逐个给师叔说手，当然也是说给我们听，讲解他们的劲是如何被化，如何被拿，身体是如何被发出去的。事后，我曾问几位师叔：手真的撒不开吗？当时有什么感觉？师叔们都说：手实在是撒不开，被发出时，好像掉到山涧中，心内很恐惧；被采时，腰好像折了一样，没有一点反抗能力。

师爷说，要发放对方，首先拿起对方的脚跟，使对方失重，才能发放。说着他把右手放在一位师叔胳膊上，边演示边说道："你们看，我把手放到下面，他脚跟起来，把手放到上面，他脚跟也起来。"接下来，老人家给我们讲解及演示缠丝劲。出于好奇及求知心切，我提出试试。我把左手手心朝下放在老人家的右手背上。我稍一用力，感觉我的手被他的手背缠住，失去反抗能力。我右脚离地，身体前倾，失去平衡。随着老人家的腰和右手的转动，我左脚不停地在地面跳动，手根本撒不开。看来只要老人家不停，我就得不停地随他跳下去。啊！这就是缠丝劲！

而后，师爷让我们演示一下陈式拳中几个动作，由他当面指导。这更是求之不得。我当时学习陈式太极拳三年，当即演示了掩手肱捶。师爷即时做了讲解。他说，这个拳势不论左手向左前掤，还是右拳及大小臂向右后螺旋缠绕，及两手合到胸前，到右拳向前发出，均内含缠丝劲，每个细小动作都有攻防意思，劲不仅仅是在拳面，对方挨到哪里就在哪里化拿发。说完，老人家给我们演示了掩手肱捶。老人家当时已经 72 岁。但见他立身中正，以腰带动四肢，不论手、小臂、大臂直至身上均十分饱满，内含缠丝劲，及至发拳那一刻，气沉丹田，支撑八面，劲由脊发，节节贯穿，劲达拳面，似有雷霆万钧之势。接着，老人家把发劲的动作放慢，又做了一遍，让我用双手分别按住他的右小臂与大臂，当他发劲那一刻，我只觉得脚下发飘，向后跌倒。这真是：八方接手，挨着何处何处发，处处均有缠丝劲。

那天，老人家打破睡午觉的习惯，饭时和饭后一直与我们聊如何练好拳，以及他年轻时练拳的故事。记得邵师兄问道："师爷，两人在对打时，还想用什么招吗？"师爷说："不想，没有时间想，想就来不及了，要达到应物自然。另外，太极拳讲由招熟而懂劲，由懂劲而阶及神明，太极拳讲劲不讲招，打的是劲路。"我问道："我看过一篇文章，说一位太极宗师听劲至灵，他与另一人各拿线绳一头，那人拉着绳任意或动或停，只见线绳既不断又不打兜。能这样吗？"师爷笑了笑，说："我没有亲眼见过，不好说。功夫高达到神明程度的人，我只亲眼见过我的师爷王茂斋先生。"说着就讲起王茂斋师祖的故事。这次谈话给我印象最深的一句话是："练太极拳要有悟性，要肯下功夫，更要注重武德修养。"

短短五个小时很快就过去了。合过影后，师爷亲自把我们送到疗养院门外，我们向师爷行过礼后，依依不舍地向老人家告别。

最后一次拜见李经梧先生

自1984年夏季那次起，老师年年带我们去北戴河拜见李师爷。

直到12年后的那一天，即1996年9月21日。那天，我们一行四人在老师的带领下，开着车，带着摄像机，经过三个小时的路程，又来到北戴河李师爷家中。

此前，李师爷做了一个大手术，还未康复，身体虚弱，行走不便。老人家坐在客厅的藤椅上迎接我们的到来。我们一再说，我们来看望您，您要好好休息，不要为我们说手了。但老人家说："你们从辽宁来一次不容易，总得让你们学点东西带走。""我身体不好，连一个花盆都搬不动，但我推手不用劲，都是你们自己的劲。"

于是，这次拜见又在我们与师爷的一问一答间，在师爷不断的讲解与不停的推手示范中进行。

师爷讲了打拳与推手的关系，讲了粘连粘随及掤、捋、挤、按等八门劲的要领，讲了推手和打拳一样要周身一家，并亲身示范，然后要我们按他说的演练。当我们做得对时，老人高兴地竖起拇指，说：“好，对了。”老人家言简意赅的讲解，使我们顿开茅塞，真所谓“真传一句话，假传万卷书”。

我向师爷请教陈式拳的下塌外碾在推手中如何运用，师爷让我用左手推他的胸部。在我的手将到未到之际，他用右手向下塌住我的小臂，稍稍一沉，我两脚跟已离地，而后老人家又轻轻往外一碾，仅划了一个小弧，我则身不由己向后跌出。那动作不快不慢，恰到好处，分毫不差。

说到听劲要灵时，老人家伸出右手食指，让杨庆丰师弟用手撅。杨师弟用右手握他的食指，刚一用力，只见师爷食指顺其劲微微一转，然后向前一送，把杨师弟抛了出去。这一切是那么的神奇，神奇得令人难以置信！一个年已 84 岁、大病未愈的老人坐在椅子上，只用一个手指竟把一个一百七八十斤重的年轻大汉抛了出去！

不知不觉，时间已过了近一个小时。考虑到老人家的年龄和身体状况，我们不得不向老人家告别。我们一再让老人家不要送我们，但老人家不肯，执意要送。老人家从藤椅上站起来，吃力地挪动脚步，坚持把我们送到院门外。我们回头望去，只见老人家一边手扶院门，一边向我们摆手说：“希望你们再来！”

没想到这竟是永诀。就在这次拜见后 8 个月，老人家在秦皇岛病逝!

武功没有天下第一

■ 杨光普

练什么都要有规矩，老一辈传下来的拳法都自有其道理，我们要按规矩办事。

——李经梧

■ 杨光普，李经梧再传弟子。

记得初次见到李老先生是在 1974 年，那时我还不到 10 岁。常听同学说他家隔壁住着一位会武功的奇人——李爷爷，用一根手指轻轻一拨就能把人弹个跟头，还能用一根手指当秋千吊着小孩子玩儿……怀着对这位奇人的崇拜和好奇，我和小伙伴有一天偷偷趴到他家门外，想透过门缝一睹他老人家的容貌。时年 60 多岁的他满面红光、神采奕奕。发现我们以后，他乐呵呵地从屋子里走了出来。年少不懂事的我们由于对大师有点敬畏，掉头就跑。一不小心，我栽了一个跟头，手被划破了。李老先生走过来，轻轻地把我扶起，亲切地说："孩子，跑啥呀，你看看，手都破了，快到家里来。"他给我的手上了红药水，还进行了包扎。这就是我和李老先生的第一次接触，没想到让我仰慕已久的李老先生竟是这样的和蔼可亲。

1982 年 8 月，经我表兄介绍，我拜在李老先生的弟子吕德和老师的门下，开始正式习练太极拳，实现了我儿时的梦想。那一天，我心里有说不出来的高兴。那年的国庆节，我跟随吕老师到家中拜访李师爷。师爷非常热情地接待了我，在谈话中教给了我许多习武做人的道理。他的第一堂课是给我讲了一个前辈比武的故事。当时老北京的天桥，有一位老先生的摔跤功夫非常了得。有一天师祖陈发科和这位老先生进行了一次小小的切磋，两位老先生刚一搭手，互相就松开了。随后，两位相互客气地拱拱手，就告辞了。第二天，这位老先生提着点心来陈发科老先生的家中拜访。一进门，这位老先生就问陈老先生的弟子们："你们的师傅没说我们昨天的比武是怎么回事吗？"见到弟子们都很纳闷，这位老先生就主动说："昨天与你们师傅一搭手，就被他制住了。如果他一发力，就会把我发出去了。可是他却给了我很大的面子呀，没有让我在众人面前丢份儿，所以我今天特地来拜谢你们师傅。"说到这儿，李师爷语重心长地教导我说："习武必先学会做人，习武也要重视修德啊，武功永远没有天下第一……"师爷的这句话以后成了我人生的座右铭。

李经梧师爷退休后，我每周到他家两三次，向他学习推手。当时他虽然年事已高，但还是亲自示范，毫无保留地一招一式地教我，并且在习练中不断启发引导我提高悟性。记得在一次推手中，我们搭上手后，正在进退之间，突然我一发力，没有感觉到师爷动，我就失去了重心，但师爷没有把我发出去，而是让我的头轻轻地顶在他的前胸上，一下子把我接住了……经过反复地示范与传授，师爷让我懂得了习练太极拳讲究的是“引进落空”“四两拨千斤”的要旨，这使我在习练中得到很大的教益。

师爷习武最讲认真。有一次，我在练习太极拳套路时，掩手肱捶的扣手动作总是做不好，索性我就直接扣进去了。师爷发现后，马上把我喊住，严肃地对我说：“孩子，练什么都要有规矩，老一辈传下来的拳法都自有其道理，我们要按规矩办事啊！”师爷的一席话说得我脸红了，从那以后我练拳再也不敢投机取巧了，习练的态度也越来越认真。心里有了认真的概念，在以后的做人做事也就显得踏实了。

师爷为人谦虚谨慎、与人为善，始终保持着乐观向上的好品质。1986 年 6 月，我随师爷和吕师傅到太原参加全国第一届太极拳锦标赛。当时，我陪着师爷坐在看台上看比赛。比赛几轮过后，我发现裁判对师爷学生打的分数不是很高。当时我年轻气盛，就站起来和师爷发起了牢骚，情绪有点儿激动地大声说：“这些裁判判罚不公，我们队的水平绝对不在别的队之下……”师爷示意我坐下来，语气很轻但是相当严肃地对我说：“小杨啊，所有参赛选手的水平都是不错的，都下了很大功夫，你不要随便说东家长西家短的啊，尤其是不要指责裁判。比赛的目的是参与，把中华武术发扬光大才是正道啊……”听着他的教诲，望着他认真的表情，我感到无地自容，再也不敢吱声了。

师爷已经逝去十年了，如今，我还时常梦到师爷，梦中的师爷还是那慈祥和蔼的相貌，还是那爽朗豁达的笑声……

太极拳的“理”都是一样的

■ 朱泽建

这套拳（八十八式太极拳）很好，但我改了一个动作，

■ 朱泽建，时任河北石家庄市第 85 中学校长，中国武协会员，李经梧再传弟子。

就是“提手上势”的做法，这样一改，劲力可能会更好一些。既然我改了一个动作，就要说明一下，让你们知道。

——李经梧

李经梧老先生对武术终生精研不辍，广收博取。他全面、完整地继承和发扬了陈式、吴式太极拳之精华，同时又兼采杨式、孙氏太极拳等各家之所长。在中国现代武术史上，他承上启下，既精通传统套路，又谙熟新编套路，可谓一代大家。

他对拳理见解高深，但又谦虚谨慎，胸怀坦荡。他常对我们说，各种太极拳的“理”都是一样的，都要好好学、好好练。关于八十八式太极拳，他给予很高的评价，并亲自传授。他说，这套拳很好，但我改了一个动作，就是“提手上势”的做法，这样一改，劲力可能会更好一些。既然我改了一个动作，就要说明一下，让你们知道。四十八式太极拳的“马步靠”，许多人都做成重心偏左偏前，这似乎未尝不可。但李经梧先生很认真地对我们说，不能那样做，因为那样做劲路不好。我当时还不太理解，经过一段时间的练习后才体会到，他说的话是多么正确和宝贵。

他深得太极拳之精华奥妙，但从不贬低他人，对各派太极拳都给予赞赏、尊重和推崇。他还曾教过我孙式太极拳，其动作沉着、轻灵而潇洒。教完后他对我说，你以后见到孙家的人还要向他们好好学。这话给我留下了深刻的印象，使我感到他的谦虚和博大。

20多年间，我几乎每年都要到北戴河学习太极拳，有幸面受李经梧先生的教诲和指导。20世纪80年代初，我跟随他的爱徒吕德和老师学习了陈式太极拳和吴式太极拳。每学一路拳我也随时向李经梧先生汇报并请他指点。每次，他都很高兴很耐心地给我说拳，肯定成绩，指出不足之处，并亲自示范。他对晚辈、对再传弟子特别耐心和亲切，有问必答，口传身授，诲人不倦。当他和这些晚辈在一起时，脸上总是带着欣慰的笑容，不时发出爽朗的笑声。爸爸回忆和他在一起的情景，我总感到是一种莫大的享受。

出于对我的信任，他委托我参与了《李经梧传陈吴太极拳集》一书的编著工作，并使我担任了该书的副主编。能使其宝贵的太极文化得以流传，我感到非常荣幸和欣慰。

无论从哪个角度说，李经梧大师留给我们的太极拳遗产都是极其宝贵的，它使我在多年的修炼中逐渐体会到这样一些道理：

太极拳是武术。它将意、气、神、形高质量地有机结合，是高品位的武术，是武术中的瑰宝。这样的武术本质上要求体验和内外兼修。

太极拳是文化，是中华民族的优秀传统文化。它源远流长、博大精深。而文化的本质要求继承和发扬。

太极拳是艺术，它动静相兼，似行云流水，松柔绵延，圆和完美，是立体的画、流动的诗、无声的乐。艺术的本质要求揣摩和静心修炼。

太极拳是科学。它平衡阴阳，内含哲理，符合辩证法和事物运动的客观规律。科学的本质要求探究和明理。

太极拳是事业。它是无数先人智慧的结晶。而事业的本质要求全身心地投入和追求。

一代宗师，光照千秋。高风亮节，惠及后人！

与师爷的缘分

■ 邓吉盛

我后悔极了，后悔当初见师爷时，没有厚颜多问，错过了良机。

我与师爷是同乡，但他在北戴河，我在山东莱州，相隔千里，因为太极拳，我与师爷有缘分。

说起来不好意思，我第一次见师爷，是在我还不知道自己与师爷的关系的情况下，稀里糊涂地被师爷关照了。这是在 20 世纪 80 年代

■ 邓吉盛，时任山东莱州市人民检察院办公室主任，李经梧再传弟子。

后期，师爷回乡，我有意无意代表姑父孙晓亭去见师爷一面，因为姑父没有给我说明师承关系，我也没有细问，只以为李经梧可能是姑父的师叔我的叔师爷。到过西镇师爷家后，我受到师爷和李树椿师伯全家的热情接待。师爷对我很亲切，先看我练拳。那是师爷对我“单兵教练”，只有洪舜师弟在旁。可那时我从部队转业才回乡，因为身体较差刚刚学拳，姑父又在北京，所以那拳式走得让人没法看。师爷认真又着急地给我指教，并且热情留我吃饭。我受宠若惊，心里想老人家真是品德高，但我并不知道这就是我的师爷。1992 年，姑父从北京寄回了《杨禹廷吴式太极拳系列秘要集锦》，从书中我才知道姑父师承李经梧师爷，我后悔极了，后悔当初见师爷时，没有厚颜多问，错过了时机求教。

知道这层关系后，我立即找机会去北戴河。当时师爷因手术正在恢复，见我去了很是高兴，带病给我指点，着急时让我从藤椅上扶起他，手把手纠正我的动作。他那恨铁不成钢的着急劲，让人既脸红，又心暖。隔两年我又一次去北戴河，一进院门还没有进屋门，大姑（李美江）问我是谁（因为当时大姑与我面生），我刚回答一句话，师爷还没见到我的面，却已听出是我，声音已从西屋传出：“吉盛吗？！快让他进来！”我立刻倍感亲切。要知道在这之前我与师爷只见过两面，而且间隔好几年，他竟能一下子听出我的声音。接着师爷给我整天说拳，又留我一起吃饭。师爷喝酒，每餐不过两小杯。师爷说：“我看你这个人品德不错……”师爷在示范中不时地对我说：“吉盛，你看到了没有？我做慢一点，你再看看。”

师爷八十五大寿，我有幸开着我的仪征牌吉普车，拉着师伯和师弟李洪舜一家，五人上北戴河。在北戴河期间，我开着吉普拉师爷去医院查体，师爷说：没有想到能坐上吉盛开的车。

再见到师爷时，是师爷仙逝。我闻讯后怀着沉痛的心情开车把师伯、师兄、师弟送上火车，然后请假向北戴河奔去。火车须坐到山海关，再坐汽车返回北戴河。当时正遇公路翻修很难走，当我到师爷家时，正好赶上送别师爷，我是最后一个赶到的，好像师爷有意让我见他一面。除了师爷的亲属，作为师爷家乡门里的人，我有幸最后送师爷。

现在我想起与师爷见面的情形，仍然清晰在目，只是拳我没学好，辜负了他老人家的一片热心，遗憾至今。

我与太极拳的因缘

■ 施国君

练太极拳半年后我停止了吃降压药，至今已有两年没吃药了。现在我已58岁，血压也恢复了正常。

我自小爱好武术，崇尚侠义，练拳已四十余载。曾先习长拳、弹腿，继练刀、双刀、枪、棍、剑、七节鞭等。20世纪60年代拜尹式八卦拳第四代传人王景山、潘泰丰先生为师，习练八卦掌，还跟其他老师学过杨式太极拳、吴式太极拳。我也曾担任过部队、工厂、矿山、学校的武术教练，任过莱州市原西由公社的武协主席。由于我拜过名师又通晓各家拳路，加上勤学苦练，在当地也算小有名气。

70年代末，李经梧老先生回过西镇老家探亲，我和大师兄刘永椿商量去看望他老人家。李经梧这个名字在我练武的同行及师傅当中，都传过许多奇闻轶事。如过西村有个方永昌在大军阀张宗昌手下干军长，本村的方朴亮在他手下干侍卫。有一年，李老先生回家在本村方家开的茶馆里喝茶，方朴亮也在喝茶。方朴亮就说："经梧，都说你功夫很高，咱俩比试比试？"李老先生同意了，两人一同到了院子内。方家是个大财主，房子大而高。这时方走到屋檐下一纵身两手把住屋檐下的连连橛，从东挪到西，轻松跳下。李老先生二话没说，一纵身贴在墙上一动不动，众人叫好。下来后，人们问："你怎么能贴在墙上？"李老先生说："这叫墙上挂画，你看那墙上有个钉子，我利用这个钉子，身子一贴两手夹住钉子就不动了。"（听说李

■ 施国君，原山东省莱州市港务局副局长，李经梧再传弟子。

老先生在东北练过轻功）这些奇闻轶事让李老先生在我心中神秘而伟大。

我和刘师兄一天上午到了李先生的老家。他家是个典型的北方农家大院，有正屋四间，没有厢房，院子很大。我们进屋的时候，老先生的二孙子李茂舜（当时我们和茂舜比较熟）、他的老徒弟杨培文及几个从城里来的人在场。当茂舜对老先生介绍说：这是两位练八卦拳的刘永椿、施国君时，李老先生马上起身与我们握手，让我们坐在他的身旁，并说："茂舜快给客人倒茶。"李老先生高大魁梧，满脸红光，说话底气很足，很是神气。那时我对太极拳不够了解，只觉神秘，因而感觉李老先生神龙见首不见尾。

坐了一会儿，李老先生问我们跟谁练的八卦掌。当我们提到教我们的是王景山老师时，李老先生说："知道，知道，听说这老人练得不错。"这时李老先生让我师兄练一下看看。师兄练了一趟八卦掌后，李老先生带头鼓掌，并对在场的徒弟们说："刘师傅练得不错，你们这些人都没他下的功夫大。"这位大名鼎鼎的太极宗师竟称我师兄为刘师傅！当时我对李老先生的谦和，佩服得五体投地。李老先生还非常有礼貌地对我们说："这样吧，我练趟孙式太极拳。"老人家往那里一站准备起式时，我因离得近，感觉身子要晃，当时不知这是怎么回事，就离远了一些。

李老先生练孙式太极拳时比练吴式太极拳要快，架式紧凑，潇洒飘逸，轻灵活泼，整趟拳是在不停的动中练完的，让人看后非常舒服。收式后，老先生双手抱拳，对着师兄和我笑哈哈地说："练得不好请多指教。"这也是我第一次见到什么叫孙式拳，而且是李老先生练的，真是荣幸。老人家不但艺高，德也非常高，我目睹了他老人家的风采，那个场面使我终生难忘。

练完后我们一同又进了屋。老先生住东间，靠北墙放着一口躺柜，老先生靠南边的炕边坐着。东间里面还有个套间（存放东西用的）。老先生坐的右边有一个一米左右的空间。从城里来的人，其中一个我认识，在莱州市练太极拳还很有名望的，和我年龄差不多。但他身体很壮，身高 1.80 米左右。这个人当时就坐在我的身边，提出跟老先生学推手。实际他想试试李老先生的功夫。当时老先生没有起来，只对他说："好，我试试你练得怎样。"老先生伸出一只手，那人站起来双手去接，只见老先生身体向右一转，那人就从躺柜上面一头栽到右边的那个空上，头落了地。当时吓得我够呛，我和老人家忙把那人扶起，幸好没摔坏。我目睹了老先生练拳和推手的神奇功夫，对太极拳有了浓厚的兴趣。当时就想跟老先生学拳，但因种种原因，未能如愿。而后我跟李老先生在家乡的弟子国超群老师学了一趟吴式太极拳。由于国老师因病去世，只学了一套架式，从此再也没练太极拳。

20 世纪 80 年代末，由于我走上了领导岗位（任莱州港务局副局长兼海运公司经理），忙于事业，难免应酬，时间和生活上不规律，拳逐渐练得少了。继而我的体重由过去的 128 斤（身高 1.76 米）增加到 205 斤，已经大腹便便，连弯腰都很困难了。随之而来，血压也升得很高。1995 年，我在一次出差中不慎从楼梯摔倒而不能动，经查腰椎间盘突出。我去过北京、上海等大城市进行治疗，也用过民间秘方，却都没治好。整整八年，我不敢坐硬板凳，更不敢睡软床。我坚持着上班，进行着治疗，忍受着高血压和严重腰椎间盘突出的折磨，一度对身体能否恢复极度悲观。这八年中，我由于身体原因，酷爱的武术一度中断。

2003 年的一天，一个偶然的机会，我在朋友家遇到武术名家李经梧老先生的孙子李洪舜。早就听说洪舜太极拳练得不错。出于对武术的爱好和追求，当时我就邀请洪舜起身和我试手研劲。由于我多年的功底，对各家拳路的熟悉，不谦虚地说，在当地同龄练拳的人中，许多人都败在我的手下。当然洪舜我也没十分放在心上。但我俩一搭手，我当即感觉脚起空，身体失中。洪舜停下了，我已知换不上手。当时我想咱这是研劲，不是真打。我提出了重新进手，洪舜笑着说："可以。"我即快速进掌，又被他化过。我又连进几掌，只觉掌掌落空。当时我感觉到洪舜不但艺比我高，德也很高，在我落空的那一瞬间，如果他一发劲，我肯定被打出。而且当时我的身体也不好，但他在我的朋友面前给我留了很大的面子。我心服口服，继而对李家所传太极拳产生了浓厚兴趣。我当即提出拜他为师，重新习练太极拳。洪舜谦和地说："你年龄比我大，练拳时间比我长，是大哥，又通各路拳，我得向你学，哪能收你当徒弟？”我诚恳地说：“我比你大是事实，练的拳多也是真的，我认过长拳师傅，也拜过八卦掌师傅，过去虽也学过太极拳，但师傅早已过世，学的时间短，没学到内在的东西。想这次再拜个太极拳师傅，继续深造下去。”在我再三要求下，洪舜说：“这样吧，我二叔李树峻在北京，他得过我爷爷亲授，而且还得到过陈发科、杨禹廷、王子英几位师爷的亲传，你拜他为师吧。我二叔不回老家时，我代他教，二叔回老家，或你到北京去，让二叔再亲自点拨。”我欣然同意。经洪舜介绍，我与邓鹏飞、施孝恩一同去北京递帖拜师，我们三人就成了李树峻师傅的徒弟了（邓、施二人在我入门前早跟洪舜练拳了）。

入门之后，由于当时我患腰椎间盘突出，血压高，师傅根据我当时的身体状况并看了我练的八卦拳（我当时还不敢弯腰）后，指出了我的形体和带功练拳所存在的不足，说你先练吴式太极拳吧。然后师傅讲了练太极拳如何站桩、松腰、松胯，贯穿一个“松”字的三个步骤；还就形体、意气、神意、每个阶段的练法结合太极内功详细地进行了解说和指导。

师傅富有哲理的讲述、教导，使我茅塞顿开。师傅的高深艺境、豪爽侠义气度和精心的指导，深深地打动了我，感染了我，我从此走上了太极修炼的大道。

知行合一，贵在能知而能行，从那天起我迷上了太极拳。不管春夏秋冬，还是逢年过节，我从不间断。我根据自己患病的身体状况，循序渐进，勤学苦练。经过近三年的习修、揣摩和师傅的指导，我的身体得到了恢复，技艺也有了较大的提高。现在我的体重降到了167斤，腰椎间盘突出痊愈，而且弯腰、踢腿、下式、二起脚等动作，都做得比较到位。练太极拳半年后，我停吃了降压药，至今已有两年没吃药了。现在我已58岁，血压也恢复了正常。

与此同时，我对太极拳的奥妙也有所体悟。我知道了太极拳的主劲是掤，而不是原来认为的用意不用力的“空松”，懂得了棉花永远是棉花，再压再榨也不会成为钢铁。对于在练拳中松、沉与掤劲的关系，师傅的指点使我豁然开悟。我还懂得了练太极拳“中正”及“中气”的作用，懂得了“无过不及”的妙用，也更悟到了孔子“中庸”的哲理。

正道不以神通度人

■ 张　升

有时我们爷儿俩天南海北闲聊几句，说到乐呵处，老先生仰天大笑，那爽朗的笑声里，袒露了一个长者童心未泯的率真。

1982 年，我经人介绍结识了我的师父冯志明。冯志明老师是李经梧老先生的得意高足之一。

我对太极拳的最初认识是在北戴河气功疗养院的体疗健身馆里，当时李经梧老先生正在指导徒弟们练习太极拳推手。老先生给我的最初印象是精神矍铄，神采奕奕，眉宇间透射出习武人特有的坚毅与刚强。记得徐翔师叔把老先生的胳膊扳到了背后，只见老先生一引一发，就把徐师叔扔出了一丈之外。当时把我看呆了，真是不可思议！老先生一引一发如风似电，无形无象，所向披靡。

我悄悄地对冯老师说我也想试一试，感受一下。师父叮嘱我：“试试可以，但你是初学，还不会保护自己，不要用力过猛，也不要偷袭对方。如果用力过猛，老先生产生的自然反应劲就越大，弄不好会伤到你。”

师父把我领到老先生跟前，说明来意。老先生望着我那尚显稚嫩、不谙世事的脸，忍俊不禁，说声“来吧”，就把右胳膊横在胸前让我推。我使劲往前推，只见老先生的胳膊轻轻往里一转，我的身体就不由自主腾空而起，双脚离地。老先生又轻轻把我放下，拍拍我的脑袋，哈哈大笑，在场的几位师叔师伯也跟着笑了起来。我心里清楚，这是老先生对晚辈的戏耍与关爱，如果真的发劲，我早就飞了出去。

随着时间的推移，我和老先生的接触也就多了起来。在平时的闲聊中，他从未说过同门师兄弟之间武功谁高谁低、别的门派武功谁弱谁强，他总是说别人的优点和长处，与别人切磋武艺也是点到为止，从不伤害对方。这就是一代大师的武德风范，正所谓“正道不以神通度人”。

也许是隔辈亲的缘故，在平时的练拳过程中老先生给予了我特别多的关注，一有时间就给我单独辅导，一个动作一个动作地纠正，不顾年事已高，亲自做示范。在平时交往中，老先生和蔼可亲、平易近人，但在教学中，他是非常严厉的。有一次练习传统陈式太极拳第一路，其中有一个式子叫“前趟拗步”，我看到个别师叔在打这个动作时，手在空中划了一个弧，动作相对显得潇洒、飘逸，我也学着做了起来。老先生撞见了，大发雷霆：“这是跟谁学的？这不是花架子吗？胳膊挽个花干什么？身体转过来要有腰劲，直接沉肩坠肘，要塌着劲走。”那是我第一次看见老先生发这么大火，那严厉的口吻一时让人难以接受，但今天看来，“严就是爱吧”。

老先生退休后，单位返聘了一段时间，后因年事已高，基本上闲居在家。我一有空就往老先生那里跑，有时听老先生给说说手，有时爷儿俩天南海北地闲聊几句。说到乐呵处，老先生仰天大笑，那爽朗的笑声里，袒露了一个长者童心未泯的率真。

老先生一生淡名远利，唯爱太极。他集陈、吴、杨、孙门派之所长，汇成一家，武功达到至高境界，后来者唯望洋兴叹，仰而视之。当今太极界受商品大潮污染，人心不古，世风日下，鱼目混珠，真正体悟到太极拳真谛者凤毛麟角，中华文明宝贵的文化遗产大有断失之趋向。我曾以以拳会友的方式走了国内的部分省市，感触深切。

作为老先生的徒孙，陈、吴太极拳的正脉传人，我隐隐有一种责任感，同时也庆幸自己在习练太极拳的经历中得到老先生的点拨，更有幸拜了冯老师，使自己的拳技达到了一定的层次。人生是有限的，但追求太极拳的最高境界是无极限的，只有努力探索和追求，才能使太极文化薪尽火传，发扬光大。

德有多高，艺有多高

■［澳］刘万春

他神气内敛时仿佛一座山峰，巍峨沉重；他英气外放时，又像一座爆发的火山，让你惊骇颓萎。

1997 年 5 月 2 日，对于中国乃至全世界的武术界、太极拳界和所有武术、太极拳爱好者来说，都是一个令人悲痛的日子。就在这一天，一位毕生致力于继承发扬伟大的中华太极功夫、造福于世界的著名太极拳家、一代大师李师爷经梧先生与世长辞。中国武术界从此失去了一位巨星。

回想当年初次拜见他老人家的时候，我无论如何也无法把他与身怀绝技的武术大师联系在一起，他的和蔼可亲、慈祥热情更像一位饱读诗书的学者。但当他向弟子们讲述和演示太极推手时，他那于无形中拿人于自缚、谈笑间发人于丈外的神奇技艺，让我第一次看到了不可思议的中华太极神功。当他神气内敛时仿佛一座山峰，巍峨沉重；当他英气外放时，又像一座爆发的火山，让你惊骇颓萎。这也使我验证了书籍和传说中对太极神功的描述，并开始爱上了太极拳这一古老的中华瑰宝。多年来随着恩师吕德和先生的言传身教，我更加认识到太极拳这一古老拳技的博大精深，它不仅仅是一门传统的中国武术，还是一种包含了医学、阴阳学、导引学和哲学思想的传统中华文化。坚持习练太极拳者，不仅可以健身防身，更主要的是可以获得文化和品德的内在修养。太极功夫越高的人，品德越高尚，这就是人们常说的“德有多高，艺有多高”。这一点在李师爷和恩师吕德和先生的身上都可以得到印证。

作为太极拳的热爱者，我非常荣幸能够成为李师爷太极门再传弟子中的一员，学习他们真传的太极功夫和高尚品德，也改变了我的人

■ 刘万春，时任澳大利亚国家武术协会会员，万春国际太极拳学院院长，中国武术六段，李经梧再传弟子。

生。如今，我把太极拳作为一种职业，传播到澳大利亚。每当我看到李师爷当年通过媒体演练推广的“简化太极拳”在这里广为传播，被西方人痴迷的时候，作为再传弟子，我为师爷骄傲！我为中华文化和生为中国人而骄傲！

李经梧大师虽然离开了我们，但他的太极功夫、太极文化修养和太极精神，已经并继续传播造福于全世界。让我们永远记住和怀念这位对太极事业作出巨大贡献的一代大师吧！

发现太极正宗

■［澳］英龙

现在我每次回国，都要去看一看那边教太极拳的人，这才发现他们所谓的太极拳简直就是儿戏。

我来自澳大利亚，上大学的时候对中国的语言文化产生了兴趣，尤其是中国武术。当时我参加了大学里的“中国功夫”协会，开始学咏春拳。大学毕业后我开始学中文，并且决定到中国来进一步了解这个国家的语言与传统文化。

我第一次来中国待了两年。除了工作、学汉语，我还一直想找一个能教真正的中国功夫的名师，可惜没有找到。那时我也学了一点儿太极拳，可是并不觉得它能起什么防身作用。听说过太极是一种武术，但是我所学的、所看到的太极都像舞蹈似的，漂亮，但是好像不能用来与人格斗。

第二次来中国我才有幸真正体会到什么叫太极拳。那时我有个朋友在澳大利亚学太极拳，她告诉我她老师的师父住得离我不远。通过她老师的介绍，我认识了李经梧大师的高徒吕德和先生，并蒙他纳为入室弟子。那时李经梧大师已经不在了，可是他所传的太极拳仍然

■ 英龙，时为清华大学工商管理系留学生，李经梧再传弟子。

流传。

我第一次与吕德和老师见面就发现李经梧大师所传的太极拳和我以前学过的太极拳以及其他武术有所不同。和吕老师推手，他轻轻一动就把我推过去。当他让我使劲推他的时候，不要说推动，我连着力的地方都找不到。我觉得这才叫功夫，这才叫四两拨千斤、借力打力。我立刻被这种奇妙的武艺深深地吸引了，至今还在中国跟着师父学拳。

现在我每次回国，都要去看一看那边教太极拳的人。现在我才发现他们所谓的太极拳简直就是儿戏。有的名为太极拳，实际上只不过是自己发明的一些动作。有的虽然是太极拳，但与李经梧大师的太极拳相比，简直不可同日而语。我能得到这样的机会，学习这么珍贵的东西实属三生有幸，因此我要感谢我师父，感谢我师爷——太极宗师李经梧。

想念师爷

■［德］托马斯

我一定很好地跟师傅学习，继承师爷的功夫，让很多德国人都来学我们的太极拳。

我是德国人，叫托马斯，1964年生，是研究中国古汉语和气功的博士。我从小就喜欢功夫，学过很多西方和欧洲的功夫，在德国有两个功夫俱乐部和一个公司。我很早就知道中国功夫，从20世纪80年代开始多次来中国学习武术，去过很多城市，也见过很多功夫师傅。1995年在德国有位气功老师给我介绍说，中国北戴河有位太极拳老师功夫很好，我不太相信，因为我去过中国很多地方，每位老师都说自己的功夫是最好的。我抱着试试看的心理，于1996年9月来

■ 托马斯，汉学博士，时为德国德和太极拳学院院长，李经梧再传弟子。

到北戴河，和我现在的师傅见面。当时我一看吕师傅练的拳就想，这拳真好，是我从未见过的。我太高兴了，心想一定要拜这位师傅。

也就是这一次，我有幸和师爷见了一面。当时师爷已经 85 岁了，坐在椅子上给徒弟说拳、推手。我感觉他是个非常好的老人。当时我刚刚学了几天太极拳，什么也不懂，不过我下决心一定下功夫练，下次来也让师爷给看看拳，和师爷推推手，再穿上好看的衣服和师爷照张相。想起来太难过了，1997 年 8 月我再来北戴河的时候师爷已在两个多月前去世了，真是太不幸了。

我现在练太极拳近 10 年了，每年都要和师傅见面，在德国我的徒弟近 200 人，每年还要到欧洲其他国家教我师爷传的太极拳。我一定很好地跟师傅学习，继承师爷的功夫，让很多德国人都来学我们的太极拳！

附录一

李经梧老师太极拳照赏析

梅墨生撰文

简化二十四式太极拳

此处所选七张拳照，是李经梧先生1958年应八一电影制片厂之邀为拍摄简化《太极拳》科教片而演示的，是李先生中年拳照，难得一见，读者可从中一窥大家早年拳风。

1．起式。起手内含“掤”劲。

2．野马分鬃。俗称抱球，实际上，太极拳的身形手足主要的运动路线是圆圈或弧线，真正的抱球式是不存在的。太极身法从外形上说就是无处不圆，球是一种隐形存在。

3．野马分鬃。立身中正，神光内敛，无处不圆。经梧先生说过：简化太极拳，式子简而内涵并未简化。所以无论练何式太极都要深求其理，从要领上去揣摩体会才能真正入门。

4．野马分鬃。从杨式太极拳改编而来的野马分鬃之“掤式”。

5．倒卷肱。眼注前手，无处不合，要点在合与随。

6．手挥琵琶。李经梧先生曾说：杨式拳“手挥琵琶”之定势有如吴式拳之“抱七星”。两手合劲在外，丹田合劲在内。

7．搂膝拗步。此式之右搂手为实，左足亦实，左手右足则为虚，要体现“虚实分清”。太极拳之要就在虚实开合。

1

2

3

4

5

6

7

陈式一、二路动作

以下拳照共22张，摄于1980年左右。

1．经梧师一生，做人堂堂正正，大大方方，自自然然，虚怀若谷，其拳风一如其人，从此无极一式不难一窥其风采。经梧先生这套拳照摄于1980年左右，时已行年68周岁，是老师较早较成系统的陈式拳照。其拳势更趋浑厚自如，正是大成时期。此后，老师几乎淡出武林，宝刀入鞘，极少再当人打拳，连拍拳照也不让。

2．后招。一身备五弓，无处不圆弧，带脉充实，神通于背，整个身体都是球。

3．六封四闭。一势而含八门五步劲力。

4．翻身二起脚。立身中正，虚实分清，灵机于顶，神通于背，命意在腰，松沉空灵。

5．懒扎衣式，缠丝螺旋以阴阳互运。经梧先生右手、右臂、右肩、背，至左肩、左臂、左手，呈太极图中线，力蓄千钧，此其外也，内以丹田旋转，外形内气，相合为一。

6．单鞭。若知“松”之妙，便能知此式之好。练拳首重气势，一如书画。

7．斜行拗步。身如立柱，手似门扇，一式混元，八面支撑。晚年经梧先生已将陈、吴、孙、杨四式融化为一，其演式，陈式仍是陈式，吴式仍是吴式，但仔细看，其个人气质已成主宰，所以，其演陈式、吴式、孙式、杨式均已“着我之色”——浑厚大方，这是属于李经梧的。所以，将李经梧所练所传之拳称为“陈式李架”“吴式李架”为宜。而其晚年推手功夫则艺融四式，难分彼此了。临帖要求先入帖，而后出帖，自成一家。习拳要求先入规矩，而后着熟懂劲，渐至化境，自立宗风。同师学艺，杨班侯与杨健侯大异，个人气质与领悟不同也。王茂斋与吴鉴泉同学于全佑，而拳式小异，即此也。故而，善学者从规矩始，终从规矩出，其后与性灵合一也。

8．击地捶。陈式拳松沉下塌，缠丝螺旋之特色毕现于此式。50年代中期，陈发科公生前便亲口对从济南到北京来专程求教的早年学生洪钧生先生说：能传我拳者为李经梧。可是，经梧先生生前教拳却极少多

1

2

3

4

5

6

7

说，特别是关于陈式拳。对于一个自己特别熟悉的拳路，经梧先生为什么所说极少呢？

9．护心捶。中、正、圆、活，四字了得。

10．野马分鬃。经梧先生演示的野马分鬃式，节节贯穿，神意气直达指梢。再看右手与左脚之合劲，内劲无比通达。看这样的拳照，有如欣赏一幅经典的书法和绘画，太极拳家的肢体语言，就是一幅动态的画，每一招，每一式，每一动，每一静，连环往来，处处虚实，也就是处处太极了。

11．高探马。一尊雕塑，动中的静，静中的动，势如破竹，力能排山，盈虚有象。看李经梧先生神意之远、意气之透、劲力之蓄，堪称完美。

12．白蛇吐信。欣赏这样的拳照，忍不住想起“经典”二字，打出“经典”拳式，便是太极后人永远的楷模。经梧先生的人生显隐，竟跟他的拳照一样，当其在时，浑然不觉，当其远去，追思不及。

13．披身捶。李亦畬论“开合”云：气路有由上而下，又需由下而上，前谓合，后谓开。懂开合便知阴阳，便知太极。欣赏李经梧先生此“披身捶”式，可悟上理。

14．六封四闭。欲左先右，欲放先收，此“六封四闭”之前一动。

15．肘底捶。“神宜内敛”，“气宜鼓荡”，三尖相照，中正不倚。上抻下拔，如藏如蓄。此书法之颜真卿体也。

16．退步压肘。身似尖塔，是三角形又不等边。大画家黄宾虹论画面结构亦主张用不等边三角形，它美。其实，打拳是动态的，而拳照是静态的，每一个静态都可以单独欣赏，都是一个造型。是造型也就是艺术，是艺术就有美不美的问题。太极拳又是和谐运动，是大和谐，一毫发与大天地相往来，和谐、周流、圆满，环中一点，一点环中，有象无象，是谓大道。

17．云手。太极拳是形神合一的功夫。经梧先生练到了一种意动形随、身以神运的境界，其动如江河。何以能如此？在于内气充沛能鼓荡。

18．大六封四闭。自然松圆，太极之道。经梧先生此式无处不松圆，合理至矣。

8

9

10

11

12

13

14

15

19．玉女穿梭。太极者太和。不以杀伐之气胜，而以包容冲和之气胜，乃是我心中的经梧先生。因之，行拳气如虹，而又是一团和气，从容自然，不造作，不牵强，没有胜人之念。如孙子所谓：善战者不战而胜。

20．裹鞭炮。从此式中可看静之意，凝之神，敛之气，含之力，松之体，圆之劲，合之形，蓄之势，虚之灵，待之机。李经梧先生之拳式如二王、颜、柳、欧诸家楷书，可为范式，学者可从临摹始。

21．黄龙三搅水。经梧先生之拳有如杜甫诗——“老来渐于诗律细”，愈老愈化融细腻。

22．窝里炮。苍松翠柏，经冬愈美。经梧先生拳如此，人亦如此。

16

17

18

19

20

21

22

陈式一路

以下拳照共60张，摄于1982年。

1．无极式。又称预备式。俗谓“万事开头难”，古语：慎始。此皆教人重视事之始。经梧师授徒传拳亦强调起式之重要。“无极”乃“太极”之由来处——“太极者，无极而生”者也。无极之状，在心“寂然不动，感而遂通”，在身阴阳动静虚实皆未分也。经梧先生此式之中正、之松静，之立顶松肩、之垂肘含胸、之气沉丹田、之上下一线，堪称楷模。

2．金刚捣碓（一）。这是陈式拳特有的名称，金刚象其雄伟也，捣碓状其劲力下注也。经梧师此式殊似金刚矗立，身形与金字塔、圆锥形状极似，足见桩步之稳。试看其捣碓式，以腰右转之后，两手臂为向右斜后引化之劲，同时左足向左前方铲出而入于对方两腿间，意似在右方引手，而实亦在左足也。此动最要体现上下相随，化中有打，打法暗藏于进左足。此时右足为实，左足虚中实。目视右手，神气贯注，斜中寓正，无比雄浑。

3．金刚捣碓（二）。接上式，身左转，左足为实，同时左掌逆缠手心向外，经腹胸向前上掤出，至与肩平。右手随之收回右胯外，亦掌心朝前，目视左手。师常谓下塌外碾，此式最应体会于此。

4．金刚捣碓（三）。此为金刚捣碓之捣势。此时，右臂领起右腿，右胯放松，右足尖自然下垂，左手收落至腹前，掌心朝上。整个拳式为蓄势待发之状。常见练法未强调此式右足系向前铲出，且右臂上提顺缠时右掌已变为拳，双腿开裆较大。经梧师练法强调此时裆劲须合，胯须松，右掌下落时始变为拳。常见练法捣碓之后目向前看。经梧师右拳落下后，目视右拳。此式右足落下暗含下踩对方足面之意，双手经缠劲而用采挒法。整个过程必须松沉而整。师言：右足震落，可依体质强弱而决定用力大小，不可过度，如过于用力甚至长年震脚，必引起血压升高之流弊，不利养生。关键在气下沉，而劲力贯注，“用意不用力”即可。练者慎之。

5．金刚捣碓（四）。有谓杨式、吴式拳劲法尽寓于“揽雀尾”一式中者，而陈式拳劲法则尽蕴于“金刚捣碓”一式中。陈鑫谓：“太极拳

1

2

3

4

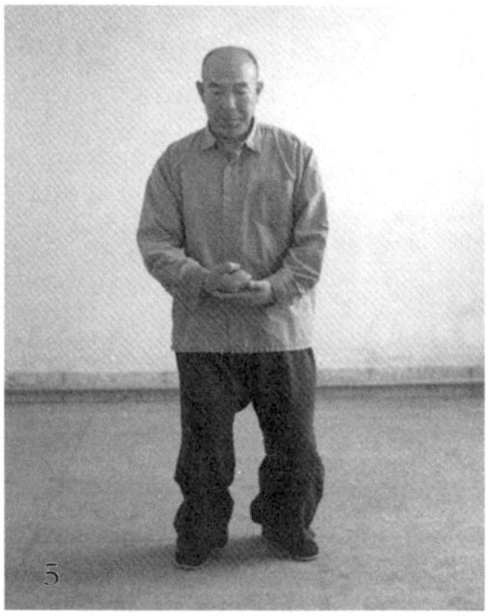
5

6

7

8

9

自始至终独此一势是正身法，端而肃，实而虚，柔而刚，上下四旁，任人所感，皆足以应之，此所以领袖群着而为之首。”移此以视经梧师此拳照，信然矣。经梧师授此式时每谓：全身松沉而圆活，裆开而圆，始为得劲。

6．懒扎衣（一）。此式右臂为阳，其势似直，而中含屈曲意，右手到位后应有缠裹动作，用的是合中的挤劲。

7．懒扎衣（二）。武可文“化”，大武之至当含大文在。经梧先生曾说：太极拳包含着道理、功夫和审美，经梧师此懒扎衣定式真一个“大”字了得。

8．六封四闭（一）。此式纯粹用缠法也。要点在于由腰腹发动内劲，经脊背带动大小臂旋转，贯达于指掌。

9．六封四闭（二）。提得起。

10．六封四闭（三）。放得下。

11．单鞭（一）。此式为单鞭式右手顺缠做勾时，接下来右手侧前伸，同时左足尖随身体转动，左右碾转，裆先开后合，目视右手。有些练法此式右手先顺缠然后又有一个逆缠动作，比经梧师练法稍复杂。且其目左转要早；左足“贴地向左横开一大步，约二至三肩宽”。经梧师练法不要求开如此大步，且强调左足跟向左开步务须铲地擦出。

12．单鞭（二）。此单鞭定式，要点在开中寓合，特点是陈式拳特有的侧三七步法。要求身法的左右旋绕务必以腰脊为轴，带动四肢运动。“一动无有不动，一静无有不静”（《太极拳解》）的一动即腰也。“腰脊为第一之主宰”（《三十七心会论》）是太极拳法要。郑曼青先生谓“手脚不妄动”即此旨意。练此式，师特别要求三成劲之足（此式即右膝），其膝必扣劲，如是裆圆气沉，下盘稳固。昔董英杰先生之女茉莉女士来舍见我师拳照，不禁脱口赞曰：李老师圆裆甚好，拳架太雄浑了。

13．第二金刚捣碓。此为右盼。经梧师浑身上下从里到外无一处不有“劲儿”，周身一家，全身如一膨胀的气球，深合“立如平准，活似车轮”（《太极拳论》）之旨。

14．白鹤亮翅。此式要点在于双手开时双足合；双手合时，双足开。开中寓合，合中寓开。陈鑫《图说》为“白鹅亮翅”，并谓“尽是开意，

10

11

12

13

14

15

16

17

18

无合意”。实际上，该式先左合后右开，然后开中含合意。其节奏感颇强。经梧师曾谓：“有人说，打太极拳好像行云流水一样，但不能离节奏分明这一前提，同时还要掌握每两个式子之间的似断非断，即式断意不断的关系。”经梧师此拳式之重心由顶一垂直至右足，其平衡和谐之美，虚实分清之势，历历在焉。

15．斜行拗步（一）。欣赏经梧师此斜行拗步之独立步，方知何为身法八要：涵胸、拔背、裹裆、护肫、提顶、吊裆、松肩、沉肘。

16．斜行拗步（二）。太极拳每式数动，一式之中皆有起承转合。此即斜行拗步之承也，接上式右手有一逆缠动圈，即意气劲由小指外掤变为小指翻转里合，由外向内收意，故为逆缠。

17．斜行拗步（三）。经梧师此式是寓大合于大开势中。双手碾旋而合于胸前，松柔圆沉。此开之极也，阳之极也，必归于合，必返为阴。其开则意气劲充满四梢，其合则意气劲退藏于密。

18．前蹚拗步。意贯两臂，气沉裆圆，静如山岳。

19．掩手肱捶（一）。此式左手为掩手。陈鑫《图说》称“演手”。

20．掩手肱捶（二）。蓄劲如张弓，前手掤后手塌，变转虚实，支撑八面。经梧师此际“先在心，后在身”，“往来气贴背，敛入脊骨”（《太极拳论要解》）。

21．掩手肱捶（三）。发劲如放箭。武禹襄谓：“发劲须沉着松静，专注一方。”经梧师授拳时强调：劲蓄满，则力由脊发，打出沉雄内劲。要在节节贯穿，松活灵透。前拳后肘，要有撑劲。师又说：此时膝不软弱，要有挺劲和弹性。

22．披身捶（一）。经梧师披身捶练法十分重视掤劲，中气充满，开合变幻。两手从中间平分披向两旁，是为披身；披而后变为拳，故为捶。此式由金刚捣碓变来，捣碓后双手松开，两臂松柔，掌心朝里，目注右手，右为引领之手。经梧师拳式示人以松沉韵致，所谓松中紧，柔里刚，沉而灵，斯之谓也。陈鑫《图说》称为“庇身捶”，且将“背折靠”式合入此式中。

23．披身捶（二）。看了这样的拳照，我除了心生景仰外，只有一个念头：我辈仍需努力。

24．披身捶（三）。披身捶式最能体现腰活与否，腰为轴是要点。

19

20

21

22

23

24

25

26

27

左右缠法中要注意向左转时，以左臂带右臂，向右转时，以右臂带左臂，意在拳背，平圆运动中有碾滚之意。经梧师身法类圆柱、如碾盘，一眼便明。

25．背折靠。背折靠是背后来敌近身时的打法。关键是背靠，但打法不仅是背，还有肩、肘之打。用的是弹抖惊炸劲。经梧师此拳照摄于20世纪80年代初，时年已70岁。依练法身法可再低些。陈鑫《图说》谓有“七寸靠”老练法，今已无人能演。也有人说“背折靠”式为陈发科公到北京后新创的架子，似未可尽信。

26．青龙出水（一）。青龙出水式，在陈鑫《图说》中归为“披身捶末尾向下打指裆捶”。实际上，此拳式为拳背撩阴，故拳背为意气劲所在。既名出水，发劲为寸劲，右手缠挂住对方后以左右手连环击之，右拳反打出时，左右手法又含捌劲。身法灵活圆转，“变转虚实须留意”。拳经谓：练时无人若有人。经梧师此式眼之顾法即是。

27．青龙出水（二）。经梧师此拳式发力之浑整，确已无处不合矣。昔陈发科公打完一趟拳，方砖地尽震裂。经梧师青壮年时打陈式拳亦曾震得房瓦皆响，内力浑厚无比也。

28．双推手。师谓此式有如双手捋髯。

29．肘底捶（二）。此式为肘底捶第二动式，两手臂左逆右顺，左下划右上开，双手开劲，然开中有合，要在“神通于背”。试看此式之神态，让人怦然心动后又悠然意远。我至此方悟陈鑫所谓“心无妙趣，打拳亦打不出好景致”“里面有情，外面有景”的深意。

30．倒卷肱。“身虽动，心贵静；气须敛，神宜舒。”（《太极拳解》）此式之妙在于两手循环倒卷，内劲须有转换，上手下脚，协调一致，要塌住劲。

31．退步压肘。退之瞬间，左肘右足须用开劲，上面肘缠，下面足缠。

32．中盘（一）。三尖照（鼻尖、指尖、膝尖），翁不倒。

33．中盘（二）。经梧师强调中盘下蹲裆要大开，但不可失圆裆之意。

34．闪通背（一）。闪通背式乃连贯一气的七动。此式第三动是开劲。陈鑫谓：“拳在我心。我心中天机流动，活泼泼地，触处皆拳，非

28

29

30

31

32

33

34

35

36

世之以拳为拳者比也。”（《图说》）经梧师此拳式即有心中天机流动，不粘不滞，活泼轻灵，有一种无可无不可意味。此中境界，人不易知。齐白石暮年画作，林散之晚年书法，皆若无能而实有能，外示柔软而内含坚刚，去剑拔弩张之气，与经梧师此式境界同趣。

35．闪通背（二）。只需一看经梧师的左肘与右手所形成的圆撑力，蓄而待发的气势，两膝足的扣劲，便知道什么叫圆运动了。

36．闪通背（三）。接上式，体速右转，右足贴地，与转体同时体内划弧，以足跟随蹬地落下，同时右掌顺缠划弧下沉采于胯旁；左掌屈臂上旋手心向里，经耳旁向前下发力击出，腕低于肩，掌心朝外，目视左掌。此时，神通于背，劲由脊出。

37．云手（一）。《陈式太极拳》一书将“云手”作“运手”。盖“运手”如“云”之缭绕，皆合。此式为双顺缠转双逆缠的大缠丝式，这在整套太极拳套路中绝无仅有。此式最体现“上下相随”的双手领双足劲。从经梧师的拳照上我们是不是可以欣赏到陈鑫所说的：“妙手一着一太极”？！

38．云手（二）。左右运转，日月阴阳。妙在双手合中微寓开意，伸缩虚实，左顾右盼，如环无端。

39．右擦脚（一）。“曲中求直，蓄而后发”，从此式中可见师“势势存心”“刻刻留心”的状态。

40．右擦脚（二）。此式要点在右足面绷平，两手分开，劲力要掌握平衡。此种发力亦陈式所独有者。

41．击地捶（一）。宛如风摆荷叶，实为齿轮反拧。

42．击地捶（二）。此式旧谱名“神仙一把抓”。叼住对方手腕后，随即沉采，而头上领、脊上挺，后三关蛹动。

43．翻身二起脚。击地捶后，转身，以腰胯松活圆转带动上肢和右足，稍停蓄，即预为起脚步之势。前一式击地捶为潜龙在渊，下一式二起后为飞龙在天，此过渡式也。然此过渡，要尾背三关领劲，然后始能如弹弓弹起二足。

44．兽头式。陈鑫谓此式：“精神全聚于目。”看经梧师此式，真气势非凡也。

45．护心捶。右拳在额，左手护腹，如猛兽雕塑，威猛之至。故兽

37

38

39

40

41

42

43

44

45

头式与护心捶相连也。全身裹住劲，一气如缠丝如螺旋。

46．旋风脚。独立英雄。“形如搏兔之鹘，神似捕鼠之猫。”（《太极拳解》）

47．右蹬一根（一）。蓄住劲。右手先缠后合，预为一蹬。

48．右蹬一根（二）。力在右足跟，手脚齐到方为得劲。经梧师这一蹬，力扫千钧。

49．掩手肱捶。含蓄在胸。劲由内换。松、活、弹、抖，外松内紧。

50．小擒打（一）。小擒打为左右缠的运用。看经梧师的进步，轻灵而沉重。有似齐白石画虾须的用笔，顺中有逆，如棉裹铁，柔里带刚。

51．小擒打（二）。小擒打第三动。右掤左塌，缠中化打。

52．抱头推山。此式抱头为蓄劲，推山为放劲。经梧师此拳式虚而圆，背如弓，左足实，蓄而待发也。缠中使对方近我身，然后以寸力发放之，乃脊背之劲力。

53．后招。太极拳最讲虚实、开合、吞吐。前后招之开中合、吞中吐，要在以身领手，身手协调一致。前招运右腰轮，后招运左腰轮，眼顾手，故陈鑫称为“前后昭”，即以眼照顾也。陈长兴谓：“夫太极拳者，千变万化，无往非劲。”无往非劲的“劲”，丹田一气随意运至周身也。故太极之妙，妙在虚中即实，实而即虚，如水之流注，如缸之灌水，动则圆，故一运一阴阳，如长江大河。师云：插缝打楔子。

54．野马分鬃（一）。野马分鬃式之要在于松脊开胃，如烈马抖开鬃毛一般。其大缠身法，必劲气直达四梢，而以腰脊发放之。不缠不发，缠而后发，裆劲合而沉住，势如奔马，锐不可当。经梧师此分鬃第一动式，立身中正，支撑八面，意在放长击远。

55．野马分鬃（二）。《拳经总歌》谓：“藏头盖面天下有，攒心剁肋世间稀。”野马分鬃第七动即有之。此式乃其前式，缠蓄之劲也。

56．双震脚。经梧师此式示范六合劲完美无缺。手足合，膝肘合，肩胯合也。头上领劲，臂腿沉劲，那股神气劲儿真没得说！双震脚之震落一定要做到双震，即左右足先后踏落也。

57．玉女穿梭。穿梭要求一气呵成，连贯如穿梭。步虽未跃，势已腾挪。有如书法用笔，以意运笔，“笔所未到气已吞”，看师此式，完全

46

47

48

49

50

51

52

53

54

类之。所谓“惊蛇入草”，灵变之至。

58．摆脚跌叉。此式跌叉，臀部下沉须挨地而利用反弹力弹起，同时右足一撑而左拳上冲。此式为起伏练法，以退为进，以败反胜。

59．金鸡独立。陈鑫《图说》，要求此式提起之足有上踢之意。而《陈式太极拳》要求提起腿足面要绷平，足尖尽力朝下。经梧师要求提起腿足尖自然下垂。经梧师授徒时强调：第一个独立式后，震脚要与两掌合任劲，全身气往下沉，周身一家。

60．白猿献果。献果一式，以右拳冲击对方面门，同时右腿提击对方裆部，上下一致也。经梧师授拳谨守发科公所传拳势，如师所言：原汁原味。然师一生习拳，兼收并蓄，岂能无自家东西？以晚学所窥，师之拳架，宗于发科公，亦已自成面貌矣。所谓融会贯通，自成一家。依愚见，师之陈式拳，盖为浑厚饱满，开合尤显圆整含蓄，中气内劲，隐然敦厚，如颜真卿楷书，凛凛然大方气象也。

55

56

57

58

59

60

附录二

李经梧老师珍藏《太极拳秘宗》拳论摘抄[1]

（一）八字歌

掤捋挤按世间稀，十个艺人十不知；

若能轻灵并坚硬，粘连黏随俱无疑。

採挒肘靠更出奇，行之不用费心思；

果能粘连黏随意，得其寰中不支离。

（二）三十七心会论

腰脊为第一之主宰，喉头为第二之主宰，心地为第三之主宰。

丹田为第一之宾辅，掌指为第二之宾辅，足掌为第三之宾辅。

（三）三十七周身大用论

一要心性与意静，自然无处不轻灵；

二要通体气流行，一定继续不能停；

三要喉头永不抛，问尽天下众英豪；

如询大用缘何用，表里精粗无不到。

（四）十六关要论

活泼于腰，灵机于顶，神通于背，不使气流行于气，行之于腿，蹬之于足，运之于掌，足之于指，敛之于髓，达之于神，凝之于耳，息之于鼻，呼吸往来于口，纵之于膝，浑噩一身，全体发之于毛。

（五）用功歌

轻灵活泼求懂劲，阴阳既济无滞病。

若想四两拨千斤，开合鼓荡主宰定。

（六）授秘歌诀：

无形无象，全身透空。

---

① 摘抄自赵铁庵先生馈赠李经梧珍藏《太极拳秘宗》手抄本。据考乃明代宋远桥后人宋书铭传出。赵铁庵或得之于老师吴鉴泉、王茂斋。

应物自然，西山悬磬。

虎吼猿鸣，水清河静。

翻江播海，尽性立命。

（七）粘黏连随

粘者提上拔高之谓也，黏者留恋缱绻之谓也，连者舍己无离之谓也，随者彼走此应之谓也。要知人之知觉运动，非明粘黏连随不可。斯粘黏连随之功夫，亦甚细矣。

（八）顶偏丢抗

顶者出头之谓也，偏者不及之谓也，丢者离开之谓也，抗者太过之谓也。要知此四字之病，不但粘黏连随，断不明知觉运动也。初学对手不可不知也。更不可不去此病。所难者粘黏连随，而不许顶偏丢抗，是所不易矣。

（九）对待无病

顶偏丢抗失于对待也，所以为之病者。既失粘黏连随，何以获知觉运动？既不知己，焉能知人？所谓对待者，不以顶偏丢抗相对于人，要以粘黏连随等待于人也。能如是，不但无对待之病，知觉运动自然得矣，可以进于懂劲之功矣。

（十）对待用功法守中土歌

定之方中足有根，先明四正进退身，掤捋挤按自四手，须费功夫得其真。身形腰顶皆可以，粘黏连随意气均。运动知觉来相应，神是君位骨肉臣。分明火候七十二，天然乃武并乃文。

（十一）身形腰顶

身形腰顶岂可无，缺一何必费功夫。

腰顶穷研生不已，身形顺我自伸舒。

舍此真理终何极，十年数载亦糊涂。

（十二）太极圈

退圈容易进圈难，不离腰顶后与前；所难中土不离位，退易进难仔细研。此为动功非站定，倚身进退并比肩；能如水磨推急缓，云龙风虎象周旋。要用天盘从此觅，久而久之出天然。

（十三）太极轻重浮沉解

双重为病，病于填实，与沉不同也。双沉不为病，自尔腾虚，与重不易也。双浮为病，只如缥缈，与轻不例也。双轻不为病，天然轻灵，与浮不等也。半轻半重不为病，偏轻偏重为病。半者，半有着落也，所以不为病。偏者，偏无着落也，所以为病。偏无着落，必失方圆。半有着落，岂出方圆。半浮半沉为病，失于不及也，偏浮偏沉，失于太过也。半重偏重，滞而不正也。半轻偏轻，灵而不圆也。半沉偏沉，虚而不正也。半浮偏浮，茫而不圆也。夫双轻不近于浮，则为轻灵。双沉不近于重，则为离虚，故曰上手。轻重半有着落，则为平手。除此三者之外，皆为病手，盖内之虚灵不昧，能治于外，气之清明，流行乎肢体也。若不穷研轻重浮沉之手，徒劳掘井不及泉之叹耳。然有方圆四正之手，表里精粗无不到，则太极大成。又何云四隅出方圆矣。所谓“方而圆”，“圆而方”，超乎象外，得其寰中之上手也。

（十四）太极四隅解

四正即四方也，所谓掤捋挤按也。初不知方能使圆，方圆复始之理无已焉。能出隅之手，缘人外之肢体，内之神气，弗轻灵方圆四正之功，始出轻重浮沉之病，则有隅矣。譬如半重偏重滞而不正，自然为採挒肘靠之隅手或双实亦出隅手也。病多之手，不得已以隅扶之，而归圆中方正之手。虽然至底者，肘靠亦及此以补其所以云尔。然后功夫能致上乘者，亦须获採挒，而仍归大中至正矣，是四隅之所用者，因失体而补缺云。

（十五）太极平准腰顶解

顶如准，故云顶头悬也，两手即平，左右之盘也，腰即平之根株也；立如准，所谓轻重浮沉，分厘丝毫则偏，显然矣。有准顶头悬，腰之根株，下尾闾至囟门也。上下一条线，全凭两手转；变换取分毫，尺寸自己辨。车轮两命门，一纛摇又转；心令气旗使，自然随我便。满身轻利者，金刚罗汉炼；对待有往来，是早或是晚。合则即发去，不必凌霄箭；涵养有多少，一哈而之远。口授须秘传，开门中天见。

（十六）太极正功解

太极者圆也，无论内外上下左右，不离此圆也。太极者方也，无论内外上下左右，不离此方也。夫圆者出入，方者进退，随方就圆之往来也。方为开展，圆为紧凑。方圆规矩之至，其孰能出此以外哉。如此得心应手，仰高钻坚，神乎其神，见隐显微，明而且明，生生不已，欲罢不能也。

（十七）太极力气解

气走于膜络筋脉，力出于血肉皮骨。故有力者皆外壮于皮骨，形也；有气者内壮于筋脉，象也。气血功于内壮，血气功于外壮，要之，明于气血二字之功能，知力气之由来矣；气力之所以然，自知之，则能用力行气。分别行气于筋脉，用力于皮骨，大不相侔。

（十八）太极文武解

文者体也，武者用也。文功在武用于精气神也，为之体育。武功得文体于心身也，为之武事。夫文武尤有火候之谓。在舒卷得其时中，体育之本也。文武使于对待之际，在蓄发当其可者，武事之根也，故云武事。文为柔软体操也，精气神之筋劲，武事武用，刚硬武事也。心身之骨力也。文无武之予备，为之有体无用；武无文之侣伴，为之有用无体。如独木难支，孤掌不响。不唯体育武事之功，事事诸如此理也。文者内理也，武者外数也。有外数无内理，必为血气之勇，失于本末，欺敌必败。内有文理无外数，徒思安静之学，未知用以採战，差微则亡耳。文武二字岂可不解哉。

（十九）太极下乘武事解

太极之武事，外操柔软，内含坚刚，而求柔软之于外，久而久之自得内之坚刚，实有心之柔软也。所难者内要含蓄坚刚，而不施于外，终柔软而迎敌。以柔软而应坚刚，使坚刚尽化无有矣。其功何以得乎？要非粘黏连随已成，自得运动知觉，方为懂劲，而后神明之化境极矣。夫四两拨千斤之妙，功不及化境，将何以能？是所谓懂粘连，得其视听轻灵之功耳。

（二十）太极尺寸分毫解

功夫先炼开展，后炼紧凑。开展成而得之，才讲紧凑，紧凑得成，才讲尺寸分毫之理也。然必十寸为尺，寸必十分，分必十毫，其数在焉。故云：对待者数也，知其数，则能得尺寸分毫也。要知其数，非密授而能量之者哉。

（二十一）懂劲先后论

夫未懂劲之先，常出顶偏丢抗之病。即懂劲之后，恐出断接俯仰之病。然未懂劲故然，病易出，劲既懂何以出病手？缘劲似懂未懂之际，正在两可，断接无准，故出病，神明及又不及，俯仰无着，亦出病，若不出断接俯仰之病，非真懂劲，弗能不出也。胡为真懂，因视听无由，未得其确也，知眇、瞻、颐、盼之视觉，起、落、缓、急之听知，闪、还、撩、了之运觉，转、换、进、退之动，则为真懂劲，则能阶及神明，及神明自攸往有由矣。有由者于懂劲自得屈伸动静之妙，有屈伸动静之妙，开合升降又有由矣。由屈伸动静，见入则开，遇出则合，看来则降，就去则升，夫而后才为真及神明也，明也岂可日后不慎于行坐卧走，饮食溺溷之功有关也，所谓及中成大成也哉。

（二十二）太极膜脉筋穴解

节膜、拿脉、抓筋、闭穴，此四功由尺寸分毫得之后而求之。膜若节之，血不周流。脉若拿之，气难行走。筋若抓之，身无主地。穴若闭之，神昏气暗。抓膜筋之半死，单脉拿之似亡，单筋抓之劲断，死穴用之无生。总之，气血精神，若无身何有主也。如能节拿抓闭之功，非得真传不可能也。

（二十三）太极补泻气力解

补泻气力于自己难，补泻气力于人亦难。补自己者知觉功亏则补，运动功过则泻。所以求诸己不易也。补于人者气过则补之，力过则泻之，此胜彼败，所由然也。气过或泻，力过或补，其理虽一，然其有详夫过补，为之过上加过，过泻为之缓不及，他必更过仍加过也。补气泻力于人之法，均为加过于人矣。补气名为结气法，泻力名为空力法。

附录三

李经梧老师师承表

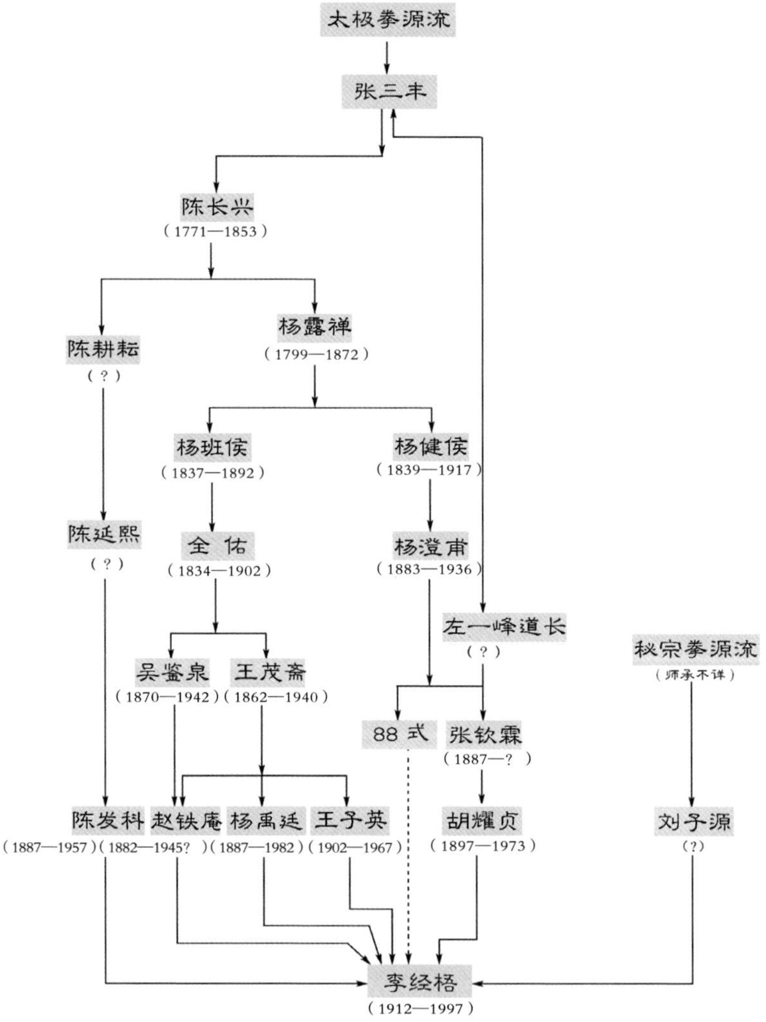

说明：李经梧老师早年从刘子源先生学秘宗拳。20 世纪 60 年代初与李天池先生友情交换学得孙式拳，为友人关系。曾从胡耀贞先生学习内功。

附录四

李经梧老师及其弟子有关资料索引

介绍李经梧及其太极拳的出版物

1.《陈式太极拳》，人民体育出版社 1963 年版前言。

2. 北京武术院编:《燕都当代武林录》，台海出版社 1998 年版，第 110、101、128、107 页。

3. 周世荣编著:《马王堆导引术》，岳麓书社 2005 年版，第 40—45 页。

4.《廉让堂太极拳谱》(考释本)，香港长城书社出版公司 1993 年版，第 118 页。

5. 严翰秀:《太极拳奇人奇功》，人民体育出版社 1996 年版，第 76、290 页。

6. 余功保编著:《中国太极拳辞典》，人民体育出版社 2006 年版，第 170、171 页。

7. 余功保编著:《盈虚有象——中国太极拳名家对话录》，人民体育出版社 2006 年版，第 346 页。

8. 祝大彤、薛秀英编著:《太极内功解秘》，人民体育出版社 2004 年版，第 76 页。

9.《著名太极拳家李经梧拳照》,《中华武术》2003 年第 4 期。

10.《介绍太极拳名家李经梧》,“武汉国际太极拳(剑)表演观摩会”《会刊》第三版，1984 年。

11.《闲不住的李秉慈》,《中华武术》2000 年第 6 期。

12.《中国气功》1987 年第 4 期封面。

13. 车富刚:《怀念恩师李经梧》,《武当》2003 年第 3 期。

李经梧及其师兄弟、弟子的著作

1. 李经梧口述，张天戈执笔:《太极内功》，人民卫生出版社 1986 年版。

2. 李经梧、王大勇、吕德和主编:《李经梧传陈吴太极拳集》，河北大学出版社 1993 年版。

3. 李经梧:《对太极拳缠丝劲等问题的体会》,《体育报》1964 年 10 月 21 日。

4. 李经梧:《太极拳的要领、要求和特点》,《气功》1983 年第 4 期。

5. 梅墨生、王大勇:《仰之弥高，俯之弥深——记秦皇岛市武协主席李经梧》,《中华武术》1988 年第 1 期。

6. 谭大江编著:《武当内家派述秘》，人民体育出版社 1998 年版。

7. 李秉慈、翁福麒编著:《杨禹廷太极拳系列秘要集锦》，奥林匹克出版社 1990 年版。

8. 吕德和、朱泽建、王建华编著:《传统陈吴太极拳集》，中国海关出版社 2006 年版。

9. 李树峻编著:《李树峻太极拳坊》，中国海关出版社 2006 年版。

10. 高壮飞、若水:《千思百问太极拳》，中国海关出版社 2005 年版。

11. 左致强、若水:《内家拳功法揭秘》，中国海关出版社 2007 年版。

附录五

李经梧老师传人名录

李经梧入门弟子

李树椿　李树峻　李美江　李　芳　杨培文　国超群　刘云宽　潘序伍
陆尚君　赵文山　王大勇　赵振生　梁宝根　徐汉庭　孙晓亭　潘淑仪
刘艳军　吕德和　徐　翔　冯益建　丁少春　张玉琮　冯志明　谷平海
刘亚非　甄维方　范　增　秦文礼　刘来春　刘玉兰　陈湘陵　周树生
贺向农　孟庆昌　左致强　李凤君　张蕴山　曹瑞明　刘兴基　王广礼
周冠义　楚家俊　于海龙　周忠义　冯丽珍　贾仲满　刘玉智　李建民
项国员　单　颖　吕压西　张蕴良　冯　滨　孙洪光　梅墨生　徐立洲
胡万金　王淑芹　闫　芳　王绪仁　刘益琥　尹钟麟　王怀珍　张玉珩
杨福奎　贾玉彬　贺长锁　惠有森　吕国熙　王风锁　卢津原　赵　洪
孙金星　程显坤　霍志民　徐步阶　索珍山　明桐林　孙新城　张志君
杨玉岐　张天戈

李经梧再传弟子

李树椿—李茂舜　李洪舜　李京舜

李树峻—李　良　李茂舜　李洪舜　邓鹏飞　施孝恩　施国君　叶玲玲
马继崇　安乐业　张玉华　蒋宝忠　邢兰波　张学仁　温岱民
武志梅　唐　军　岳松海　岳广道　霍志刚　王瑞昌　王贺仁
康元宏　魏金藏　王久盛　卢素更　张金萍　米文忠　王福新
段建平　魏福梅　么安安　李良生　刘全才　魏海均　霍　璐
单亦奇　施介周　刘红岩　张凤书

李美江—叶玲玲

王大勇—张天增　秦国军　刘玉华　王立春　陈德国　李晓元　范宝清
苗青春　李小龙　王永存　孟湘荫　卢志刚　王海岩　刘长荣
任鹏海　刘乐远　梁建国　刘玉友　王剑海　刘庆山　纪长林

王洪　刘明　尹超君　刘铁岭　张承安　王廷舜　罗建国
王文清　于桂敏　黄桂华　吕惠珍　邵忠利　廖丽荣　张秀荣
孟祥萍　付沙丽　杨万德　谢天喜　陈建　韦增平　马丽
梁永国　张洁　张桂永　史绍安　钱吉峰　张桂华　岂鹿天
李文江　刘佳莹　孙龙　李翠凤　胡西胜　李强　魏国东
袁开雨　宋俊英　孙涛　于东明

梁宝根—梁立芳　杨书法　陈明贤　高增林　贺志林　贺双林　杨小秋
赵海泉　柳军珂　贾守仁　苏生羽　王庆军　张建林　胡朴顺
王福寿　冀少礼　陈文功　李建国　杨书太　李长发　尼树新
袁志显　赵凤林　樊树萍　孙树荣　成仁芬　刘月鹏　张秀芬
高全顺　霍荣彩　张义军　付新霞　任兰果　王艳芬　白红军
马玉萍　张五常　张六元　杨建山　王梦龙　李国林　王尧平
王国华　焦钰棠　齐巧云　崔振平　李瑞忠

孙晓亭—孙忠善　邓吉盛　胡振林　孙永钊

吕德和—成荣祥　于守仁　朱泽建　杨光普　刘阔增　江小海　李晓智
黄小舟　胡刚　李洪武　于宝环　蒙一丁　刘万春　高景田
申正焕　高瞻　孟宪超　杨建国　胡晓光　刘胜军　杨宪军
彭洪文　汪伟　李永成　徐良辰　郑荣龙　蔡金和　马春志
杨卫国　刘晓伟　王汝深　李明　何杰　魏春荣　林保国
杜桂林　冯志良　孙辰明　王建华　彭树新　李振民　王安久
刘为　刘玉斌　刘西华　张礼珍　李家峰　王凡顺　张守慧
王卫东　陈卫东　李丽华　赵克香　马明娜　苑琦　蒋淑兰
李淑芳　李贵海　翁立志　李晓华　王海明　英龙　邢娟
托马斯

Dr. Thomas Milanowski　Alexandra Prase-Dreβler
Susann Heidrich　Philipp Holstiege　Merlin Lang
Toni Lexa　Esther Noske　Alexander Reichl
Markus Steindreischer　Nils von Hentig　Peter Holz
Moritz Bauer　Vera Hoffmann　Franz Nüβlein
Ralf Kikillus　Kai Prase　Heide Gerber Waldele
Torsten Henschke　Gabi Lang　Heide Mahler

Adnan Ahmadi　Manja Parviz Nia　Andreas Zimmer
Melanie Maβlich　Marc Mannig　Jessika Mende
Clemens von Haselberg Mahir Dogan　Eroll Babacan
Rolf Witzel　Frank Müller　Belkys Littmann
Maria Christogiannopolou　Friederike Schlegel
Graziella Auburtin　Volker Braun　Thomas Balzer
Milena Bauer　Daniel Kullmann　Klaus Dieter Pohl
Doris Gutermuth　Emmanuel Barone　Matthias Paust
Christian Winter　Anne Neundorf　Brigitte Trzaska
Esther Kürten　Michael Gahrtz　Jügen Fischer
Christian Winter

徐　翔—曹爱国

冯益建—唐立军　尹艾楠　顾丽丽　王奎元　肖远德　王建勋　陈庆合
孙志新　金海涛　刘印成　章广云　张青云　李鹏程

张玉琮—任忠信　韩义真　王久存　翟绍臣　董德权　田连弟　霍文信
郑占成　陈晓军　李秀山　郭玉和　董会星　王德贵　崔学光
谷铁男　刘云华　吴健生　高建起　袁泽龙　魏明俭　陈　平
张顺利　魏庆敏　高秀谋　何宝良　王文茹　王晋举　张立新
李　杰　姚永奎　王煜晶　范恩北　续展弓　宋立波　陈文玉
武家起　乔金喜　赵国辉　侯均生　张　建　曹红娟　范志宏
尚晓峰　孟宇红　刘　升　李淑新　刘建华　宋连山　吕淑君
董文起　成惠琴　刘金海　邢卫红　韩新林　孙朝晖　张惠珠
回宝彬　董和利　王惠玲

冯志明—张　升　刘绍华　杨立国　张　军　王新华　郭记民　毕硕东
刘　汉　祁建山　徐　旸　王　新　金福忠　祁海军　冯　凯

谷平海—谷　欣　王伟重　高进福　孟广昌　韩富兴　李现彪　宋宏宇
孙克利　王　蕊　蔡小峰　黄峥烨　高建昌

刘亚非—周　丽　肖远德

甄维方—田建华　郑向阳　冯杰滨　郑向东　曾凡平　王新国

秦文礼—任　连　牛志杰　毛钧寿　吴彦旭　杨　志　李建军　张玉林
王小庆　贺意志　王卫国　赵双全　葛振会　薛志成　林东河

赵玉林　王海舟　王彦增　杨书太　吴春生　赵根发　王建国
刘玉兰—刘玉华　陆春光　邵光远　周洪志　刘占学　赵逢臣　杨庆丰
孙东林　曾铁秋　杨庆奎　从振岐　李宝明　王晓静　艾　民
田玉林　王晓兰　赵　强　孙　浩　隋祥根　刘小平　刘成兵
王　毅　姜仲伟　张立昌　李世范　田　伟　唐月娇　丁　林
韩志发　李峥嵘　李宝玉　孙景芬　吴竟茹　万春青　张建丽
金景贵　杨友林　朱德利　郝素英　薛铁良　杨爱秋　杨春暖
于洪峰　姚庆义　高彩莲　黄文玉　佟秀琴　李　丽　单会芹
赵淑兰　王玉凤　魏一志　徐文超　颜作新　杨秀文　万春荣
李慧清　许悦姿
陈湘陵—陈秀英　牛建立　宗少石　龚梅仙　金忠民　王国汉　姜正发
吴　峰　曾防汛　杨忠发　胡爱华　马巧梅　朱彦军　杨荣芳
涂次洛　邓年莉　汪伟利　汪忠玲
周树生—周洪斌　黄赐福　卓清海　李松裕　陈美鄘　陈淑珍
贺向农—王铁刚　孙东迅　张　起
孟庆昌—王东辉　武永昌　李苗芹　孙宝志　王　东　赵喜燕　陈彤兵
赵立新　田保卫　赵昌生　周俊祥　彭立国　张　杰　卢法兴
徐爱芬　刘东旭　王树林　徐恩海　王罡峰　谢　作　高春生
王　勇　何洪智　王景波　孙英斌　孙二斌　李建云　陈贺莹
莫非英　许东辉　闫　红　王贵玲　苑桂芬　刘　斌　李爱东
石国栋　武永淳　丁　波　葛华新　刁兴福　赵树森　张铁军
刘福田　王益余　张相忠　郭儒林　薛春喜　巨振宇　史国新
严　彬　薛秀兰　金业生　那海清　杨淑琴　姜亚利　于志双
高志武　于廷浩　宋建平　魏国平　李慧敏　郑秀丽　陈国旭
安　宇　孟卫东
左致强—张建国　左志强　郭长震　张彦华　杨勇强　郭　兵　边　江
叶　江　牛国柱　张喜武　李贵祥　高沪丰　张桂梅　刘树光
胡锡城　高立明　陈东勤　租秉顺　邱士军　杨志军　李卫东
吕明刚　张玉宏　桑　俊　左文举　王少博　王清河　李　玉
张庆武　黄文斌　马国贞　宋兆寅　武金生　王春生　苗玲玲
周剑弘　刘　军　赵宝江　沈占海　李广武　张杯新　杨林生

李春芳　李福友　俞占海　陈玉莲　何秀云　田风起　刘金忠
孙宝良　张效众　于淑宝　陈高杨　赵　昆　李万功　周树青
郭　鹏　李洪飞　张亦东　刘　斌　张继文　张明通　董占群
焦跃雷　郑　训　黄晓春　苏小安　刘　军　谢惠蔚　李　丽
毛竹键　杨文清　姬玉柱　何志勇　马　伟　李　金　徐志云
龚　翼　陈林宝　张　龙　何　龙　倪红芸　程　清　赵乃训
倪宝汉　张建生　戴庆奎　曹云飞　柏　青　董永祥　蒋梅娟
张根生　许奔原　李国方　藏长青　梁荣华　吕　丽　朱金城
张学军　王　旭　金崇翰　肖淑琴　张桂花　崔永春　王秀华
张希坤　申廷海　宋帅斌　于　全　刘长明　苏宝珍　冯震儒
曲爱国　包冬梅　李友根　窦紫剑　万姘嫣　李全盼　于利民
周兰祥　王义伟　王晓辉　陈晓敏　刘　秀　张永新　张利峰
高文贤　黄　卫　肖天峻　徐永前　杰　夫

李凤君—李成志　叶成民　王振平　李志东　米福清

刘兴基—李本仁　郑荣龙　汪　伟　李明哲　杨　森　张　昕　张春志
高井田　崔　岩　于宝环　蒙一丁　刘万春　孙振军　孔祥林
曹铁林　张哲夫　张　杨　陈荣举　申正焕　徐惠君　夏青山
王大明　徐良辰　顾晓冬　曹　林　孙晓玲　王凡顺　赵亚镇
胡朝辉　王卫东　杨建国　杨卫国　王广和　姚建宇　李雨时
翟新民　杨宪军　申术情　刘静茹　宋春林　林宝国　彭洪文
曹建山　孟宪超　康万忠　李永成　高　瞻

楚家俊—楚　栋　吕会明　李金生　张福生　沈　伟　孟广久　裴　明
时少峰　母占河　秦满君　孙成军　杨玉斌　李俊兰　关国英
郁　燕　谢　辉　王振生　刘景山　孟祥臣　王　清　田利军
高　阳　尹公社　燕　江　郭洪忠　刘铁钢　罗玉东　张　泳
张秋瑞　王　卫　孙长福　冯庆会　白霄宇　张建儒　王永志
高立新　郑晓晨　赵延丽　高学明　李　辉　赵立江　王永兴
李建民

刘玉智—张玉顺　张立研　孙勇杰　高瑞华　胡义秀　董克家　李臣林
刘子勇　王柏顺　李　彦　张庆臻　张志明　高凤至　孟宪彬
孟宪君　晏东明　张　祥　王学民　郑子兴　刘绍彦　苏志强

李升旗　甄玉华　张亚民　李东林　赵国清　王会成　吴国贤
李树声　贾绍忠　崔同泉　崔燕然　赵晓华　于宗武　杨宝臣
李德利　郑新国　侯晓山　杨　槐　汤志良　靳　河　冯树征
张贵明　王立庭　郭拥军　王明山　刘会林　王宝军　王海鹏
张金荣　孙喜彬　徐　左　孟庆旺　杨长在　张奎元　李印弟
董宝利　张宝龙　汪大超　刘宝站　郭建军　苏云宝　高　佳
苏云丰　于福利　李宝成　刁树敏　马全儒　夏利民　赵长生
赵　斌　田柏青　刘松华　梁永强　王　武　于同俊　代树岭
肖　杰　宋经梧　李来柱　李志刚　张　毅　郭　波　刘云丽
刘云杰　张　昊　张　勇　赵　红　刘云蕾　陈秋萍　刘云婷
刘云杉　张　祥　郑子弟　郑义国　单　岗

李建民—陈惠林　杨　惠　禹金祥　路世国　高云凤　刘　鹏　孙　明
李学科　王　强

项国员—刘占民　李健民　张怀兴　宋治华　孙志恒　邢　军　张　军
张茹香　周志芹　姬文凤　黄丽敏　唐淑兰　孙志军　李　健
张克印　孙宏伟　于经伟　刘凤利　李春芳　于占海　杨连生
刘希忠　李景伟　杜耕田　李健民　刘贵德　张庆德　孙宝良
董桂香　张振方　王文军　李　友　刘建忠　左文平　杨连山
王国生　靳文远　刘丙山　田凤崇　李宝堂　何秀云　付卫东
吴金平　齐玉新　池青松　柳世凯　荆信泼　李雪伯　王庆阳
赵　瑾　张　芮　裴迎宾

单　颖—战柏林　林秋朔　王海龙　吴悦民　陈　健　吴先增　林志斌
洪海建　邱春发　谭伟彦　吴志雄　关小梅　郭常胜　赵中奇
任显中　石宝峰　胡旭生　安润民　冯雪松　邓顺英　林　潇
陈伟添　王　湘　黄明启　李传坚　谷任合　谷任利　钟泽辉
侯国旺　杨振洲　张秀江　谷　平　刘　泉　杨益平　林建明
邓维新　黄卫东　莫茹操

徐立洲—刘振明　吴立宪　康爱民　张连喜　李耀伟　邢惠敏　周福强
徐　晖　陶艳华　张　固　聂风极　吴让考　李春贵　张秀荣
丰桂云　刘军和　马立玲　薛　栋　张永学　赵　晔　刘　云
王洪革　张晓伟　霍清维　李冬暖　孟晓光　李学斌　王乔义

葛小路　王秀敏　王彦茹　王春贵　田金科

闫　芳—霍　瑾　霍　璐　郭俊江　刘文丽　叶卫红　孙永泉　边志琴
赵国刚　师虎军　李淑芳　王新春　吕海宾　王丽芳　封雨萌
史春柳　么木森　赵文芬　魏　巍　蒋淑兰　孙　猛　董月辉
娄秋凯　秦建国　秦宝顺　戴红雨　宫朝君　柳建林　胡中兴
董克清　贾中海　毕焕章　冯彦国　王树谦　张　擎　刘　飞
陈相明　贺春礼　孙保卫　祝厚光　薛立峰　罗顺涛　王世伟
陈桥通　杜军涛　翟红云　王丽君　王国辉　王增武

王绪仁—孟令民　孙静川　葛庆利　刘子恒　张　军　王小刚　杜振富

王怀珍—秦建国　戴红雨

霍志民—韩立庆　廉合利　赵云清　王胜来　白广飞　刘志强

徐步阶—杨张山　车富刚

明桐林—刘国辉　张会田　王汝森　马凤岭　张福生　刘建华　何　杰
李家峰　冯志良　李　明　蔺俊宝　邢佩华　李淑新　马东元
王颖霞　王津英　董和利　孙文勇　刘志刚　蔺广忠　党汉津
回宝彬　邢卫洪　孙朝晖　赵学焕　傅忠民　林　峰　刘宝营

孙新城—孙逸楠　卢庆忠　王京武　宋立申　熊克峰　连智涌　刘义雨
王少东　刘庆民　李海飞　朱广奇　王福章　刘瑞凯　任庆国
李志强　张　辉　刘志华　刘建进　牛李彬

李经梧再再传弟子

李茂舜—方永秀　方　雷　寇福全　方合庆　王志臣　高志荣　曾召刚
方松林　曾宪锐　王　磊　李兴杰　张　帅　张　琦　曾　蓉
张　坤　李晓云　方永乐　吴辰涛　张　斌　戴　祥　杨升辉

李洪舜—曲卫国　张彬兴　原冬成　曲悦军　梁进杰　施嘉亭　施锦江
刘晓光　刘志超　李旭东　李旭成　郑焱桐　李修昊　于永国
张同全　盛旭东　梁云泉　赵永基　王晓东　王　平　王俐平
杨秋亮　戚开泉　王志成　沈英杰　朱积新　李香杰　潘尚洲
戚国伟　张吉平　张吉周　张　磊　潘晓东　毛国胜　尹国光
刘　钦　姜大伟　李　良　曲洪杰　李广华　李伟涛　高武卫
李　立

李　良—李雪琦

唐　军—武铁生　刘顺来　温庆江

施孝恩—王泉凭

段建平—段　鹏

秦国军—谭俊强

王立春—张　猛

刘　明—刘嘉雯

赵海泉—孟国威　赵　青　柳伟锐　赵晶晶　赵崇霄　柳海翔　梁海钰
柳军珂　张　璐　李　霖　梁馨月　白　桦

杨书法—杨胜芳　张四虎　张建军　武亚龙　路　强　苏征军　谷秋生
孙文魁　胡建红　郝永江　武英斌　游艾民　杨小杰　崔庚博
赵贵生　吴延强　张宣彬　冀建敏

杨书太—杨吉雷　杨绍花　杨绍蕾　张宗立　吉贵明　张志锋　胡建刚
李振杰　王云晨　张玉广　李胜虎　曹增贵　胡俊山　杨世侠
陈艳明　刘增卯　董胜军　申明星　郭　华　陈喜军　王德永
张岩民　张增亮　李现彪　张建合　张建平　王庆奎　王　军
侯深山

胡朴顺—赵　岷　徐　昆

霍荣彩—李春兰　李庆霞　付志新　吴玉芬　高贵芹　王金彩　伦秀亭
赵书琴　冯兰生　靳来春　刘云华　林建平　任秋景　闫金芳
时春华　赵春秀　贾春苏　王彦敏　杨香景　宋庆云　张东雪
杨贵峰　郭清芳

马玉萍—郝冬麒　刘玉鹏　鲁晓云　李月新

白红军—王素芳　王胜君　武海银　张国立

成荣祥—郭　浩　陈德胜　陈建军　刘青桂　李荣闪　黄　伟　王启雄
李书兰　刘玉超　靳红旗　杨国平　谷银强

于守仁—王金芳　马伟刚　贾文城　贾　凯　李晓华　鲍朝辉　李秀芹
任丽华　王国辉　李海亮　张　普　郭俊祥　刘英芳　周爱香
董荣芹　魏丽萍　齐鹏涛　李吉星　端建刚　赵志鹏　贺建伟
曲宝森　项金勇　朱野林　张斌齐　李有本　吴一博

朱泽建—朱文宇

于宝环—张志东　孙维国　于　飞　于　翔

蒙一丁—李跃松　王起山　崔　光　荆　义　王晗一　荆百郎　许　可

刘万春—陈金刚　胡志华　赵　明　徐　辉　高　文　孙玉梅　曾　华
　　　　丁立涛　杨贸翔　孙维国　侯　涛　马　宁　刘东明　王灏松
　　　　翁世平　李　牧　Geoff White（澳）　Shane Haney（澳）
　　　　Chris Dell（澳）　Tim Duffy（澳）　Vicki Sauvage（澳）
　　　　Daniel Sauage（澳）

杨建国—周　萍　孙永明　陈洪霞　尹瑞芳　英　林　魏树民　刘海有
　　　　雷瑞智　张国立　邱宝琴　张志明　陈　巍　田志刚　武晓东

李永成—彭占和　张传林　孟宪瑞　李建国　卢　军　郝大勇　娄　丛
　　　　张贵清　李德章

何　杰—李　强　李泽锋　刘春阳　崔玉伟

杜桂林—韩红刚

孙辰明—李志强　胡　静

彭树新—黄享彪　于国强　刘青林　李治刚

刘西华—刘春强　刘　鹏　张献红　石长辉

张礼珍—杨云广　马章辉　郑国强　张宝利

刘玉斌—刘亚琴　刘亚民　刘亚丽

王建华—潘乐军

李振民—刘建国　刘冠峰　武小虎　宋彦峰　谭湘勇

刘　为—于庆林　刘　勇　杨玉满

张守慧—何　彬　闫淑梅　池瑞峰　郝静华　盛　辉　王青山　程　琪

王卫东—安梦麒　庞彦成　文本旺　马　力　李小红　刘钟华　李旭绯

蒋淑兰—王兰生　许向东　任玉刚　张福寿　左海军　于卫忠　齐贵林

王奎元—李克平　张树仙　王冠楠

陈庆合—白银河　谢　露　马尚红　李　亮　张立海　王晏平　郝亚齐
　　　　尚小红　高　坡　熊爱燕　刘　绚　王　媛

张　升—周庆泉　桑一鸣　马　彪

刘绍华—杨旭光　玄兆鸽　王绍生　邵惠霞　蔡东博　李晓江　韩玉林

杨立国—杨　浩

张　军—于学伟　贾小玲　张新武

陆春光—邵　壮　刘　宇　许　渤　李　铁　张　柱

邵光远—吴大伟　崔德君　王宏章　马金龙

杨庆丰—栾思遥　丁　蕾　张永祥　梁玉杰　王丽珠　何　峰　顾国峰
　　　　张丽英　张景新　杜宇超　何奔腾　廖　丹　才庆玉　赵淑华
　　　　闽庆武

曾铁秋—徐全会　徐桂芝　孙莲芝　安　明　熊秀辉　苑　军　王　丰
　　　　岳国强　谭立明　严秋成　王大丹　黄禧纯　绍　军　吕　研
　　　　李　阳　刘洪朴　王　新　杨建军　张学柱　宋国迁　金玉子

武永昌—边少崇　白永军　李济昊　乔志勇　杨晓平　史慧妙　梁晓罡
　　　　张丽芳　尹书丽　马润花　李润飞　其其格

黄文彬—邢长生　周　博　毛秋立　李玉杰　张守文　刘文星　杜宏伟
　　　　管海龙　李　颖　张小罡　武立新　陈兴宝　杨　悦　张志明
　　　　许雷雷

张建国—陈晓敏　赵延明　李　光　王　旭　王　敏　孙小滨

吕　丽—陈　霞　刘　志　刘　蕊

梁荣华—梁　宵　范奇乐　支环宇　加藤淑子

申廷海—杨磊

郭玉和—李　旭　郑　均　项立龙　高夕庆　吴顺义　徐海涛　马海燕
　　　　项立宁　吴启安　曹宪芳　刘　丹

李淑新—董　悦

张玉顺—舒学利　刘永利　杨二宝　郑铁成　苏国友　王　丽　高凤芝

张立研—张小川

孙勇杰—邹光岭　王卫国　孙静雅　贾　猛　孙静波　田文鹏　张克昌
　　　　侯宇萌　姚亮亮　冯宝阳　庞　猛　王卫杰　张　闯　景文涛
　　　　宋明超

高瑞华—高　师

董克家—岳树荣　郑志明　谷　军　杨宝田　左文学

李臣林—艾永滨　刘玉彬　郭耀华　曹晓平　陈志民　刘　会　睢学春
　　　　张民宸　杨福新　杨建平　章瑞祥　李久玲　杨常山　李友贵
　　　　王海潮

刘子勇—王春长　刘佳卓　翟会全　张永乔

王柏顺—王泳青　董晓月　王伟成　王晨阳
李　彦—郝国忠　李连印
张志明—刘凤兰　刘　奎　刘万起　宋宗信　刘仲辉　杨　光　裴志国
　　　　刘　勇　许　强
高凤至—郑士英　张大为　颜　宁
晏东明—庞　新　姚书贤　温战友　代宏武
张　祥—刘慧彬　倪庆国　张　元　李连生　张　海　杜广友
　　　　孙近芳　李　文
郑子兴—武树臣　李国刚　甄文君　刘连山　薛玉军　陈首稳
赵国清—赵伟建　赵伟康
王会成—靳顺礼　杜志勇　王智龙
李树声—郝振江
贾绍忠—贾晓明　陈增彬
崔同泉—崔龙飞　李　扬　许龙阳　杨　康
赵晓华—范永存　古志成　王　海　雷国林　聂永忠　宋志辉　赵　剑
孟庆旺—刘跃华　王宝智　李永存
郭建军—王少春　丁景利　王印桥　谢书成
苏云宝—苏　迪
高　佳—梁永泰　邵家林　王洪恩　李国平　宋国权　郭长贵
苏云丰—苏佳琰　杨志松　苏炳霖
于福利—孙爱伦　张瑞祥　阚静渌　齐宝林　王明生　王高生
陈　健—徐　威　毛　彬　陈武汉　马　越　何全生　阮元彬　刘义武
谭伟彦—伍德斌　劳闯大
任显中—齐传书　徐建国　王树民　姜喜贤　唐淑霞　周　旭
胡旭生—李培良　吴立明　邹积成　于艳梅　于秋梅
谷　平—本　德（德）　刘　鹏

1989 年李经梧（前排右九）与同门弟子合影于北戴河

后记

2007年元月15日上午。

凝视着玻璃杯中莹澈的茶水，茶叶在轻轻地坠落。我思绪翻飞，恩师，弟子的这份纪念礼物您会满意吗?

十年的天人相隔，同门弟子们都会常常忆起您的音容笑貌。重要的是，您毕生传承开拓的太极门风更加薪火日旺，后继有人。我相信，这是您最高兴的事情。

值此书问世之际，首先要感谢当代中国出版社的支持。其次要感谢余功保先生的关注以及徐才、张耀庭、吴彬等领导、名家、专家先生的增光。还要感谢提供文章和资料的各位武术名家、学者以及同门师兄弟、师侄们，特别是单颖师兄。

对于冯志强、李秉慈、翁福麒三位师叔也深表感谢。由于多种原因，个别同门无法联系，文章与传人名单无法全部收入，谨致歉意。

因本书篇幅的限制，个别文章略作删压，文字略有润饰和技术处理，特此说明，敬希理谅。

最后，感谢内人张丽萍为此书打印杂务的劳作。

人间正道是沧桑，太极大道通浑茫。谨为记。

编　者